परिवार

कहानियाँ रिश्तों की

शृंखला की अन्य पुस्तकें

रिश्तों के रंग अनेक

प्रेम

दाम्पत्य

माँ

पिता

सहोदर

दादा-दादी नाना-नानी

बड़े-बुज़ुर्ग

दोस्त

गाँव-घर

मानवता

परिवार

कहानियाँ रिश्तों की

श्रृंखला सम्पादक

अखिलेश

सम्पादक

जितेन्द्र श्रीवास्तव

राजकमल प्रकाशन

नयी दिल्ली पटना इलाहाबाद कोलकाता

ISBN : 978-81-267-2556-4

मूल्य : ₹ 350

पहला संस्करण : 2014

प्रकाशक : राजकमल प्रकाशन प्रा. लि.
1-बी, नेताजी सुभाष मार्ग, दरियागंज
नई दिल्ली-110 002

शाखाएँ : अशोक राजपथ, साइंस कॉलेज के सामने, पटना-800 006
पहली मंजिल, दरबारी बिल्डिंग, महात्मा गांधी मार्ग, इलाहाबाद-211 001
36 ए, शेक्सपियर सरणी, कोलकाता-700 017

वेबसाइट : www.rajkamalprakashan.com
ई-मेल : info@rajkamalprakashan.com

मुद्रक : बी.के. ऑफसेट
नवीन शाहदरा, दिल्ली-110 032

KAHANIYAN RISHTON KI : PARIVAR
Series Editor Akhilesh
Edited by Jitender Srivastava

प्रकाशकीय

'कहानियाँ रिश्तों की' पुस्तक श्रृंखला की योजना सहसा नहीं बनी। यह अनुभव किया जा रहा है कि विभिन्न आर्थिक, सामाजिक और व्यक्तिगत कारणों से सम्बन्धों की अन्त:सलिला क्षीण हो रही है। सम्बन्ध वे सतरंगी सूत्र हैं जिनसे मनुष्यता का इन्द्रधनुषी पट बुना और बना है। व्यापक स्तर पर कहें, तो समग्र सृष्टि ही सम्बन्धों के सतत चक्र का प्रतिफल है। हमारा ध्यान हिन्दी कहानियों की ओर गया जिनमें सम्बन्धों की एक समृद्ध मंजूषा मौजूद है। साहित्य की यही विशेषता है कि वह विस्मृति का धुँधलका दूर कर पाठक को मनुष्यता की नई सुबह के लिए जाग्रत करता है।

इस सन्दर्भ में अनेक रचनाकारों और मित्रों से चर्चा हुई। उन्हें भी यह योजना अच्छी लगी। तय किया गया कि इस पुस्तक श्रृंखला में कुछ चुनिन्दा सम्बन्धों पर पुस्तकें प्रकाशित हों। फलत: जिन सम्बन्धों पर पुस्तकें प्रकाशित की जा रही हैं वे है–प्रेम, दाम्पत्य, परिवार, माँ, पिता, सहोदर, दादा-दादी नाना-नानी, बड़े-बुज़ुर्ग, दोस्त, गाँव-घर, मानवता। ये पुस्तकें पाठकों की संवेदना व भावना को प्रशस्त करेंगी, ऐसी हमारी मंगलाशा है।

हमारी हार्दिक इच्छा है कि सुधी पाठक इन पुस्तकों को पढ़कर अपनी प्रतिक्रियाओं से हमें अवगत कराएँ। पुस्तकों में सम्मिलित कहानियों पर अपनी राय देते हुए यह सुझाव भी दें कि इन सम्बन्धों पर और किन कहानियों को शामिल किया जा सकता है। यह भी बताएँ कि क्या कुछ और ऐसे सम्बन्ध हैं जिनको केन्द्र में रखकर लिखी गई कहानियों को इस श्रृंखला में रखा जाना अपेक्षित है। पाठकों की सहभागिता से ही शब्दों का लोकतंत्र मजबूत होता है।

'कहानियाँ रिश्तों की' शृंखला की पुस्तकें विभिन्न अवसरों पर भेंट की जा सकती हैं।...या कोई भी व्यक्ति इन्हें पढ़ते हुए अपने रिश्तों का कोई गुमनाम या लापता सिरा हासिल कर सकता है। यह भी जाना जा सकता है कि समय और समाज की गति-मति रिश्तों में व्याप्त आत्मीयता को किस तरह तीव्र अथवा क्षीण करती चलती है। बावजूद इसके समाज में सम्बन्धों के बेहतर भविष्य को समर्पित है यह पुस्तक शृंखला-'कहानियाँ रिश्तों की'।

रिश्तों की बुनियाद पर

सम्बन्धों पर आधारित कहानियों की यह शृंखला पाठकों, शोधार्थियों, समाजशास्त्रियों और सामाजिक चिन्तकों के लिए सादर प्रस्तुत है।

यूँ तो हर अच्छी कहानी, सभी अच्छे किस्से इनसानी रिश्तों की बुनियाद पर ही रचे जाते हैं किन्तु कहानियों के हमारे इन संकलनों की नाभि में रिश्तों को सबसे प्रमुख कारक मानने के पीछे कुछ अन्य वजहें भी हैं जिनकी चर्चा यहाँ अनुचित नहीं होगी।

भारतीय समाज में रिश्तों को जितनी मजबूती, आत्मीयता और ऊर्जा हासिल रही है, वह विरल है। एक तरह से कहा जा सकता है कि इस देश के यथार्थ को रिश्तों की समझ के बगैर जाना-समझा नहीं जा सकता है। माँ-पिता, भाई-बहन, दोस्त, दादी-नानी, बाबा-नाना, मामा, मौसा-मौसी, बुआ-फूफा, दादा, चाचा, दोस्ती–अनगिनत सम्बन्ध हैं जो लोगों के अनुभव-संसार में जीवन्त हैं और जिनसे लोगों का अनुभव-संसार बना है। इसीलिए हमारे देश की विभिन्न भाषाओं में लिखी गई कहानियों, उपन्यासों आदि में ये रिश्ते बार-बार समूची ऊष्मा, जटिलता और गहनता के साथ प्रकट हुए हैं। न केवल लेखकों, कवियों, कलाकारों बल्कि सामाजिक चिन्तकों के लिए भी ये रिश्ते एक तरह से लिट्मस पेपर हैं जिनसे वे अपने अध्ययन क्षेत्र के निष्कर्षों, स्थापनाओं, सिद्धान्तों की जाँच कर सकते हैं। अत: रिश्तों पर रची गई कहानियों की यह शृंखला हमारी दुनिया का अंकन होने के साथ-साथ हमारी दुनिया को पहचानने और उसकी व्याख्या करने की परियोजना के लिए सन्दर्भ कोश के रूप में भी ग्रहण की जा सकती है।

कहना जरूरी है कि हमारे देश में विभिन्न प्रकार के नजदीकी मानव सम्बन्धों का स्वरूप कोई स्थिर चीज नहीं रहा है। तरह-तरह के सामाजिक, आर्थिक, सांस्कृतिक परिवर्तनों के सापेक्ष उसमें बदलाव होते रहे हैं। इस शृंखला की विभिन्न कड़ियों में कहानियों के चयन के समय इस बात का ध्यान रखा गया है कि वे किसी एक खास अवधि या कालखंड की न होकर समूची हिन्दी कहानी के खजाने से चुनी जाएँ। अत: इन कहानियों के पाठ से गुजरना आधुनिक समाज के परिवर्तन, विकास

और इनके मानव आत्मा पर पड़नेवाले असर को समझने में भी मददगार हो सकता है। यहाँ उल्लेखनीय है कि कहानियाँ सामाजिक अध्ययन की खुराक भर न हों, इनके होने की बुनियादी और अपरिहार्य शर्त इनका कहानी के रूप में भी सार्थक और विशिष्ट होना है। इसलिए आप इस श्रृंखला के विभिन्न संकलनों में हिन्दी के वरिष्ठ एवं नए कथाकारों की प्रसिद्ध कहानियों को पढ़ सकते हैं।

इस योजना के सम्पादन के सन्दर्भ में यह कहना आवश्यक है कि इसके प्रत्येक संकलन के अलग-अलग सम्पादक हैं जिनकी समकालीन रचनाशीलता में अपनी ठोस उपस्थिति है। सम्पादन और चयन का वास्तविक कार्य उन्होंने ही किया है। अतः इस आयोजन में जो कुछ अच्छा और स्वीकार्य है वह उन्हीं के कारण है। जो कमियाँ हैं, अन्तर्विरोध हैं यदि वो हैं तो बतौर श्रृंखला सम्पादक मेरी त्रुटियों, सीमाओं के कारण हैं, उनके लिए मैं आपसे यही अनुरोध करूँगा कि मुआफ करते हुए रिश्तों के इस कथा-संसार में सम्मिलित हों।

आखिर में, मैं राजकमल प्रकाशन के प्रबन्ध निदेशक श्री अशोक महेश्वरी जी का आभारी हूँ कि उन्होंने इस परियोजना के लिए अपनी स्वीकृति दी और श्रृंखला सम्पादक के रूप में मुझे कार्य करने का न केवल अवसर प्रदान किया बल्कि काम करने की प्रक्रिया में हर तरह की स्वतन्त्रता और सहूलियतें दीं।

भूमंडलीकरण और संचार क्रान्ति के बाद दुनिया काफी बदल गई है। भारतीय समाज के विषय में विचार करें तो कह सकते हैं कि उक्त बदलाव का सर्वाधिक असर यहाँ इनसानी रिश्तों पर ही पड़ा है। उस पर इतने आघात, इतने घाव हुए हैं कि उसके विगत चेहरे को पहचानना नामुमकिन हो चुका है। रिश्तों के मध्य की गरमजोशी, संवेदना, विश्वास, एका आदि के तार छिन्न-भिन्न हो रहे हैं। हम कह सकते हैं कि रिश्तों का यह भरा-पूरा संसार छूट रहा है, बिछड़ रहा है। जब कोई चीज हमसे दूर होती है, छूटती है तभी शायद हमें उसकी सर्वाधिक जरूरत होती है। ये कहानियाँ जड़ों से कटते जा रहे अकेले, निहत्थे आज के आदमी की इस दिशा में कुछ मदद कर सकें, उसके सरोकार और जज्बातों को थोड़ी ताकत दे सकें, यही हमारी आकांक्षा है।

—अखिलेश

सम्पादकीय

मेरे एक मित्र एक विदेशी कम्पनी के 'कंट्री हेड' हैं। वे अकसर काम के सिलसिले में घर से बाहर रहते हैं। एक दिन बातों-बातों में उन्होंने लगभग भावुक होते हुए कहा कि पैसा तो बहुत कमा रहा हूँ लेकिन परिवार को बहुत 'मिस' करता हूँ। मुझे उनकी यह बात बहुत प्रीतिकर लगी। मुझे वे सभी लोग बहुत अच्छे और सच्चे लगते हैं जो 'परिवार' नामक संस्था का सम्मान करते हैं। यदि भारतीय सन्दर्भ में देखें तो परिवार का प्रसंग आते ही मन में जो भाव उभरता है, उसे कुछ-कुछ पवित्र भाव कह सकते हैं। वह समाज व्यवस्था की सबसे छोटी किन्तु सबसे अहम इकाई है। उसका महत्त्व और उसकी आवश्यकता निर्विवाद है। जो लोग 'लिव इन' जैसे सम्बन्धों में रह रहे हैं, वे परिवार को अस्वीकार करते हुए भी, एक स्तर पर दो लोगों का परिवार बना ही लेते हैं। बस, वहाँ प्रतिबद्धता का वह स्तर नहीं होता, जो परिवार में होता है। कई बार जिम्मेदारियों से सम्बन्धित झगड़ों और असहमतियों के लगातार बने रहने के बावजूद कोई 'मिठास' परिवारों को चलाती रहती है। यही भारतीय जीवन का सौन्दर्य है। एक बार जिम्मेदारी ले ली, तो ले ली। यह 'जिम्मेदारी' बोझ नहीं, साहचर्य का सम्मान है। हम जिनसे जुड़े होते हैं, उनके लिए कुछ कर पाने का सुख शब्दातीत होता है।

भारतीय जीवन में परिवार का वही महत्त्व है, जो धर्मों-सम्प्रदायों में पूजागृहों का होता है। आप परिवार के बिना भारतीय जीवन और समाज-व्यवस्था की कल्पना ही नहीं कर सकते। वही मूल है। कहना चाहें तो कह सकते हैं कि परिवार भारतीय समाज का ऑक्सीजन है। किसी भारतीय भाषा का शायद ही कोई बड़ा लेखक ऐसा होगा, जिसने परिवार-केन्द्रित कुछ रचनाएँ न लिखी हों। हिन्दी में प्रेमचन्द से लेकर नीलाक्षी सिंह तक इस सच को देखा जा सकता है। अकेले प्रेमचन्द ने परिवार की अलग-अलग समस्याओं पर कई अविस्मरणीय कहानियाँ लिखी हैं। 'बेटों वाली विधवा' उनकी एक ऐसी ही कहानी है। यह अकारण नहीं है कि हमने चयन के लिए कोई अवधि विशेष नहीं तय की है। हमारी कोशिश है कि हम कुछ ऐसी कहानियाँ चुन सकें, जो हिन्दी में लिखी गई परिवार-केन्द्रित कहानियों की विकास-यात्रा तो प्रस्तुत करें ही, साथ ही, उन्हें पढ़ते हुए पाठक यह

देख पाएँ कि पिछले लगभग सौ वर्षों में परिवार की संरचना, उसमें अन्तर्निहित तरलता और सम्बन्धों की तीव्रता में क्या और कैसे बदलाव आए हैं।

हम जानते हैं, आज परिवार अपनी निर्मिति और विस्तार में वही नहीं है, जो प्रेमचन्द के समय में था। अब गाँवों में भी संयुक्त परिवार कम ही दिखते हैं। 'अलग्योझा' एक अनवरत प्रक्रिया है। एक स्थायी सच है। बड़े परिवार टूटते हैं, छोटे निर्मित हो जाते हैं। यहाँ विखंडन सृजन का सहयात्री है लेकिन इस सृजन में फाँक भी है। बेहद त्रासद फाँक। एकल परिवारों के युग में बूढ़े माँ-बाप की जगह कहाँ है, यह प्रश्न पिछले पचास वर्षों से जीवन और साहित्य के केन्द्र में है, जिसकी परिक्रमा करते हुए हम कमाने और धाक जमाने लायक हुए उसी देवी और उसी देवता के लिए हमारे 'नए मन्दिर' में कोई 'स्पेस' नहीं। क्या अलग से कहना होगा कि भारत को 'ओल्ड एज होम्स' का देश नहीं बनना है, यह तो परिवार रूपी वाटिकाओं का देश है। यहाँ रिश्ते जीवन से बड़े और मूल्यवान माने गए हैं।

हमारे लिए यह प्रसन्नता की बात है कि हमारे साहित्यकार इस दिशा में लगातार लिखते और पाठकों की चेतना को जगाते रहे हैं। 'वापसी' जैसी कहानियों को पढ़ने वाले अपने माता-पिता की अवहेलना नहीं कर सकेंगे। साहित्य यही तो करता है, दबी हुई मनुष्यता को उभार देता है। इसी प्रक्रिया से गुजर रहे व्यक्ति को पता भी नहीं चलता कि कब उसके हृदय का ऊसर उज्ज्वल भावनाओं के उर्वर प्रदेश में बदल गया। यदि आपने एक बार 'ऊपर उठता हुआ मकान' जैसी कहानी पढ़ ली तो जीवन भर अपने साथी और अन्य रिश्तों का अनादर नहीं कर पाएँगे।

इस संकलन की सभी कहानियाँ परिवार-केन्द्रित हैं। ये कहानियाँ परिवार नामक संस्था को समझने और समझाने का उद्यम करती हैं। इन्होंने एक सम्पादक के रूप में मुझे अपने मूल्यांकन का एक अवसर दिया है। मैं उम्मीद करता हूँ, आपको भी इन्हें पढ़ते हुए यह अवसर जरूर मिलेगा। मैं अपनी बात समाप्त करूँ, उससे पहले यह कहना जरूरी है कि मैंने प्रख्यात कथाकार और 'तद्भव' के सम्पादक आदरणीय अखिलेश जी के कहने पर यह सम्पादन किया है। वे अग्रज हैं, स्नेह देते हैं, इसलिए धन्यवाद नहीं करूँगा। राजकमल प्रकाशन के प्रबन्ध निदेशक श्री अशोक महेश्वरी ने अखिलेश जी की सलाह पर सम्पादन का आग्रह किया, यह मेरे लिए सुख का विषय है। आचार्य शुक्ल ने धन्यवाद को 'आधुनिक बदमाशी' कहा है इसलिए अशोक जी को भी धन्यवाद नहीं दूँगा, लेकिन उन पाठकों को अपना अभिवादन जरूर प्रेषित करना चाहूँगा जो इन कहानियों को पढ़ेंगे और परिवार के प्रति अपनी आस्था को और गहरा करेंगे।

–जितेन्द्र श्रीवास्तव

अनुक्रम

प्रकाशकीय 5
रिश्तों की बुनियाद पर 7
सम्पादकीय 9

बेटों वाली विधवा	*प्रेमचन्द*	13
ऊपर उठता हुआ मकान	*कमलेश्वर*	31
खेल-खिलौने	*राजेन्द्र यादव*	44
वापसी	*उषा प्रियंवदा*	64
शेष होते हुए	*ज्ञानरंजन*	73
तफरीह	*रवीन्द्र कालिया*	85
कविता की नई तारीख	*काशीनाथ सिंह*	92
चकरघिन्नी	*मृदुला गर्ग*	132
बोलने वाली औरत	*ममता कालिया*	143
कलम हुए हाथ	*बलराम*	150
समय के शरणार्थी	*राजू शर्मा*	163
एक था बुझवन	*नीलाक्षी सिन्हा*	174

बेटों वाली विधवा

प्रेमचन्द

1

पंडित अयोध्यानाथ का देहान्त हुआ तो सबने कहा, ईश्वर आदमी को ऐसी ही मौत दे। चार जवान बेटे थे, एक लड़की। चारों लड़कों के विवाह हो चुके थे, केवल लड़की क्वाँरी थी। सम्पत्ति भी काफी छोड़ी। एक पक्का मकान, दो बगीचे, कई हजार के गहने और बीस हजार नकद। विधवा फूलमती को वह शोक तो हुआ और कई दिन तक वह बेहाल रही; लेकिन जवान बेटों को सामने देखकर उसे ढाढ़स हुआ। चारों लड़के एक-से-एक सुशील, चारों बहुएँ एक-से-एक बढ़कर आज्ञाकारिणी। जब वह रात को लेटती तो चारों बारी-बारी से उसके पाँव दबातीं। वह स्नान करके उठती, तो साड़ी छाँटतीं। सारा घर उसके इशारे पर चलता था। बड़ा लड़का कामता एक दफ्तर में 50/- पर नौकर था, छोटा उमानाथ डॉक्टरी पास कर चुका था, और कहीं औषधालय खोलने की फिक्र में था, तीसरा दयानाथ बी.ए. में फेल हो गया था, और पत्रिकाओं में लेख लिखकर कुछ-न-कुछ कमा लेता था, चौथा सीता-नाथ चारों में सबसे कुशाग्र और होनहार था और अबकी साल बी.ए. प्रथम श्रेणी में पास करके एम.ए. की तैयारी में लगा हुआ था। किसी लड़के में वह दुर्व्यसन, वह छैलापन, वह लुटाऊपन न था, जो माता-पिता को जलाता और कुल-मर्यादा को डुबोता है। फूलमती घर की मालकिन थी। गोकि कुंजिया बड़ी बहू के पास रहती थीं। बुढ़िया में वह अधिकार-प्रेम न था, जो वृद्धजनों को कटु और कलहशील बना दिया करता है; किन्तु उसकी इच्छा के बिना कोई बालक मिठाई तक न मँगा सकता था।

सन्ध्या हो गई थी। पंडित को मरे आज बारहवाँ दिन था। कल तेरही है। ब्रह्मभोज होगा। बिरादरी के लोग निमंत्रित होंगे। उसी की तैयारियाँ हो रही

थीं। फूलमती अपनी कोठरी में बैठी देख रही थी कि पल्लेदार बोरे में आटा लाकर रख रहे हैं। घी के टिन आ रहे हैं। शाक-भाजी के टोकरे, शक्कर की बोरियाँ, दही के मटके चले आ रहे हैं। महापात्र के लिए दान की चीजें लाई गईं–बर्तन, कपड़े, पलंग, बिछावन, छाते, जूते, छड़ियाँ, लालटेनें आदि किन्तु फूलमती को कोई चीज नहीं दिखाई गई। नियमानुसार ये सब सामान उसके पास आने चाहिए थे। वह प्रत्येक वस्तु को देखती, उसे पसन्द करती, उसकी मात्रा में कमी-बेशी का फैसला करती, तब इन चीजों को भंडारे में रक्खा जाता। क्यों उसे दिखाने और उसकी राय लेने की जरूरत नहीं समझी गई? अच्छा! वह आटा तीन ही बोरा क्यों आया? उसने तो पाँच बोरों के लिए कहा था। घी के भी पाँच ही कनस्तर हैं। उसने तो दस कनस्तर मँगवाए थे। इसी तरह शाक-भाजी, शक्कर, दही आदि में भी कमी की गई होगी। किसने उसके हुक्म में हस्तक्षेप किया? जब उसने एक बात तय कर दी, तब किसे उसको घटाने-बढ़ाने का अधिकार है।

आज चालीस वर्षों से घर के प्रत्येक मामले में फूलमती की बात सर्वमान्य थी। उसने सौ कहा तो सौ खर्च किए गए, एक कहा तो एक किसी ने मीन-मेख न की। यहाँ तक कि पं. अयोध्यानाथ भी उसकी इच्छा के विरुद्ध कुछ न करते थे; पर आज उसकी आँखों के सामने प्रत्यक्ष रूप से उसके हुक्म की उपेक्षा की जा रही है। इसे वह क्योंकर स्वीकार कर सकती!

कुछ देर तक तो वह जब्त किए बैठी रही; पर अन्त में न रहा गया। स्वायत्त-शासन उसका स्वभाव हो गया था। वह क्रोध में भरी हुई आई और कामतानाथ से बोली–क्या आटा तीन ही बोरे लाए? मैंने तो पाँच बोरे के लिए कहा था। और घी भी पाँच ही टिन मँगवाया! तुम्हें याद है, मैंने दस कनस्तर कहा था? किफायत को मैं बुरा नहीं समझती; लेकिन जिसने यह कुआँ खोदा उसी की आत्मा पानी को तरसे, यह कितनी लज्जा की बात है।

कामतानाथ ने क्षमा-याचना न की, अपनी भूल स्वीकार न की, लज्जित भी नहीं हुआ। एक मिनट तो विद्रोही भाव से खड़ा रहा, फिर बोला–हम लोगों की सलाह तीन ही बोरों की हुई और तीन बोरे के लिए पाँच टिन घी काफी था। इसी हिसाब से और चीजें भी कम कर दी गई हैं।

फूलमती उग्र होकर बोली–किसकी राय से आटा कम किया गया?

''हम लोगों की राय से।''

''तो मेरी राय कोई चीज नहीं है?''

''है क्यों नहीं; लेकिन अपना हानि-लाभ तो हम भी समझते हैं।''

फूलमती हक्का-बक्का होकर उसका मुँह ताकने लगी। इस वाक्य का आशय उसकी समझ में न आया। अपना हानि-लाभ! अपने घर में हानि-लाभ की जिम्मेदार

वह आप है। दूसरों को, चाहे वे उसके पेट के जन्मे पुत्र ही क्यों न हों; उसके कामों में हस्तक्षेप करने का क्या अधिकार? यह लौंड़ा तो इस ढिठाई से जवाब दे रहा है; मानो घर उसी का है, उसी ने मर-मरकर गृहस्थी जोड़ी है, मैं तो गैर हूँ। जरा इसकी हेकड़ी तो देखो!

उसने तमतमाए हुए मुख से कहा–मेरे हानि-लाभ के जिम्मेदार तुम नहीं हो। मुझे अख्तियार है, जो उचित समझूँ वह करूँ, अभी जाकर दो बोरे आटा और पाँच टिन घी और लाओ और आगे के लिए खबरदार, जो किसी ने मेरी बात काटी।

अपने विचार से उसने काफी तम्बीह कर दी थी। शायद इतनी कठोरता अनावश्यक थी। उसे अपनी उग्रता पर खेद हुआ। लड़के ही तो हैं, समझे होंगे, कुछ किफायत करनी चाहिए। मुझसे इसलिए न पूछा होगा कि अम्माँ तो खुद हरेक काम में किफायत किया करती हैं। अगर इन्हें मालूम होता, कि इस काम में मैं किफायत पसन्द न करूँगी; तो कभी इन्हें मेरी उपेक्षा करने का साहस न होता। यद्यपि कामतानाथ अब भी उसी जगह खड़ा था और उसकी भावभंगी से ऐसा ज्ञात होता था कि इस आज्ञा का पालन करने के लिए वह बहुत उत्सुक नहीं है, पर फूलमती निश्चिन्त होकर अपनी कोठरी में चली गई। इतनी तम्बीह पर भी किसी को उसकी अवज्ञा करने की सामर्थ्य हो सकती है, इसकी सम्भावना का ध्यान भी उसे न आया।

पर ज्यों-ज्यों समय बीतने लगा, उस पर यह हकीकत खुलने लगी कि इस घर में अब उसकी वह हैसियत नहीं रही, जो दस-बारह दिन पहले थी। सम्बन्धियों के यहाँ से नेवते में शक्कर, मिठाई, दही, आचार आदि आ रहे थे। बड़ी बहू इन वस्तुओं को स्वामिनी-भाव से सँभाल-सँभालकर रख रही थीं। कोई भी उससे पूछने नहीं आता। बिरादरी के लोग भी जो कुछ पूछते हैं, कामतानाथ से, या बड़ी बहू से। कामतानाथ कहाँ का बड़ा इन्तजामकार है, रात-दिन भंग पिये पड़ा रहता है। किसी तरह रो-धोकर दफ्तर चला जाता है। उसमें भी महीने में पन्द्रह नागों से कम नहीं होते। वह तो कहो, साहब पंडित जी का लिहाज करता है, नहीं, अब तक कभी का निकाल देता। और बड़ी बहू जैसी फूहड़ औरत भला इन बातों को क्या समझेगी। अपने कपड़े-लत्ते तक तो जतन से रख नहीं सकती, चली है गृहस्थी चलाने। भद होगी और क्या। सब मिलकर कुल की नाक कटवाएँगे। वक्त पर कोई-न-कोई चीज कम हो जाएगी। इन कामों के लिए बड़ा अनुभव चाहिए! कोई चीज तो इतनी ज्यादा बन जाएगी कि मारी-मारी फिरेगी। कोई चीज इतनी कम बनेगी कि किसी पत्तल पर पहुँचेगी, किसी पर नहीं। आखिर इन सबों को हो क्या गया है। अच्छा, बहू तिजोरी क्यों खोल रही है? वह मेरी आज्ञा के बिना तिजोरी खोलने वाली कौन होती है। कुंजी उसके पास है अवश्य; लेकिन जब तक मैं रुपए न निकलवाऊँ, तिजोरी नहीं खोलती; आज तो इस तरह खोल रही है, मानो मैं कुछ हूँ ही नहीं। यह मुझसे न बर्दाश्त होगा?

वह झमककर उठी और बहू के पास जाकर कठोर स्वर में बोली–तिजोरी क्यों खोलती हो बहू, मैंने तो खोलने को नहीं कहा?

बड़ी बहू ने निस्संकोच भाव से उत्तर दिया–बाजार से सामान आया है, तो दाम न दिया जाएगा?

"कौन चीज किस भाव से आई है और कितनी आई है, यह मुझे कुछ नहीं मालूम! जब तक हिसाब-किताब न हो जाए, रुपए कैसे दिए जाएँ?"

"हिसाब-किताब सब हो गया है।"

"किसने किया?"

"अब मैं क्या जानूँ किसने किया? जाकर मरदों से पूछो। मुझे हुकुम मिला, रुपए लाकर दे दो, रुपए लिए जाती हूँ!"

फूलमती खून का घूँट पीकर रह गई। इस वक्त बिगड़ने का अवसर न था। घर में मेहमान स्त्री-पुरुष भरे हुए थे। अगर इस वक्त उसने लड़कों को डाँटा, तो लोग यही कहेंगे कि इनके घर में पंडित जी के मरते ही फूट पड़ गई। दिल पर पत्थर रखकर फिर अपनी कोठरी में चली आई। जब मेहमान बिदा हो जाएँगे, तब वह एक-एक की खबर लेगी। तब देखेगी, कौन उसके सामने आता है और क्या कहता है। इनकी सारी चोकड़ी भुला देगी।

किन्तु कोठरी के एकान्त में भी वह निश्चिन्त न बैठी थी। सारी परिस्थिति को गिद्ध-दृष्टि से देख रही थी। कहाँ सत्कार का कौन-सा नियम भंग होता है, कहाँ मर्यादाओं की उपेक्षा की जाती है। भोज आरम्भ हो गया। सारी बिरादरी एक साथ पंगतों में बिठा दी गई। आँगन में मुश्किल से दो सौ आदमी बैठ सकते हैं। ये पाँच सौ आदमी इतनी-सी जगह में कैसे बैठ जाएँगे? क्या आदमी के ऊपर आदमी बिठाए जाएँगे? दो पंगतों में लोग बिठाए जाते तो क्या बुराई हो जाती? यही तो होता कि बारह बजे की जगह भोज दो बजे समाप्त होता; मगर यहाँ तो सबको सोने की जल्दी पड़ी हुई है। किसी तरह यह बला सिर से टले और चैन से सोएँ! लोग कितने सटकर बैठे हुए हैं कि किसी को हिलने की भी जगह नहीं। पत्तल एक-पर-एक रक्खे हुए हैं। पूरियाँ ठंडी हो गईं, लोग गरम-गरम माँग रहे हैं। मैदे की पूरियाँ ठंडी होकर चिमड़ी हो जाती हैं। इन्हें कौन खाएगा? रसोइये को कढ़ाव पर से न जाने क्यों उठा दिया गया। यही सब बातें नाक कटाने की हैं।

सहसा शोर मचा, तरकारियों में नमक नहीं। बड़ी बहू जल्दी-जल्दी नमक पीसने लगी। फूलमती क्रोध के मारे ओंठ चबा रही थी, पर इस अवसर पर मुँह न खोल सकती थी। बारीक नमक पिसा और पत्तलों पर डाला गया। इतने में फिर शोर मचा–पानी गरम है, ठंडा पानी लाओ। ठंडे पानी का कोई प्रबन्ध न था, बर्फ भी न मँगाई थी। आदमी बाजार दौड़ाया गया, मगर बाजार में इतनी रात गए बर्फ कहाँ!

आदमी खाली हाथ लौट आया। मेहमानों को वही नल का गरम पानी पीना पड़ा। फूलमती का बस चलता, तो लड़कों का मुँह नोच लेती। ऐसी छीछालेदार उसके घर में कभी न हुई थी। उस पर सब मालिक बनने के लिए मरते हैं! बर्फ जैसी जरूरी चीज मँगवाने की भी किसी को सुधि न थी! सुधि कहाँ से रहे। जब किसी को गप लड़ाने से फुर्सत मिले। मेहमान अपने दिल में क्या कहेंगे कि चले हैं बिरादरी को भोज देने और घर में बर्फ तक नहीं!

अच्छा, फिर यह हलचल क्यों मच गई! अरे, लोग पंगत से उठे जा रहे हैं। क्या मामला है?

फूलमती उदासीन न रह सकी। कोठरी से निकलकर बरामदे में आई और कामतानाथ से पूछा–क्या बात हो गई लल्ला? लोग उठे क्यों जा रहे हैं?

कामता ने कोई जवाब न दिया। वहाँ से खिसक गया। फूलमती झुँझला कर रह गई। सहसा कहारिन मिल गई। फूलमती ने उससे भी वहीं प्रश्न किया। मालूम हुआ, किसी के शोरबे में मरी हुई चुहिया निकल आई। फूलमती चित्रलिखित-सी वहीं खड़ी रह गई। भीतर ऐसा उबाल उठा कि दीवार से सिर टकरा ले। अभागे भोज का प्रबन्ध करने चले थे। इस फूहड़पन की कोई हद है, कितने आदमियों का धर्म सत्यानाश हो गया। फिर पंगत क्यों न उठ जाए? आँखों से देखकर अपना धर्म कौन गँवाएगा। हाँ! किया-धरा मिट्टी में मिल गया! सैकड़ों रुपए पर पानी फिर गया। बदनामी हुई वह अलग।

मेहमान उठ चुके थे। पत्तलों पर खाना ज्यों-का-त्यों पड़ा हुआ था। चारों लड़के आँगन में लज्जित खड़े थे। एक दूसरे को इल्जाम दे रहा था। बड़ी बहू अपनी देवरानियों पर बिगड़ रही थी। देवरानियाँ सारा दोष कुमुद के सिर डालती थीं। कुमुद खड़ी रो रही थी। उसी वक्त फूलमती झल्लाई हुई आकर बोली–मुँह में कालिख लगी कि नहीं? या अभी कुछ कसर बाकी है? डूब मरो-सब-के-सब जाकर चुल्लू भर पानी में! शहर में कहीं मुँह दिखाने लायक भी नहीं रहे।

किसी लड़के ने जवाब न दिया।

फूलमती और भी प्रचंड होकर बोली–तुम लोगों को क्या। किसी को शर्म-हया तो है नहीं। आत्मा तो उसकी रो रही है; जिन्होंने अपनी जिन्दगी घर का मरजाद बनाने में खराब कर दी। उनकी पवित्र आत्मा को तुमने यों कलंकित किया। शहर में थुड़ी-थुड़ी हो रही है। अब कोई तुम्हारे द्वार पर पेशाब करने तो आएगा नहीं।

कामतानाथ कुछ देर तक तो चुपचाप खड़ा सुनता रहा। आखिर झुँझलाकर बोला–अच्छा; अब चुप रहो अम्माँ। भूल हुई, हम सब मानते हैं, बड़ी भयंकर भूल हुई; लेकिन क्या अब उसके लिए घर के प्राणियों को हलाल कर डालोगी? सभी

से भूलें होती हैं। आदमी पछताकर रह जाता है। किसी की जान तो नहीं मारी जाती?

बड़ी बहू ने अपनी सफाई दी–हम क्या जानते थे कि बीबी (कुमुद) से इतना-सा काम भी न होगा। इन्हें चाहिए था कि देखकर तरकारी कढ़ाव में डालतीं। टोकरी उठाकर कढ़ाव में डाल दी। इसमें हमारा क्या दोष!

कामतानाथ ने पत्नी को डाँटा–इसमें न कुमुद का कसूर है न तुम्हारा, न मेरा। संयोग की बात है। बदनामी भाग्य में लिखी थी वह हुई। इतने बड़े भोज में एक-एक मुट्ठी तरकारी कढ़ाव में नहीं डाली जाती! टोकरे-के-टोकरे उंडेल दिए जाते हैं। कभी-कभी ऐसी दुर्घटना हो ही जाती है, पर इसमें कैसी जग-हँसाई और कैसी नाक-कटाई। तुम खामखाह जले पर नमक छिड़कती हो।

फूलमती ने दाँत पीसकर कहा–शरमाते तो नहीं, उलटे और बेहयाई की बातें करते हो।

कामता ने निःसंकोच होकर कहा–शरमाऊँ क्यों, किसी की चोरी की है। चीनी में चीटें और आटे में घुन, यह नहीं देखे जाते। पहले हमारी निगाह न पड़ी, बस यही बात बिगड़ गई। नहीं, चुपके से चुहिया निकालकर फेंक देते। किसी को खबर तक न होती।

फूलमती ने चकित होकर कहा–क्या कहता है, मरी चुहिया खिलाकर सबका धर्म बिगाड़ देता।

कामता हँसकर बोला–क्या पुराने जमाने की बातें करती हो अम्माँ? इन बातों से धर्म नहीं जाता। यह धर्मात्मा लोग जो पत्तल पर से उठ गए हैं, इनमें ऐसा कौन है जो भेड़-बकरी का मांस न खाता हो? तालाब के कछुए और घोंघे तक तो किसी से बचते नहीं। जरा-सी चुहिया में क्या रक्खा था।

फूलमती को ऐसा प्रतीत हुआ कि अब प्रलय आने में बहुत देर नहीं है। जब पढ़े-लिखे आदमियों के मन में ऐसे अधार्मिक भाव आने लगे, तो फिर धर्म की भगवान ही रक्षा करें। अपना-सा मुँह लेकर चली गई।

2

दो महीने गुजर गए हैं। रात का समय है। चारों भाई दिन के काम से छुट्टी पाकर कमरे में बैठे गप-शप कर रहे हैं। बड़ी बहू भी षड्यंत्र में शरीक है। कुमुद के विवाह का प्रश्न छिड़ा हुआ है।

कामतानाथ ने मसनद पर टेक लगाते हुए कहा–दादा की बात दादा के साथ गई। मुरारी पंडित विद्वान् भी हैं और कुलीन भी होंगे। लेकिन जो आदमी अपनी विद्या और

कुलीनता को रुपयों पर बेचे, वह नीच है, ऐसे नीच आदमी के लड़के से हम कुमुद का विवाह सेंत में भी न करेंगे, पाँच हजार दहेज तो दूर की बात है। उसे बताओ धता और किसी दूसरे वर की तलाश करो। हमारे पास कुल बीस हजार ही तो हैं। एक-एक हिस्से में पाँच-पाँच हजार आते हैं। पाँच हजार दहेज में दे दें, और पाँच हजार नेग-न्योछावर, बाजे-गाजे में उड़ा दें तो फिर हमारी तो बधिया ही बैठ जाएगी।

उमानाथ बोले—मुझे अपना औषधालय खोलने के लिए कम-से-कम पाँच हजार की जरूरत है। मैं अपने हिस्से में से एक पाई भी नहीं दे सकता। फिर खुलते ही आमदनी तो होगी नहीं। कम-से-कम साल-भर घर से खाना पड़ेगा।

दयानाथ एक समाचार-पत्र देख रहे थे। आँखों से ऐनक उतारते हुए बोले—मेरा विचार भी एक पत्र निकालने का है। प्रेस और पत्र में कम-से-कम दस हजार की कैपिटल चाहिए। पाँच हजार मेरे रहेंगे, तो कोई-न-कोई साझेदार पाँच हजार का मिल जाएगा। पत्रों में लेख लिखकर मेरा निर्वाह नहीं हो सकता।

कामतानाथ ने सिर हिलाते हुए कहा—अजी, राम भजो, सेंत में कोई लेख छापता नहीं; रुपए कौन दिए देता है।

दयानाथ ने प्रतिवाद किया—नहीं, यह बात तो नहीं है। मैं तो कहीं भी बिना पेशगी पुरस्कार लिए नहीं लिखता।

कामता ने जैसे अपने शब्द वापस लिए—तुम्हारी बात मैं नहीं कहता भाई! तुम तो थोड़ा-बहुत मार लेते हो; लेकिन सबको तो नहीं मिलता।

बड़ी बहू ने श्रद्धा-भाव से कहा—कन्या भाग्यवान हो, तो दरिद्र घर में भी सुखी रह सकती है। अभागी हो, तो राजा के घर में भी रोएगी। यह सब नसीबों का खेल है।

कामतानाथ ने स्त्री की ओर प्रशंसा भाव से देखा—फिर इसी साल हमें सीता का विवाह भी करना है।

सीतानाथ सबसे छोटा था। सिर झुकाए भाइयों की स्वार्थ-भरी बातें सुन-सुनकर कुछ कहने के लिए उतावला हो रहा था। अपना नाम सुनते ही बोला—मेरे विवाह की आप लोग चिन्ता न करें। मैं जब तक किसी धन्धे में न लग जाऊँगा, विवाह का नाम भी न लूँगा, और सच पूछिए तो मैं विवाह करना नहीं चाहता। देश को इस समय बालकों की जरूरत नहीं, काम करनेवालों की जरूरत है। मेरे हिस्से के रुपए आप कुमुद के विवाह में खर्च कर दें। सारी बातें तय हो जाने के बाद यह उचित नहीं कि पंडित मुरारीलाल से सम्बन्ध तोड़ लिया जाए।

उमा ने तीव्र स्वर में कहा—दस हजार कहाँ से आएँगे?

सीता ने डरते हुए कहा—"मैं तो अपने हिस्से के रुपए देने को कहता हूँ।"

"और शेष?"

"मुरारीलाल से कहा जाए कि दहेज में कुछ कमी कर दें। वह इतने स्वार्थांध नहीं हैं कि इस अवसर पर कुछ बल खाने को तैयार न हो जाएँ; अगर वह तीन हजार में सन्तुष्ट हो जाएँ तो, पाँच हजार में विवाह हो सकता है।"

उमा ने कामतानाथ से कहा–सुनते हैं भाई साहब, इनकी बातें?

दयानाथ बोल उठे–तो इसमें आप लोगों का क्या नुकसान है। यह अपने रुपए दे रहे हैं, खर्च कीजिए। मुरारी पंडित से हमारा कोई बैर नहीं है। मुझे तो इस बात से खुशी हो रही है कि भला हममें कोई तो त्याग करने योग्य है। इन्हें तत्काल रुपए की जरूरत नहीं है। सरकार से वजीफा पाते ही हैं। पास होने पर कहीं-न-कहीं जगह मिल जाएगी। हम लोगों की हालत तो ऐसी नहीं।

कामतानाथ ने दूरदर्शिता का परिचय दिया–नुकसान की एक ही कही। हममें से एक को कष्ट हो, तो क्या और लोग बैठे देखेंगे? यह अभी लड़के हैं, इन्हें क्या मालूम समय पर एक रुपया एक लाख का काम करता है? कौन जानता है, कल इन्हें विलायत जाकर पढ़ने के लिए सरकारी वजीफा मिल जाए, या सिविल सर्विस में आ जाएँ। उस वक्त सफर की तैयारियों में चार-पाँच हजार लग जाएँगे। तब किसके सामने हाथ फैलाते फिरेंगे? मैं यह नहीं चाहता कि दहेज के पीछे इनकी जिन्दगी नष्ट हो जाए।

इस तर्क ने सीतानाथ को भी तोड़ लिया। सकुचाता हुआ बोला–हाँ, यदि ऐसा हुआ तो बेशक मुझे रुपए की जरूरत होगी।

"क्या ऐसा होना असम्भव है?"

"असम्भव तो मैं नहीं समझता, लेकिन कठिन अवश्य है। वजीफे उन्हें मिलते हैं, जिनके पास सिफारिशें होती हैं, मुझे कौन पूछता है।"

"कभी-कभी सिफारिशें धरी रह जाती हैं और बिना सिफारिश वाले बाजी मार ले जाते हैं।"

"तो आप जैसा उचित समझें। मुझे यहाँ तक मंजूर है कि चाहे मैं विलायत न जाऊँ, पर कुमुद अच्छे घर जाए।"

कामतानाथ ने निष्ठा-भाव से कहा–अच्छा घर दहेज देने से नहीं मिलता भैया! जैसा तुम्हारी भाभी ने कहा, यह नसीबों का खेल है। मैं तो चाहता हूँ कि मुरारीलाल को जवाब दे दिया जाए और कोई ऐसा वर खोजा जाए, जो थोड़े में राजी हो जाए। इस विवाह में मैं एक हजार से ज्यादा नहीं खर्च कर सकता। पंडित दीनदयाल कैसे हैं?

उमा ने प्रसन्न होकर कहा–बहुत अच्छे। एम.ए.बी.ए. न सही, जजमानी से अच्छी आमदनी है।

दयानाथ ने आपत्ति की–अम्माँ से भी तो पूछ लेना चाहिए।

कामतानाथ को इसकी कोई जरूरत न मालूम हुई। बोले—उनकी तो जैसे बुद्धि ही भ्रष्ट हो गई है। वही पुराने युग की बातें! मुरारीलाल के नाम पर उधार खाए बैठी हैं। यह नहीं समझती कि वह जमाना नहीं रहा। उनको तो बस कुमुद मुरारी पंडित के घर जाए, चाहे हम लोग तबाह हो जाएँ।

उमा ने एक शंका उपस्थित की—अम्माँ अपने सब गहने कुमुद को दे देंगी, देख लीजिएगा।

कामतानाथ का स्वार्थ नीति से विद्रोह न कर सका। बोले—गहनों पर उनका पूरा अधिकार है। यह उनका स्त्री-धन है। जिसे चाहें दे सकती हैं।

उमा ने कहा—स्त्री-धन है तो क्या वह उसे लुटा देंगी। आखिर वह भी तो दादा ही की कमाई है।

''किसी की कमाई हो। स्त्री-धन पर उनका पूरा अधिकार है।''

''यह कानूनी गोरखधन्धे हैं। बीस हजार में तो चार हिस्सेदार हों और दस हजार के गहने अम्माँ के पास रह जाएँ। देख लेना, इन्हीं के बल पर वह कुमुद का विवाह मुरारी पंडित के घर करेंगी।''

उमानाथ इतनी बड़ी रकम को इतनी आसानी से नहीं छोड़ सकता। वह कपट-नीति में कुशल है। कोई कौशल रचकर माता से सारे गहने ले लगा। उस वक्त तक कुमुद के विवाह की चर्चा करके फूलमती को भड़काना उचित नहीं। कामतानाथ ने सिर हिलाकर कहा—भई, मैं इन चालों को पसन्द नहीं करता।

उमानाथ ने खिसियाकर कहा—गहने दस हजार से कम के न होंगे।

कामतानाथ अविचलित स्वर में बोले—कितने ही के हों, मैं अनीति में हाथ नहीं डालना चाहता।

''तो आप अलग बैठिए हाँ, बीच में भाँजी न मारिएगा।''

''मैं अलग रहूँगा।''

''और तुम सीता?''

''मैं भी अलग रहूँगा।''

लेकिन जब दयानाथ से यही प्रश्न किया गया; तो वह उमानाथ से सहयोग करने को तैयार हो गया। दस हजार में ढाई हजार तो उसके होंगे ही। इतनी बड़ी रकम के लिए यदि कुछ कौशल भी करना पड़े तो क्षम्य है।

3

फूलमती रात का भोजन करके लेटी थीं कि उमा और दया उसके पास जाकर बैठ गए। दोनों ऐसा मुँह बनाए हुए थे, मानो कोई भारी विपत्ति आ पड़ी है। फूलमती ने सशंक होकर पूछा—तुम दोनों घबड़ाए हुए मालूम होते हो!

उमा ने सिर खुजलाते हुए कहा–समाचार-पत्रों में लेख लिखना बड़े जोखिम का काम है अम्माँ। कितना ही बचकर लिखो; लेकिन कहीं-न-कहीं पकड़ हो ही जाती है। दयानाथ ने एक लेख लिखा था। उस पर पाँच हजार की जमानत माँगी गई है। अगर कल तक जमानत न जमा कर दी गई, तो गिरफ्तार हो जाएँगे और दस साल की सजा ठुक जाएगी!

फूलमती ने सिर पीटकर कहा–तो ऐसी बातें क्यों लिखते हो बेटा, जानते नहीं हो आजकल हमारे अदिन आए हुए हैं। जमानत किसी तरह टल नहीं सकती?

दयानाथ ने अपराधी भाव से उत्तर दिया–मैंने तो अम्माँ ऐसी कोई बात नहीं लिखी थी; लेकिन किस्मत का क्या करूँ। हाकिम जिला इतना कड़ा है कि जरा भी रियायत नहीं करता। मैंने जितनी दौड़-धूप हो सकती थी, वह सब कर ली?

"तो तुमने कामता से रुपए का प्रबन्ध करने को नहीं कहा?"

उमा ने मुँह बनाया–उनका स्वभाव तो तुम जानती हो अम्माँ, उन्हें रुपए प्राणों से प्यारे हैं। उन्हें चाहे कालापानी ही हो जाए; वह एक पाई न देंगे!

दयानाथ ने समर्थन किया–मैंने तो उनसे इसका जिक्र ही नहीं किया?

फूलमती ने चारपाई से उठते हुए कहा–चलो, मैं कहती हूँ, देगा कैसे नहीं? रुपए इसी दिन के लिए होते हैं कि गाड़कर रखने के लिए?

उमानाथ ने माता को रोककर कहा–नहीं अम्मा, उनसे कुछ न कहो। रुपए तो न देंगे, उल्टे और हाय-हाय मचाएँगे। उनको अपनी नौकरी की खैरियत मनानी है, इन्हें घर में रहने भी न देंगे। अफसरों में जाकर खबर दे दें तो आश्चर्य नहीं।

फूलमती ने लाचार होकर कहा–तो फिर जमानत का क्या प्रबन्ध करोगे? मेरे पास तो कुछ नहीं है। हाँ, मेरे गहने हैं, इन्हें ले जाव, कहीं गिरा रखकर जमानत दे दो। और आज से कान पकड़ो कि किसी पत्र में एक शब्द भी न लिखोगे।

दयानाथ कानों पर हाथ रखकर बोला–यह तो नहीं हो सकता अम्माँ, कि तुम्हारे जेवर लेकर मैं अपनी जान बचाऊँ। दस-पाँच साल की कैद ही तो होगी, झेल लूँगा। यहीं बैठा-बैठा क्या कर रहा हूँ।

फूलमती छाती पीटते हुए बोली–कैसी बातें मुँह से निकालते हो बेटा, मेरे जीते जी तुम्हें कौन गिरफ्तार कर सकता है? उसका मुँह झुलस दूँगी। गहने इसी दिन के लिए हैं या और किसी दिन के लिए। जब तुम्हीं न रहोगे, तो गहने लेकर क्या आग में झोंकूँगी।

उसने पिटारी लाकर उसके सामने रख दी।

दया ने उमा की ओर जैसे फरियाद की आँखों से देखा, और बोला—आपकी क्या राय है भाई साहब? इसी मारे मैं कहता था, अम्माँ को जताने की जरूरत नहीं। जेल ही तो हो जाती या और कुछ।

उमा ने जैसे सिफारिश करते हुए कहा—यह कैसे हो सकता था कि इतनी बड़ी वारदात हो जाती और अम्माँ को खबर न होती। मुझसे यह नहीं हो सकता था कि सुनकर पेट में डाल लेता; मगर अब करना क्या चाहिए; यह मैं खुद निर्णय नहीं कर सकता। न तो यही अच्छा लगता है कि तुम जेल जाओ और न यही अच्छा लगता है कि अम्माँ के गहने गिरो रखे जाएँ।

फूलमती ने व्यथित कंठ से पूछा—क्या तुम समझते हो मुझे गहने तुमसे ज्यादा प्यारे हैं। मैं तो अपने प्राण तक तुम्हारे ऊपर न्योछावर कर दूँ, गहनों की बिसात ही क्या है।

दया ने दृढ़ता से कहा—अम्माँ तुम्हारे गहने तो न लूँगा चाहे मुझ पर कुछ ही क्यों न आ पड़े। जब आज तक तुम्हारी कुछ सेवा न कर सका; तो किस मुँह से तुम्हारे गहने उठा ले जाऊँ। मुझ जैसे कपूत को तो तुम्हारी कोख से जन्म ही न लेना चाहिए था। सदा तुम्हें कष्ट देता रहा।

फूलमती ने भी उतनी ही दृढ़ता से कहा—तुम अगर यों न लोगे; तो मैं खुद जाकर इन्हें गिरो रख दूँगी और खुद हाकिम जिला के पास जाकर जमानत जमा कर आऊँगी; अगर इच्छा हो तो यह परीक्षा भी ले लो। आँखें बन्द हो जाने के बाद क्या होगा, भगवान जाने; लेकिन जब तक जीती हूँ, तुम्हारी ओर कोई तिरछी आँखों से देख नहीं सकता।

उमानाथ ने मानो माता पर एहसान रखकर कहा—अब तो हमारे लिए कोई रास्ता नहीं रहा दयानाथ। क्या हरज है, ले लो; मगर याद रक्खो ज्योंही हाथ में रुपए आ जाएँ गहने छुड़ाने पड़ेंगे। सच कहते हैं, मातृत्व दीर्घ तपस्या है। माता के सिवाय इतना स्नेह कौन कर सकता है। हम बड़े अभागे हैं कि माता के प्रति जितनी श्रद्धा रखनी चाहिए उसका शतांश भी नहीं रखते।

दोनों ने जैसे बड़े धर्म-संकट में पड़कर गहनों की पिटारी सँभाली और चलते बने। माता वात्सल्य-भरी आँखों से उनकी ओर देख रही थी, और उसकी सम्पूर्ण आत्मा का आशीर्वाद जैसे उन्हें अपनी गोद में समेट लेने के लिए व्याकुल हो रहा था। आज कई महीने के बाद उनके भग्न मातृहृदय को अपना सर्वस्व अर्पण करके जैसे आनन्द की विभूति मिली। उसकी स्वामिनी-कल्पना इसी त्याग के लिए इसी आत्म-समर्पण के लिए जैसे कोई मार्ग ढूँढ़ती रहती थी। अधिकार या लोभ या ममता की वहाँ गन्ध तक न थी। त्याग ही उसका आनन्द और त्याग ही उसका अधिकार है। आज अपना खोया हुआ अधिकार पाकर, अपनी सिरजी हुई प्रतिमा पर अपने प्राणों की भेंट करके वह निहाल हो गई।

4

तीन महीने और गुजर गए। माँ के गहनों पर हाथ साफ करके चारों भाई उसकी दिलजोई करने लगे थे। अपनी स्त्रियों को भी समझाते रहते थे कि उसका दिल न दुखाएँ। अगर थोड़े शिष्टाचार से उसकी आत्मा को शान्ति मिलती है, तो इसमें क्या हानि है। चारों करते अपने मन की, पर माता से सलाह ले लेते। या ऐसा जाल फैलाते कि वह सरला उनकी बातों में आ जाती और हरेक काम में सहमत हो जाती। बाग को बेचना उसे बहुत बुरा लगता था; लेकिन चारों ने ऐसी माया रची कि वह उसे बेचने पर राजी हो गई; किन्तु कुमुद के विवाह के विषय में मतैक्य न हो सका। माँ पं. मुरारीलाल पर जमी हुई थी, लड़के दीनदयाल पर अड़े हुए थे। एक दिन आपस में कलह हो गया।

फूलमती ने कहा–माँ-बाप की कमाई में बेटी का हिस्सा भी है! तुम्हें सोलह हजार का एक बाग मिला, पच्चीस हजार का एक मकान। बीस हजार नकद में क्या पाँच हजार भी कुमुद का हिस्सा नहीं है?

कामता ने नम्रता से कहा–अम्माँ, कुमुद आपकी लड़की है, तो हमारी बहिन है। आप दो-चार साल में प्रस्थान कर जाएँगी, पर हमारा और उसका बहुत दिनों तक सम्बन्ध रहेगा। तब यथाशक्ति कोई ऐसी बात न करेंगे, जिससे उसका अमंगल हो; लेकिन हिस्से की बात कहती हो; तो कुमुद का हिस्सा कुछ नहीं। दादा जीवित थे तब और बात थी। वह उसके विवाह में जितना चाहते खर्च करते। कोई उनका हाथ न पकड़ सकता था; लेकिन अब तो हमें एक-एक पैसे की किफायत करनी पड़ेगी, जो काम एक हजार में हो जाए उसके लिए पाँच हजार खर्च करना कहाँ की बुद्धिमानी है।

उमानाथ ने सुधारा–पाँच हजार क्यों, दस हजार कहिए!

कामता ने भवें सिकोड़कर कहा–नहीं, मैं पाँच हजार ही कहूँगा। एक विवाह में पाँच हजार खर्च करने की हमारी हैसियत नहीं है।

फूलमती ने जिद पकड़कर कहा–विवाह तो मुरारीलाल के पुत्र से ही होगा; चाहे पाँच हजार खर्च हों, चाहें दस हजार। मेरे पति की कमाई है। मैंने मर-मरकर जोड़ा है। अपनी इच्छा से खर्च करूँगी। तुम्हीं ने मेरी कोख से नहीं जन्म लिया है। कुमुद भी उसी कोख से आई है। मेरी आँखों में तुम सब बराबर हो। मैं किसी से कुछ माँगती नहीं। तुम बैठे तमाशा देखो, मैं सब कुछ कर लूँगी, बीस हजार में पाँच हजार कुमुद का है।

कामतानाथ को अब कड़वे सत्य की शरण लेने के सिवा और कोई मार्ग न रहा। बोला–अम्माँ, तुम बरबस बात बढ़ाती हो। जिन रुपयों को तुम अपना समझती हो,

वह तुम्हारे नहीं हैं, हमारे हैं। तुम हमारी अनुमति के बिना उनमें से कुछ नहीं खर्च कर सकतीं।

फूलमती को जैसे सर्प ने डस लिया–क्या कहा! फिर तो कहना! मैं अपने ही संचे रुपए अपनी इच्छा से नहीं खर्च कर सकती!!

''वह रुपए तुम्हारे नहीं रहे, हमारे हो गए।''

''तुम्हारे होंगे, लेकिन मेरे मरने के पीछे।''

''नहीं, दादा के मरते ही हमारे हो गए।''

उमानाथ ने बेहयाई से कहा–अम्माँ कानून-कायदा तो जानती नहीं, नाहक उलझती हैं।

फूलमती क्रोध-विह्वल होकर बोली–भाड़ में जाए तुम्हारा कानून। मैं ऐसे कानून को नहीं मानती। तुम्हारे दादा ऐसे कोई बड़े धन्नासेठ न थे। मैंने ही पेट और तन काटकर यह गृहस्थी जोड़ी है, नहीं आज बैठने को छाँह न मिलती! मेरे जीते-जी तुम मेरे रुपए नहीं छू सकते। मैंने तीन भाइयों के विवाह में दस-दस हजार खर्च किए हैं। वही मैं कुमुद के विवाह में भी खर्च करूँगी।

कामतानाथ भी गर्म पड़ा–आपको कुछ भी खर्च करने का अधिकार नहीं है।

उमानाथ ने बड़े भाई को डाँटा, आप खामख्वाह अम्माँ के मुँह लगते हैं भाई साहब! मुरारीलाल को पत्र लिख दीजिए कि तुम्हारे यहाँ कुमुद का विवाह न होगा। बस, छुट्टी हुई। यह कायदा-कानून तो जानती नहीं, व्यर्थ की बहस करती हैं।

फूलमती ने संयमित स्वर में कहा–अच्छा, क्या कानून है, जरा मैं भी सुनूँ?

उमा ने निरीह भाव से कहा–कानून यही है कि बाप के मरने के बाद जायदाद बेटों की हो जाती है। माँ का हक केवल रोटी-कपड़े का है!

फूलमती ने तड़पकर पूछा–किसने यह कानून बनाया है?

उमा शान्त-स्थिर स्वर में बोला–हमारे ऋषियों ने, महाराज मनु ने और किसने?

फूलमती एक क्षण अवाक् रहकर आहत कंठ से बोली–तो इस घर में मैं तुम्हारे टुकड़ों पर पड़ी हुई हूँ–

उमानाथ ने न्यायाधीश की निर्ममता से कहा–तुम जैसा समझो।

फूलमती की सम्पूर्ण आत्मा मानो इस वज्रपात से चीत्कार करने लगी। उसके मुख से जलती हुई चिनगारियों की भाँति यह शब्द निकल पड़े–मैंने घर बनवाया; मैंने सम्पत्ति जोड़ी, मैंने तुम्हें जन्म दिया, पाला और आज मैं इस घर में गैर हूँ? मनु का यही कानून है और तुम उसी कानून पर चलना चाहते हो? अच्छी बात है। अपना घर-द्वार लो। मुझे तुम्हारी आश्रिता बनकर रहना स्वीकार नहीं! इससे कहीं अच्छी है कि मर जाऊँ। वाह रे अन्धेर! मैंने पेड़ लगाया और मैं ही उसकी छाँह में खड़ी हो नहीं सकती; अगर यही कानून है, तो इसमें आग लग जाए।

चारों युवकों पर माता के इस क्रोध और आतंक का कोई असर न हुआ। कानून का फौलादी कवच उनकी रक्षा कर रहा था। इन काँटों का उन पर क्या असर हो सकता था।

जरा देर में फूलमती उठकर चली गई। आज जीवन में पहली बार उसका वात्सल्य-भग्न मातृत्व अभिशाप बनकर उसे धिक्कारने लगा। जिस मातृत्व को उसने जीवन की विभूति समझा था, जिसके चरणों पर वह सदैव अपनी समस्त अभिलाषाओं और कामनाओं को अर्पित करके अपने को धन्य मानती थी, वही मातृत्व आज उसे अग्निकुंड-सा जान पड़ा, जिसमें उसका जीवन जलकर भस्म हो रहा था।

सन्ध्या हो गई थी। द्वार पर नीम का वृक्ष सिर झुकाए निस्तब्ध खड़ा था, मानो संसार की गति पर क्षुब्ध हो रहा हो। अस्ताचल की ओर प्रकाश और जीवन का देवता फूलमती के मातृत्व की ही भाँति अपनी चिता में जल रहा था।

5

फूलमती अपने कमरे में जाकर लेटी, तो उसे मालूम हुआ, उसकी कमर टूट गई है। पति के मरते ही अपने पेट के लड़के उसके शत्रु हो जाएँगे, उसको स्वप्न में भी गुमान न था। जिन लड़कों को उसने अपना हृदय-रक्त पिला-पिलाकर पाला, वही आज उसके हृदय पर यों आघात कर रहे हैं! अब वह घर उसे काँटों की सेज हो रहा था। जहाँ उसकी कुछ कद्र नहीं, कुछ गिनती नहीं, वहाँ अनाथों की भाँति पड़ी रोटियाँ खाए, यह उसकी अभिमानी प्रकृति के लिए असह्य था।

पर उपाय ही क्या था। वह लड़कों से अलग होकर रहे भी तो नाक किसकी कटेगी! संसार उसे थूके तो क्या और लड़कों को थूके तो क्या, बदनामी तो उसी की है। दुनिया यही तो कहेगी कि चार जवान बेटों के होते बुढ़िया अलग पड़ी हुई मजूरी करके पेट पाल रही है। जिन्हें उसने हमेशा नीच समझा, वही उस पर हँसेंगे। नहीं, वह अपमान इस अनादर से कहीं ज्यादा हृदयविदारक था। अब अपना और घर का परदा ढका रखने में ही कुशल है। हाँ, अब उसे अपने को नई परिस्थितियों के अनुकूल बनाना पड़ेगा। समय बदल गया है। अब तक स्वामिनी बनकर रही, अब लौंडी बनकर रहना पड़ेगा। ईश्वर की यही इच्छा है, अपने बेटों की बातें और लातें गैरों की बातों और लातों की अपेक्षा फिर भी गनीमत है।

वह बड़ी देर तक मुँह ढाँपे अपनी दशा पर रोती रही। सारी रात इसी आत्मवेदना में कट गई। शरद का प्रभात डरता-डरता ऊषा की गोद से निकला, जैसे कोई कैदी छिपकर जेल से भाग आया हो फूलमती अपने नियम के विरुद्ध आज तड़के ही उठी,

रात भर में उनका मानसिक परिवर्तन हो चुका था। सारा घर सो रहा था और वह आँगन में झाड़ू लगा रही थी। रात की ओस में भीगी हुई पक्की जमीन उसके नंगे पैरों में काँटों की तरह चुभ रही थी। पंडितजी उसे कभी इतने सबेरे उठने न देते थे। शीत उसके लिए बहुत हानिकर थी। पर अब वह दिन नहीं। प्रकृति को भी समय के साथ बदल देने का प्रयत्न कर रही थी। झाड़ू से फुर्सत पाकर उसने आग जलाई और चावल-दाल की कंकड़ियाँ चुनने लगीं, कुछ देर में लड़के जागे। बहुएँ उठीं। सभी ने बुढ़िया को सर्दी से सिकुड़े हुए काम करते देखा, पर किसी ने यह न कहा कि अम्माँ, क्यों हलकान होती हो? शायद सब-के-सब बुढ़िया के इस मान-मर्दन पर प्रसन्न थे।

आज से फूलमती का यही नियम हो गया कि जी-तोड़कर घर का काम करना, और अन्तरंग नीति से अलग रहना। उसके मुख पर जो एक आत्मगौरव झलकता रहता था, उसकी जगह अब गहरी वेदना छाई हुई नजर आती थी। जहाँ बिजली जलती थी, वहाँ अब तेल का दिया टिमटिमा रहा था, जिसे बुझा देने के लिए हवा का एक हलका-सा झोंका काफी है।

मुरारीलाल को इनकारी पत्र लिखने की बात पक्की हो चुकी है। दूसरे दिन पत्र लिख दिया गया। दीनदयाल से कुमुद का विवाह निश्चित हो गया, दीनदयाल की उम्र चालीस से कुछ अधिक थी, मर्यादा में भी कुछ हेठे थे, पर रोटी-दाल से खुश थे। बिना किसी ठहराव के विवाह करने पर राजी हो गए। तिथि नियत हुई, बारात आई, विवाह हुआ और कुमुद विदा कर दी गई। फूलमती के दिल पर क्या गुजर रही थी, इसको कौन जान सकता है। कुमुद के दिल पर क्या गुजर रही थी, इसे कौन जान सकता है; पर चारों भाई बहुत प्रसन्न थे, मानो उनके हृदय का काँटा निकल गया हो। ऊँचे कुल की कन्या, मुँह कैसे खोलती। भाग्य में सुख भोगना लिखा होगा, सुख भोगेगी, दुख भोगना लिखा होगा, दुख झेलेगी। हरि इच्छा बेकसों का अन्तिम अवलम्ब है। घरवालों ने जिससे विवाह कर दिया, उसमें हजार ऐब हों, तो भी वह उसका उपास्य, उसका स्वामी है। प्रतिरोध उसकी कल्पना से परे था।

फूलमती ने किसी काम में दखल न दिया। कुमुद को क्या दिया गया, मेहमानों का कैसा सत्कार किया गया, किसके यहाँ से नेवते में क्या आया, किसी बात से भी उसे सरोकार न था। उससे कोई सलाह भी ली गई तो यही कहा—बेटा, तुम लोग जो करते हो, अच्छा ही करते हो, मुझसे क्या पूछते हो।

जब कुमुद के लिए द्वार पर डोली आ गई और कुमुद माँ के गले लिपटकर रोने लगी, तो वह बेटी को अपनी कोठरी में ले गई और जो कुछ सौ-पचास रुपए और दो-चार मामूली गहने उसके पास बच रहे थे बेटी के अंचल में डालकर बोली—बेटी,

मेरी तो मन की मन में रह गई; नहीं क्या आज तुम्हारा विवाह इस तरह होता और तुम इस तरह विदा की जातीं।

आज तक फूलमती ने अपने गहनों की बात किसी से न कही थी। लड़कों ने उसके साथ जो कपट-व्यवहार किया था, इसे चाहे वह अब तक न समझी हो, लेकिन इतना जानती थी कि गहने फिर न मिलेंगे और मनोमालिन्य बढ़ने के सिवा कुछ हाथ न लगेगा; लेकिन इस अवसर पर उसे अपनी सफाई देने की जरूरत मालूम हुई। कुमुद यह भाव मन में लेकर जाए कि अम्माँ ने अपने गहने बहुओं के लिए रख छोड़े, इसे वह किसी तरह न सह सकती थी, इसीलिए वह अपनी कोठरी में ले गई थी; लेकिन कुमुद को पहले ही इस कौशल की टोह मिल चुकी थी, उसने गहने और रुपए अंचल से निकालकर माता के चरणों पर रख दिए और बोली—अम्माँ, मेरे लिए तुम्हारा आशीर्वाद लाखों रुपयों के बराबर है। तुम इन चीजों को अपने पास रक्खो। न जाने अभी तुम्हें किन विपत्तियों का सामना करना पड़े।

फूलमती कुछ कहना ही चाहती थी कि उमानाथ ने आकर कहा—क्या कर रही है कुमुद? चल, जल्दी कर। साइत टली जाती है। वह लोग हाय-हाय कर रहे हैं, फिर तो दो-चार महीने में आएगी ही, जो कुछ लेना-देना हो, ले लेना।

फूलमती के घाव पर जैसे मनों नमक पड़ गया। बोलीं—मेरे पास अब क्या है भैया, जो मैं इसे दूँगी। जाओ बेटी, भगवान तुम्हारा सोहाग अमर करें।

कुमुद विदा हो गई। फूलमती पछाड़ खाकर गिर पड़ी। जीवन की अन्तिम लालसा नष्ट हो गई।

6

एक साल बीत गया।

फूलमती का कमरा घर के सब कमरों में बड़ा और हवादार था। कई महीनों से उसने बड़ी बहू के लिए खाली कर दिया था और खुद एक छोटी-सी कोठरी में रहने लगी थी, जैसे कोई भिखारिन हो। बेटों और बहुओं से अब उसे जरा भी स्नेह न था। वह अब घर की लौंडी थी। घर के किसी प्राणी, किसी वस्तु, किसी प्रसंग से उसे प्रयोजन न था। वह केवल इसीलिए जीती थी कि मौत न आती थी। सुख या दुख का अब उसे लेशमात्र भी ज्ञान न था। उमानाथ का औषधालय खुला, मित्रों की दावत हुई, नाच-तमाशा हुआ। दयानाथ का प्रेस खुला, फिर जलसा हुआ। सीतानाथ को वजीफा मिला और विलायत गया। फिर उत्सव हुआ। कामतानाथ के बड़े लड़के का यज्ञोपवीत-संस्कार हुआ, फिर धूमधाम हुई; लेकिन फूलमती के मुख पर आनन्द की छाया तक न आई। कामतानाथ टाईफाइड में महीने भर बीमार रहा और

मरकर उठा। दयानाथ ने अबकी अपने पत्र का प्रचार बढ़ाने के लिए वास्तव में एक आपत्तिजनक लेख लिखा और छः महीने की सजा पाई। उमानाथ ने एक फौजदारी के मामले में रिश्वत लेकर गलत रिपोर्ट लिखी और उनकी सनद छीन ली गई; पर फूलमती के चेहरे पर रंज की परछाईं तक न पड़ी। उसके जीवन में अब कोई आशा, कोई दिलचस्पी, कोई चिन्ता न थी। बस, पशुओं की तरह काम करना और खाना, यही उसकी जिन्दगी के दो काम थे। जानवर मारने से काम करता है, पर खाता है मन से। फूलमती बेकहे काम करती थी, पर खाती थी विष के कौर की तरह। महीनों सिर में तेल न पड़ता, महीनों कपड़े न धुलते, कुछ परवाह नहीं। वह चेतनाशून्य हो गई थी।

सावन की झड़ी लगी हुई थी। मलेरिया फैल रहा था। आकाश में मटियाले बादल थे, जमीन पर मटियाला पानी। आर्द्र वायु शीत-ज्वर और श्वास का वितरण करती फिरती थी। घर की महरी बीमार पड़ गई। फूलमती ने घर के सारे बर्तन माँजे, पानी में भीग-भीगकर सारा काम किया। फिर आग जलाई और चूल्हे पर पतीलियाँ चढ़ा दीं। लड़कों को समय पर भोजन तो मिलना ही चाहिए। सहसा उसे याद आया कामतानाथ नल का पानी नहीं पीते। उसी वर्षा में गंगाजल लाने चली।

कामतानाथ ने पलंग पर लेटे-लेटे कहा—रहने दो अम्माँ, मैं पानी भर लाऊँगा, आज महरी खूब बैठ रही।

फूलमती ने मटियाले आकाश की ओर देखकर कहा—तुम भीग जाओगे बेटा, सर्दी हो जाएगी।

कामतानाथ बोले—तुम भी तो भीग रही हो। कहीं बीमार न पड़ जाओ।

फूलमती निर्मम भाव से बोली—मैं बीमार न पड़ूँगी! मुझे भगवान ने अमर कर दिया है।

उमानाथ भी वहीं बैठा था। उसके औषधालय में कुछ आमदनी न होती थी; इसीलिए बहुत चिन्तित रहता था। भाई-भावज की मुँह-देखी करता रहता था। बोला—जाने भी दो भैया! बहुत दिनों बहुओं पर राज कर चुकी हैं, उसका प्रायश्चित तो करने दो।

गंगा बढ़ी हुई थी, जैसे समुद्र हो। क्षितिज सामने के कूल से मिला हुआ था। किनारे के वृक्षों की केवल फुनगियाँ पानी के ऊपर रह गई थीं। घाट ऊपर तक पानी में डूब गए थे। फूलमती कलसा लिए नीचे उतरी। पनी भरा और ऊपर जा रही थी कि पाँव फिसला। सँभल न सकी। पानी में गिर पड़ी। पल भर हाथ-पाँव चलाए, फिर लहरें उसे नीचे खींच ले गईं। किनारे पर दो-चार पंडे चिल्लाए—'अरे दौड़ो, बुढ़िया डूबी जाती है।' दो-चार आदमी दौड़े भी, लेकिन फलूमती लहरों में समा गई थी, उन बल खाती हुई लहरों में, जिन्हें देखकर हृदय काँप उठता था।

एक ने पूछा—यह कौन बुढ़िया थी?

"अरे, वही पंडित अयोध्यानाथ की विधवा है।"

"अयोध्यानाथ तो बड़े आदमी थे!"

"हाँ, थे तो; पर इसके भाग्य में ठोकर खाना लिखा था।"

"उनके तो कई लड़के बड़े-बड़े हैं और सब कमाते हैं?"

"हाँ, सब हैं भाई, मगर भाग्य भी तो कोई वस्तु है?"

ऊपर उठता हुआ मकान

कमलेश्वर

सँकरी-सी गली में उनका मकान है। अँधेरा उतरता है तो यह मकान जैसे नीचे धँसने लगता है। रात-भर वह डूबते हुए जहाज की तरह धँसता जाता है...सुबह होते ही जब पश्चिम वाली ऊँची दीवार पर धूप का एक टुकड़ा तिकोनी झंडी की तरह झिलमिलाने लगता है, तो उनका मकान धीरे-धीरे ऊपर उठने लगता है।

यों वह सँकरी गली गुंजान तो कभी नहीं होती पर, दोपहरी को जरा ज्यादा सुनसान हो जाती है। सूरज जब ताड़ के ऊपर उठ जाता है, तब डाकिए के आते ही आहट होती है। गली में ऐसे ज्यादा लोग नहीं हैं, जिनके खत आते हों। एक मुख्तार साहब ही ऐसे हैं, जिनके यहाँ दूसरे-तीसरे दिन चिट्ठियाँ आती रहती हैं। एक मुरारी बाबू हैं, जिनके घर पर चार-पाँच तारीख के आसपास मनीऑर्डर वाला डाकिया आवाज लगाता है।

उन तारीखों को वह धुली हुई कमीज पहनकर बैठते हैं और मुँह-हाथ धोते वक्त याद से दवात में कुछ बूँद पानी डाल लेते हैं। मनीऑर्डर पर दस्तखत करने होते हैं।

घर के भीतर गौरी का पूरा कारबार तब तक रुका रहता है, जब तक किशन का मनीऑर्डर नहीं आता। उसके मिलते ही दोनों राहत की साँस लेते हैं, पर आधे घंटे बाद ही घर में शीतयुद्ध शुरू हो जाता है। फूलती हुई साँस को रह-रहकर सँभालते हुए गौरी बड़बड़ाती रही है—सब रुपया अपनी टेंट में रखना है तो रखो! गंगाजी की सौगन्ध जो एक पैसा माँगूँ तुमसे! कोई परजा-पझारू हूँ, जो पन्द्रह रुपये हाथ पर रखे और कानों में तेल डाल दिया? खर्चा करो तो पता लगे?

मुरारी बाबू सब सुनते रहते हैं। उनके कानों पर जूँ नहीं रेंगती। पर जब गुस्सा ज्यादा आ जाता है, तो स्टूल पर रखे अपने दाँत लगा लेते हैं और

बकना-झकना शुरू कर देते हैं। लड़ते-लड़ते जब दोनों पस्त हो जाते हैं, तो वह जूता पहनकर वैद्यजी की तरफ चले जाते हैं। उनकी दुकान पर ही बैठकी होती है।

तब गौरी घर में अकेली रह जाती है। टीन के नीचे लेटे-लेटे वह न जाने क्या याद करती रहती है...बीती हुई लम्बी जिन्दगी की बहुत-सी बातें उसे याद आती हैं...खासतौर से तब उसे मुरारी बाबू का बेगाना व्यवहार सबसे ज्यादा सालने लगता है। जब भी उसे ब्याह के बाद वाली वह घटना याद आती है, तो गंदली आँखें डबडबा आती हैं।

...जसवन्तनगर से मुरारी बाबू का खत आया था—"मेरी शादी आप लोगों ने अपनी मर्जी से की है, तो उसकी जिम्मेदारी भी उठाइए। मेरे लिए यह कतई मुमकिन नहीं है कि यहाँ उसके साथ घर-गृहस्थी जमा सकूँ।" खत खुलते ही घर में सन्नाटा छा गया था।

माथे पर हाथ मारकर तब मुरारी की माँ ने गहरी साँस लेते हुए कहा था, "पता नहीं विधाता ने इस करम-फूटी के नसीब में क्या लिखा है? जवान मिट्टी है...आखिर हम कब तक सँभालेंगे..."

और मुरारी के पिताजी इसी टीन के नीचे खड़े गुस्से से काँप रहे थे। उन्होंने गौरी को रोते सुना था तो बोले थे, "तू फिक्र मत कर, बहू...जब तक मेरी साँस है, तुझे तकलीफ नहीं होगी।" पर आगे की बात सोचकर वह भी घबरा-से गए थे और मुरारी को अबाही-तबाही सुनाने लगे थे।

घर में उस दिन से एक मनहूस सन्नाटा छा गया था। सास की नजर में अजीब-सा रहम और सचेतता आ गई थी। गली में खुलने वाली दोनों खिड़कियों को उन्होंने बन्द कर दिया था। कभी शाम को छत पर गौरी जाती, तो वह किसी-किसी बहाने ऊपर पहुँच जाती और पड़ोस की छतों पर पतंग उड़ाते हुए लड़कों को देख-देखकर कुढ़ती—ऊँट हो गए हैं, पर पतंग जरूर उड़ाएँगे!

और वहीं छत पर बैठे-बैठे वह बड़े भेद भरे स्वर में गौरी को पड़ोस के घरों के कच्चे चिट्ठे सुनाया करतीं...उसके मन में सबके लिए घृणा पैदा करतीं और मेल-जोल न बढ़ाने की हिदायत देतीं।

पर जब गौरी अपने को देखती, तो यही सोचती है आखिर क्या कमी है उसमें! और सास की जबान पर एक ही बात रहती—"जवान मिट्टी है, ऐसे कैसे पार लगेगा!"

तब यह घर उसके लिए दहकता हुआ आवा बन गया था। लम्बी-लम्बी साँय-साँय करती सूनी दोपहरियाँ...काली अँधेरी रातें और निपट अकेली सुबहें!

आखिर अपनी जिन्दगी से ऊबकर एक रात उसने गले में रस्सी का फंदा डाला था, पर बाबूजी ने न जाने कहाँ से आहट पा ली थी। माँजी को उन्होंने हड़बड़ाकर जगाया था और उसे बाहर लाकर बहुत समझाया था। सवेरे तक वह उसे पास

बैठाकर लालटेन की मद्धिम रोशनी में रामायण पढ़-पढ़कर समझाते रहे थे–''सुनो, बेटा! इससे चित्त शान्त होगा...''

उसके बाद पहरेदारी और बढ़ गई थी। माँजी और बाबूजी–दोनों की आँखों से नींद उड़ गई थी। उनकी आँखों में निपट उदासी और दहशत भरी रहती। माँजी ने मिट्टी के तेल का पीपा छोटी कोठरी में बन्द कर दिया था और बाबूजी दूसरों के आराम का बहाना बनाकर घर की रस्सी पंचायती कुएँ की जगत पर छोड़ आए थे।

धीरे-धीरे मौत का साया सरक गया था, पर घर की बोझिलता में कोई कमी नहीं आई थी। आस-पड़ोस की कोई औरत कभी पूछ बैठती कि मुरारी बहू को कब ले जा रहा है, तो माँजी भीतर घबराते हुए भी ऊपर से प्रकृतिस्थ रहकर कहतीं–''उसकी दौरे की नौकरी है, बहू कैसे अकेली रहेगी परदेश में?'' फिर बहू खुद नहीं मानती...कहती है ''अम्माजी साल-दो साल तुम्हारी सेवा कर लूँ, तभी जाऊँगी कहीं।'' यह सुनकर उसका दिल फटने लगता था। और जब बाबूजी सास की तीजों पर उसके लिए खुद मेंहदी की पत्तियाँ अँगोछे में बाँधकर लाते थे, तो उसका दिल पसीज उठता था। जरा भी इच्छा न होने पर वह मेंहदी रचाती थी, चुनरी पहनती थी और गली में ननदों के साथ झूला झूल लेती थी।

तभी उसे फिट पड़ने लगे थे।

आखिर एक बार बाबूजी जसवन्तनगर गए थे और जबर्दस्ती मुरारी को घर ले आए थे।

शाम की गाड़ी से दोनों वापस आए थे। घर में धुआँ भरा हुआ था। दूर आसमान में अबाबीलें उड़ रही थीं। मुँडेरों पर उगी हुई लम्बी-लम्बी घास धीरे-धीरे काँप रही थी। तुलसी पर पुरानी बदरंग चुनरी पड़ी हुई थी।

माँजी खाना पका रही थीं, गौरी चौके में उनका हाथ बँटा रही थी। मुरारी मेहमानों की तरह खाट पर चुपचाप बैठा हुआ था।

खाना खाकर सब अजनबियों की तरह चुपचाप बैठे रहे थे। बाबूजी ने मुरारी से आगे की तरक्की की एकाध बात पूछी थी, फिर माँ और बाबूजी उठकर बाहर वाली कोठरी में सोने चले गए थे।

और तब गौरी उसके सामने घुटनों में सिर दिए कसाई की बकरी की तरह बैठी रही थी। रात गहरा गई थी। खामोशी के कारण सन्नाटा और भी भारी हो गया था।

बाहर कोठरी में लेटे हुए बाबूजी-अम्माजी की आँखों में नींद नहीं थी। अजीब संशय की रात थी–पता नहीं, इस रात का क्या होगा! आसमान कारखाने की टीन की तरह मटमैला था। दोनों साँस रोके एक-एक आहट के लिए चौकन्ने थे पर दोनों

एक-दूसरे से भी बहाना कर रहे थे, जैसे वे निश्चिन्त हों। बाहर गली में कुत्ते धीरे-से गुर्राए थे, तो वे दोनों कसमसाए थे।

तभी पीछे वाली चारा मशीन के चलने की आवाज आई थी। आधी रात में उसका चलना और भी भयानक लग रहा था। बाबूजी को उलझन-सी हुई थी। भीतर आँगन की कोई आहट नहीं सुनाई दे रही थी।

काफी देर बाद चारा मशीन एकाएक बन्द हो गई थी। और कुछ अजीब तरह की कातर आवाजें आने लगी थीं। अँधेरे में ही माँजी ने आँखें खोलकर पास लेटे बाबूजी को देखा था। वह भी जाग रहे थे।

''यह आवाज सुन रहे हो?'' माँजी ने फुसफुसाकर कहा था।

बाबूजी ने चुपचाप करवट बदल ली थी।

''लगता है, कोई किसी को कत्ल कर रहा है!'' माँजी की आवाज में घबराहट थी, ''शायद पिछवाड़े पासियों के घर में...''

''तुम्हें कभी अक्ल नहीं आएगी। चुपचाप सो जाओ।'' बाबूजी ने कहा था। वह निश्चिंत हो गए थे। चारा मशीन फिर चलने लगी थी और उसके शोर में सब कुछ डूब गया था।

सुबह गौरी माँजी के उठने से पहले नहा-धोकर चौके में पहुँच गई थी और सब कुछ हल्के-से बदल गया था।

...जब भी उसे वे दिन याद आते हैं, तो दिल में एक हूक-सी उठती है। आज भी गंदली आँखों में पानी तैर आता है...और एक संशय भीतर-ही-भीतर रेंगने लगता है। टीन के नीचे लेटे-लेटे उसे लगता है कि पूरी जिन्दगी यों ही गुजर गई। ये ऐसे ही बेगाने बने रहे...कभी किया तो बहुत प्यार किया...नहीं किया तो हारी-बीमारी में हाल तक नहीं पूछा।

इतनी लम्बी जिन्दगी...पैंतालीस बरस हुए ब्याह को...पैंतालीस बरस! इतने लम्बे अरसे को सोचकर उसे हल्का-सा सुख भी मिलता है और पछतावा भी होता है। कैसे कट गए इतने दिन...पैंतालीस बरस!

तभी एक छाया उभरती है और उनका दिल बैठने लगता है। वैद्य जी के यहाँ इनका इतना उठना-बैठना कुछ तो मतलब रखता है। पिछले पैंतालीस बरसों में कई बार वैद्य जी की पत्नी का जिक्र आया है...उन दिनों के बीच सतवन्ती के अलावा और कोई छाया नहीं आई। तब वैद्य जी जसवन्तनगर में थे...और गौरी जब मुरारी के साथ पहली बार वहाँ गई थी, तो वैद्य जी की पत्नी सतवन्ती ने उसे पहली हिदायत दी थी, ''खाने-पीने के शौकीन हैं मुरारी बाबू...जरा खयाल रखना।'' यह सुनकर उसके तन-बदन में आग लग गई थी। आखिर इस औरत को क्या लेना-देना है उनसे?

जब-जब वह घर आई, उसे हमेशा वही एक संशय काटता रहा...तब एक दिन के लिए भी उसका दिल सास-ससुर के पास नहीं लगा था, पर मुँह खोलकर कुछ कह पाना भी मुश्किल था। कई बार उसे शक हुआ था कि मुरारी वैद्य जी की कभी-कभार पैसे से मदद भी करते हैं...इसीलिए घर में कुछ नहीं आ पाता और न एक पाई बच पाती थी।

जसवन्तनगर में मुरारी की नौकरी भी इतनी अच्छी नहीं थी कि जिसके लिए वह वहीं पड़ी रहे...पर उनका आना नहीं होता था। अपने शहर में उतनी ही तनख्वाह पर तहसील में नकल-नवीसी की नौकरी मिल रही थी, पर वह नहीं आए थे।

और जब आए थे, तो वैद्य जी का औषधालय भी साथ बाँधकर लाए थे। वहाँ वैद्य जी की किस्मत चमक उठी थी और उन्हें पैसे की तकलीफ नहीं रह गई थी।

पिछले पैंतालीस बरसों में वैद्य जी को लेकर भी उसकी मुरारी से कहा-सुनी हुई है, पर मुरारी ने इस सम्बन्ध में उसकी एक बात कभी नहीं मानी। हर बार गौरी को नीचा ही देखना पड़ा और सैकड़ों बार अपनी बेइज्जती कर वह बिलकुल चुप हो गई है।

कई बार उसने घुमा-फिराकर मुरारी से पूछना चाहा था, तो हमेशा उसने यही जवाब दिया था, "भले घर की औरतों को ऐसी बातें नहीं करनी चाहिए।...ये गन्दी बातें क्यों तुम्हारे दिमाग में आती हैं?"

उस क्षण मुरारी के चेहरे पर जो तकलीफ उभरती थी, उसे देखकर वह परास्त हो जाती थी। अपने पर उसे ग्लानि होती थी।

"अरे, आदमियों का कुछ भरोसा नहीं।" कभी जब रेवती भेद-भरे स्वर में कहती तो गौरी हँसकर बोलती, "तुम्हें नहीं होगा...हमारे किशनू के बाबूजी तो देवता हैं...कभी आँख उठाकर उन्होंने मुहल्ले में नहीं देखा! उन्हें तो यह भी पता नहीं किस घर में कितनी जनानी हैं!"

"मरदों के लच्छनों का कुछ पता नहीं, बहिन!" रेवती फिर बोलती, तो गौरी निश्चिन्तता से कहती, "अरे, अब हमें काहे की फिकर...साठ की उमर हुई अपनी...फिकर करें वो जिनके वो जवान हों।"

और एकाएक बुढ़ापे की यह बात सब संशयों को काट फेंकती। इसके आगे कोई क्या कहेगा?...तब उसे बहुत-सी वे बातें याद आतीं, जो उसकी बिलकुल निजी थीं, जिनमें किसी का दखल नहीं था। और उन्हें सोचकर वह भगवान को लाख-लाख धन्यवाद देती कि उसे ऐसा पति मिला था, जिसने जिन्दगी काट दी। नहीं तो कितनी-कितनी ख्वारी हुई थी औरतों की—घर की देहरियों के बाहर तक किस्से पहुँच गए। रामरतन की घरवाली संखिया खाकर मर गई थी और जमना का आदमी संन्यासी होकर निकला तो आज तक घर वापस नहीं आया। अब भी जमना सिन्दूर लगाती है, करवा-चौथ का व्रत रखती है, भर-भर बाँह रंगीन चूड़ियाँ

पहनती है और इस निपट बुढ़ापे में भी सधवा के ठसके-से रहती है। रेवती ने ही एक दिन कहा था, "जमना! अब इस बुढ़ौती में तुम्हारा यह सिंगार-पठार अच्छा नहीं लगता...पता नहीं संन्यासी जी कहाँ मर-खप गए होंगे..."

सुनकर जमना बिफर उठी थी, "अपने खसम का सुहाग भरती हूँ, तेरी छाती पर काहे को साँप लोटता है"...

"अरे, अब सत्तर की हुई...संन्यासी जी पचासी पार करके परलोक सिधारे होंगे..." रेवती पूरी बात कह भी नहीं पाई थी कि जमना ने उसका मुँह नोंच लिया था, "तू अपने को मरा समझ ले...पड़ा-पड़ा नरक भोग रहा है। चूड़ियाँ तोड़ दे, शायद उसके प्राण भी निकल जाएँ...बड़ी आई है हमें सीख देने वाली...कोढ़िन होके मरेगी ससुरी..."

जमना किसी की नहीं सुनती। उसे विश्वास है कि उसका पति जब तक जिन्दा रहेगा, तब तक वह सुहाग भरती रहेगी...वह चाहे घर आए या न आए। जब जमना साथ में नहीं होती, तो सभी उसे 'सदा सुहागिन' कहकर पुकारती हैं...

...और इस सबके बीच गौरी जब अपने को देखती है, तो बहुत भाग्यवान पाती है। उसका आदमी जीता-जागता, चलता-फिरता है...तभी उसकी आँखें खुशी से छलछला आती हैं और वह टूटते शरीर की सारी व्यथा भूल जाती है। कमजोर आँखों से भी उसे सब-कुछ साफ-साफ नजर आने लगता है। सूने घर में बच्चों का शोर सुनाई देने लगता है।

...टीन में लेटे-लेटे तभी उसे पश्चात्ताप-सा होने लगता था। वह खामख्वाह दस-पाँच रुपयों के लिए उलझ पड़ती है। आखिर वह अपनी छाती पर रखकर तो ले नहीं जाएँगे! इस वक्त भी वह वैद्य जी के अलावा और किसके पास गए होंगे? बड़ी बातूनी है वैद्य जी की घरवाली। ऐसा हँस-हँसकर बतियाती है कि आदमी अपनी उमर भूल जाता है...वह पड़ी-पड़ी यही सोच रही थी कि बाहर दरवाजे पर छड़ी की आवाज हुई। बहुत नाराज होकर गए थे, वैसे ही जले-फुंके लौट रहे होंगे—गौरी उठकर बैठ गई कि वह उनके आते ही सब-कुछ ठीक कर लेगी...अब कभी इन जरा-जरा सी बातों पर गुस्सा नहीं होने देगी।

मुरारी बाबू भीतर आए, तो उनके हाथ में एक दोना था। उनकी साँस फूल रही थी। मुँह पसीने से तर था। आते ही उन्होंने दोना गौरी के हाथ में थमा दिया।

"यह क्या ले आए?"

"दही है..." अपनी टोपी उतारकर हवा करते हुए बोले, "गुस्से में तुमने अपने लिए तो कुछ बनाया नहीं होगा—एकादशी का व्रत ऊपर से होगा...यह खा लेना, नहीं तो शाम तक बेहाल हो जाओगी।"

गौरी की आँखों में अपार स्नेह उमड़ आया था। उसकी गर्दन की नसें अब भी तपक रही थीं और पसीने की धार कनपटियों से बह रही थी। दही रखकर वह पंखा

झलने लगी। मुरारी बाबू वहीं खाट पर लेट गए। उनका दाहिना पैर बुरी तरह काँप रहा था...बहुत दिनों से यह रोग उन्हें हो गया था। कमीज के बटन उन्होंने खोल लिए थे...चमड़ी के नीचे पसलियाँ धौंकनी की तरह चल रही थीं।

''अब शरीर चलता नहीं...'' बड़ी मायूसी से बाबू बोले थे, ''यह पैर भी बहुत धोखा देता है।''

''तेल मल दूँ?'' गौरी ने पूछा।

''कमर तो फोड़े की तरह दुख रही है।'' हल्के-से कराहते हुए मुरारी बाबू ने करवट बदली।

''अपना कुछ तो खयाल किया करो...दही की ऐसी कौन-सी जरूरत थी...'' गौरी की समझ में नहीं आ रहा था कि वह कैसे उनका सारा दर्द और थकान दूर कर दे। एक क्षण की खामोशी के बाद वह बोली थी, ''वैद्य जी से कोई दवा ही ले लो...पिछले एक बरस से तुम्हारे जोड़ों में दर्द है।''

''अरे, अब यह दर्द तो मौत के साथ ही जाएगा।'' मुरारी बाबू ने टीन को तकते हुए कहा था, ''एक मर्ज हो तो दवा कराऊँ...छाती में अलग दर्द होता है...आँखें अब साथ नहीं देतीं। अभी लौटते हुए खम्भे से ऐसा टकराया कि आँखों तले अँधेरा छा गया। बड़े जोर से चोट लगी घुटने पर।''

''ऐ।'' कहते हुए गौरी ने उनके घुटने से धोती सरकाई, तो देखा, वह छिला हुआ था। उचटी हुई खाल में खून की पतली-सी झिल्ली जम गई थी और ऊपर पानी-सा छलछला आया था।

वह धीरे-धीरे टटोलती हुई उठकर गई और सरसों के तेल में रूई भिगो लाई। छिले हुए घुटने पर फाहा रखकर हल्के-हल्के हिलता हुआ पैर दबाने लगी।

मुरारी बाबू आसमान में उड़ती अबाबीलों को देखने की निरर्थक चेष्टा करते रहे। कुछ देर खामोशी रही, फिर उन्होंने गहरी-सी साँस ली थी। घर खामोश था। गौरी उनकी तकलीफ को समझ रही थी। जब भी वह इस तरह चुप लेटते हैं, तो सिर्फ किशन की बातें सोचते रहते हैं। कई बार किशन के पास जाना हुआ, पर वहाँ से हमेशा दुखी होकर ही लौटना पड़ा। ऐसे क्षणों में यह पुराना घर ही उन्हें पनाह देता रहा। मुरारी बाबू को यह अफसोस भी है कि किशन ने कभी उनका सुख-दुख नहीं पूछा। सिर्फ फर्ज अदायगी के लिए रुपया भेज देता है...पचासों लोगों की दवा करता है, पर खुद अपने माँ-बाप की हारी-बीमारी से उसे कोई मतलब ही नहीं रहता। बहुत हुआ तो हाल-चाल पूछकर, चलते वक्त सेंपुल वाली दवाइयों में से कोई शीशी दे दी और कह दिया, ''वहाँ से लिखना, कोई फायदा हुआ या नहीं।''

और इस बेगानेपन की वजह से उन्होंने कभी वे लाई हुई दवाइयाँ नहीं पीं। उन्हें उठाकर कागज-पत्तर वाली अलमारी में रख दिया।

दोनों ने ही उस निपट अकेलेपन को स्वीकार कर लिया था...सारे आसरे छोड़ दिए थे। होली-दीपावली पर किशन के पास कानपुर जाने के लिए दो-चार रस्मी खत आते-जाते...फिर मुरारी बाबू कोई-न-कोई बहाना करके कानपुर जाने की बात टाल जाते...किशन भी जोर नहीं देता था...ये सब बातें ही कभी-कभी उनके दिमाग में घुमड़ने लगती थीं और वह चुपचाप लेटकर सूनी आँखों से अँधेरे में धँसते उस घर को देखते-देखते गहरी साँसें खींचते रहते थे।

गौरी पाटी के पास सरक आई थी। बोली, ''न हो तो कुछ दिनों के लिए किशन के पास चले चलो...कुछ मन बदल जाएगा!''

''वहाँ निबाह नहीं होगा, गौरी!...अब हम अपनी देहरी छोड़कर परदेस में आखिरी बखत का इन्तजार करें...'' मुरारी बाबू कहते-कहते रुक गए थे। उनके होंठ काँपते रह गए। गन्दे मोम-सी उनकी आँखों में तरह-तरह के भाव डूब-उतरा रहे थे।

तभी चील की आवाज ने उस सन्नाटे को चीर दिया था। गौरी एक क्षण के लिए उस आवाज से काँप गई थी। उसकी आँखें मुँडेर की ओर उठ गई थीं। चील वहीं मुँडेर के कोने पर बैठ गई थी। अपनी आँखों पर जोर देते हुए, मुँह बिगाड़कर वह बुदबुदाई थी, ''यह कमबख्त चील हमेशा यहीं आकर बैठती है...जरा उठकर उड़ाना तो...''

मुरारी बाबू ने बात अनसुनी कर दी थी। चील एक बार फिर चीखी तो चारों तरफ श्मशान-सा सन्नाटा छा गया था।

''इस मनहूस ने यही कोना देख रखा है!'' गौरी बोली तो मुरारी बाबू जैसे-तैसे अपनी छड़ी लेकर उठे...मुँडेर के पास दीवार पर उन्होंने छड़ी दो-चार बार पटकी, तो चील चीखती हुई उड़ गई थी।

बहुत देर तक चील की आवाज की गूँज आँगन में काँपती रही। शाम का सन्नाटा और घर के ऊपर चक्कर काटती चील की आवाज से गौरी का दिल थर-थर काँपने लगा था।

मुरारी बाबू गुमसुम लेटे थे। उन्होंने अपने दाँत निकालकर सिरहाने रख लिए थे। दाँत निकालकर रखते ही उनका चेहरा बदल जाता था। अजीब-सी निरीहता चेहरे पर आ जाती थी। जब वह कुछ सोचते, तो अपने मसूड़े चूसते रहते थे और उनके मुँह से चुक-चुक की आवाज-सी आती रहती थी। सोचते-सोचते वह धीरे-से बोले थे, ''किशन समझता है कि रुपये भेज दिए, बस उसका फर्ज खत्म हो गया...''

लम्बी खामोशी के बाद एकाएक उनसे यह बात सुनकर गौरी समझ गई कि उनके मन में अब भी वही कुछ घुमड़ रहा है। बातें भी तो कुछ नहीं रह गई हैं करने के लिए...इतने लम्बे बरसों की जिन्दगी में जैसे सब हजारों बार दुहराया जा चुका है।

और मुरारी बाबू को भी बार-बार वे ही बातें कचोटती रहती हैं। किशन की तरह-तरह की बातें हैं जो उन्हें सताती हैं और तब उतरते अँधेरे को वह चुपचाप ताकते रहते हैं।

तीन साल उन्हें कहते हो गए कि दो दिन के लिए उनके साथ हरिद्वार और ऋषिकेश चला चले, पर उसे वक्त ही नहीं मिलता। मन तो गौरी का भी भटकता है, पर जब मुरारी बाबू बकने-झकने लगते हैं, वह चुप हो जाती है। बोलती भी है तो धीरे-से यह कह देती है, ''वक्त उसे नहीं मिल पाता तो क्या करे?''

''साल में दस चक्कर ससुराल के लगते हैं, उसके लिए वक्त मिल जाता है। आज साली का ब्याह है, आज मुंडन है, कल पट्टी पुज रही है, परसों उनके ससुर की तबीयत खराब है...मेरी तबीयत इतनी खराब रही, तभी चला आता।...''

''तुमने अपनी तबीयत की खबर दी थी?'' गौरी कुछ तेजी हो आई थी।

''उसने कभी फिकर रखी है?'' मुरारी बाबू भी तैश में आ गए थे। ''दुनिया दिखाने की बातें हैं...यही निभता जाए तो बहुत है।'' यह कहकर वे चुप हो गए थे। उनके मुँह से चुक-चुक की आवाज आ रही थी।

रात झुकती आ रही थी और मकान अँधेरे में डूबता जा रहा था। गौरी उठकर खाना बनाने चली गई। मुरारी बाबू चुपचाप पड़े रहे। उनकी नजरें घर की चहारदीवारी पर घूमकर लौट आती थीं। घर दिन-ब-दिन खस्ता होता जा रहा है। मुँडेरें उखड़ गई हैं। छज्जे जहाँ-तहाँ से झुक आए हैं। सामने वाली दीवार में कूबड़-सा निकल आया है। हर रोज नाली रुक जाती है...उसकी भभक से घर भरा रहता है...बहुत पुराना हो गया है मकान। बारिश के दिन आते हैं तो मुरारी बाबू का दिल धड़कने लगता है। पता नहीं, कौन-सी छत बैठ जाए। कौन-सी दीवार धसक जाए। बैठक वाली दीवार पर बोझ बहुत था, सो उन्होंने उसके ऊपर बना गुसलखाना उतरवा दिया था। पीछे जो नई धान मिल लगी है, उसने मकान की चूलें और भी हिला दी थीं। मशीनें चलती हैं तो पूरा घर थरथराता रहता है। धरती के नीचे धमक आती है। दीवार से पप्पड़ उखड़ते हैं...सँधों से मिट्टी झरती रहती है।

घर में कोई धनी-धोहर होता, तो मजाल थी कि ऐन पिछवाड़े यह दूसरी मशीन लग जाती? चुंगी में दौड़-धूप करने की बात थी। घर के सामने का नीम श्यामलाल ने कटवा लिया...इसीलिए कि कोई क्या कर लेगा?

मशीन चलती है, तो उसका दिल और धड़कने लगता है। फिर धीरे-धीरे सब शान्त हो जाता है। घंटों एक बँधी हुई खामोशी छाई रहती है, जैसे सब ठहर गया हो। पूरे घर से एक अजीब तरह की गन्ध आती है। अलमारियों, दीवारों और गुसलखाने से...कपड़ों और रुकी हुई नाली से। तुलसी के घिरूए और पूजा की चौकी से...

पर रात को लेटते वक्त जब गौरी सब किवाड़ बन्द करती है, तो लगता है कि वीरानों के दरवाजे बन्द हो गए हों। खुले हुए किवाड़ों से कमरे टूटती-सी साँसें लेते हुए लगते हैं। खिड़कियाँ अन्धी आँखों की तरह झाँकती हैं।

गौरी लालटेन धीमा करके सिरहाने रख लेती है, तब लगता है कि अँधेरे कुएँ के तल में बैठे हों...अँधेरे की दीवारें और ऊँची हो जाती हैं, पर एक पहचान भरी गन्ध उन्हें छा लेती है। सिरहाने रखी लालटेन से भी कुछ ऐसी महक फूटती है, जिसके बिना शायद नींद नहीं आती!

वैसे बहुत रात गए तक दोनों को नींद नहीं आती। फिर कब कौन सो जाता है, पता नहीं चलता। सुबह आँख खुलती है, तो घर सुरमई धुँधलके में डूबा होता है। छज्जे के नीचे लगे कड़ों में बरसों पुरारी डोरियों के टुकड़े धीरे-धीरे काँपते होते हैं। किशन की शादी में झंडियाँ बाँधी गई थीं, इन कड़ों से। बड़े कमरों में पंखों पर गेरू की धुँधली-धुँधली थापें लगी हुई हैं—किशन का पहला लड़का हुआ था, तो सतवन्ती ने लगाई थीं। और धूप की तिकोनी झंडी जब सामने वाली दीवार पर उतर आती है, तो सब-कुछ बदल-सा जाता है। अँधेरे में घुसा हुआ मकान ऊपर उठने लगता है।

यों सुबह भी कोई बात करने की नहीं होती। दोनों अनजान-से पड़े रहते हैं। तभी किसी को खाँसी आ गई या करवट लेने में मुँह से कराह निकल गई, तो दूसरा सहसा ही सम्बन्ध-सा महसूस करने लगता है। "क्यों, क्या हुआ?...सर्दी तो नहीं खा गए?"

और दिन की शुरुआत हो जाती है।

पर उस दिन मुरारी बाबू खाना खाकर गए तो शाम तक नहीं लौटे। गौरी जानती थी कि वैद्य जी के सिवाय वह कहीं और नहीं जा सकते। पिछले काफी दिनों से वह देख रही थी कि वह सुबह निकलते हैं, तो शाम गए ही वापस आते हैं। कई बार वह धीरे-धीरे भुनभुनाई, पर मुरारी बाबू पर उसका कोई असर नहीं हुआ। गौरी को यह बर्दाश्त नहीं हो पा रहा था। आखिर वह भी तो आदमी है, कैसे इतना वक्त काटे? और पिछले संशय फिर-फिर मन में रेंग आते हैं—सतवन्ती से बात करने में इन्हें रस आता है। अपने दुखड़े रोते होंगे और वह सिर हिला-हिलाकर सुनती होगी। यहाँ ऐसा कौन है, जिसमें कोई अपने मन की दुख-विपदा कहे!

आखिर वह भभक ही पड़ी थी, "हमारे खयाल से तुम अपना खाना भी वहीं मँगवा लिया करो...बेकार लौटना पड़ता है।"

यह बात मुरारी बाबू को तीर-सी लगी थी। चोट सँभाल नहीं पाए तो बोले, "तुम समझती हो मैं खाने का मोहताज हूँ?"

"मोहताज तो मैं हूँ। तुम काहे को होंगे? सरम नहीं आती इस उमर में...अब जवानी फिर लौटकर नहीं आएगी..."

"चुप रह, चाण्डाल! बेशरम कहीं की!" मुरारी बाबू का पूरा शरीर पारे की तरह थरथरा रहा था, "पूरी उमर कट गई आराम से न...इसीलिए..."

"तो जो मन में हो, अब कर लो...काहे को कलख रह जाए?" गौरी भरी हुई थी।

और गुस्से में मुरारी बाबू ने बड़ी बाही-तबाही बातें बकी थीं। गड़े मुर्दे उखाड़-उखाड़कर कोसा था। दाल की पतीली फेंक दी थी...तरकारी नाली में डाल दी थी। और गोरी बहुत देर तक बीती जिन्दगी के दुख याद कर-करके रोती रही थी।

रात में ही मुरारी बाबू को दिल का हल्का दौरा पड़ा था...अहसास होते ही वह पानी लेकर गई थी, तो उन्होंने गुस्से में गिलास फेंक दिया था। सिर दबाने बैठी थी, तो उन्होंने उसके हाथ झटक दिए थे।

सुबह छत की दीवार पर धूप की तिकोनी झंडी फिर चमचमाने लगी थी। गौरी बिलकुल पिघल गई थी, पर जब मुरारी बाबू ठीक-ठाक उठे थे, तो वह फिर अकड़ गई थी। शाम को जब उन्होंने ऐलान किया कि वह दो-तीन तीन में अकेले ही हरिद्वार जा रहे हैं तो अँधेरा फिर बढ़ गया था और वह मकान नीचे धसकने लगा था।

झगड़ा बढ़ता ही गया था। मुरारी बाबू तो हरिद्वार नहीं गए, पर गौरी किशन के पास कानपुर चली गई। तब मुरारी बाबू को लगा था कि इस बार सचमुच उनके बीच का कुछ टूट गया था। वह, जो अब तक कहीं जुड़ा हुआ था।

घर और भी अकेला हो गया था। जब वह अकेले लौटते तो सब परिचित गन्धें उन्हें छा लेतीं...पर कुछ था, जो फिर भी नहीं होता था। आखिर जी उकताने लगा, पर भीतर कहीं उन्हें यकीन था कि किशन अपने-आप गौरी को पहुँचा जाएगा या उसकी चिट्ठी आएगी और वह उन्हें भी वहीं बुला लेगा।

शाम डूबते ही जब वह वैद्य के यहाँ से लौटते तो दरवाजा खोलते ही चिट्ठी खोजते। पर किशन के पास से कोई खत नहीं आया। मनीऑर्डर आया, तो उसमें दस रुपये कम थे और एक लाइन थी कि अम्मा अच्छी तरह से हैं। आप अपना खयाल रखिएगा। फिर खत आया था, कोई तीन हफ्ते बाद...कि गौरी का दमा इस बीच फिर उभर आया था, दवा दी है, अब काफी आराम है।

इन सूचनाओं से उन्हें एक अव्यक्त सुख भी मिलता था, पर इससे ज्यादा दुख भी होता था। उनकी परवाह किसी को नहीं। माँ और बाप दो में से शायद लड़के को ही ज्यादा चाहते हैं। बाप तो जैसे गैर होता हो। एक बार जब दिल का दौरा पड़ा, तब भी उनकी किसी ने फिकर नहीं की थी।

किशन के खत उन्हें और भी अकेला कर जाते थे। मन में जो कुछ गौरी के लिए था, वह साथ छोड़ने लगता था...चौबीस घंटे तो वैद्य जी के यहाँ नहीं बैठा जा सकता। ऊब-ऊबकर घर लौटते, तो मन बहुत घबराता था, सर्दी भी पड़ने लगी

थी...लम्बी रातों में जब आँखों से नींद उड़ जाती और वह अकेले पड़े-पड़े इधर-उधर ताकते तो लगता कि मकान बैठता जा रहा है...ऐसे में पिछवाड़े की चारा मशीन और धान-मिल चल पड़ती तो उनकी घबराहट और भी बढ़ जाती।

दो महीने हो गए थे गौरी को गए, पर उन्होंने तय कर लिया था कि चाहे जो हो, वह कानपुर जाएँगे नहीं। एक दिन खुद घबराकर गौरी ही भागी आएगी...यही सोचते लेटे थे कि कहीं बिल्ली रोने लगी थी। रजाई लपेटकर वह बैठ गए थे और अँधेरे को टुकुर-टुकुर ताकते रहे थे। सर्दी की वजह से जोड़ों में फिर दर्द होने लगा था। लगता था कि बदन अकड़ कर रह जाएगा...खाट से उठा भी नहीं जाएगा...यहीं पड़े-पड़े उनकी देह अकड़ जाएगी और कोई पास नहीं होगा। रह-रहकर दिल बहुत घबराया था...झपकी आती थी; फिर आँख खुल जाती थी–और जब आसमान सुरमई पड़ने लगा था, तो उन्हें लगा था कि एक रात और कट गई...ऊपर दीवार पर धूप की तिकोनी झंडी देखकर वह कुछ-कुछ निश्िंचत हो गए थे।

दर्द के बावजूद नहा-धोकर उन्होंने अपने दुखते जोड़ों में पट्टियाँ बाँधी थीं और पूजा के आसन पर बैठ गए थे। अगरबत्तियाँ जलाईं, तो इस गन्ध के साथ कानों में पीतल की घंटी की ध्वनि गूँजने लगी थी...गौरी रोज सवेरे तुलसी पर पानी चढ़ाते वक्त घंटी बजाया करती थी...पर तुलसी के पास कोई नहीं था और वह अचकचाकर 'रामायण' पढ़ने लगे थे।

तभी बाहर आहट हुई। 'रामायण' से आँख हटाकर मुरारी बाबू ने बाहर की ओर ताका था, तो कुछ अचरज में पड़ गए थे। ताँगेवाला किसी का सामान रख रहा था। एक क्षण बाद ही किशन दिखाई दिया था और वह पूजा अधूरी छोड़कर उठ खड़े हुए थे। बहू भी आई थी, बच्चे भी थे और नौकर भी...गौरी सबसे पीछे थी। गौरी जब पास से गुजरकर भीतर जाने लगी, तो मुरारी बाबू ने बहू की आँखों में हल्का-सा इशारा और होंठों पर मुस्कराहट देखी थी, और शरमा गए थे।

इसलिए जब सब लोग खाने पर बैठे तो मुरारी बाबू ने खुद ही कहा था, "तुम्हारी अम्मा मुझसे लड़कर चली गई थी, किशन..."

"सुना, आप हरिद्वार जाने वाले थे?" किशन ने कहा, तो मुरारी बाबू को अपनी धमकी याद आ गई थी। बोले, "अरे, वह तो गुस्से में कह दिया था...तुम्हारी अम्मा ने बताया होगा..." और अपने में लजाते हुए हँसने लगे थे।

"इस बार मैं इसलिए आया हूँ कि आप दोनों को हरिद्वार और ऋषिकेश घुमा दूँ–कल या परसों चलेंगे, तीन दिन वहाँ ठहरेंगे...फिर हम लोग सीधे कानपुर लौट जाएँगे, आप लोग यहाँ चले आइएगा...ठीक रहेगा न?" किशन ने कहा था।

"अब देख लेना..." मुरारी बाबू ने कुछ-कुछ विश्वास करते हुए कहा था।

शाम को नौकर बच्चों को लेकर घुमाने चला गया था और कमरे से जब गौरी अपने सिर पर धोती सँभालती हुई निकली थी तो बहू शान्ता की आँखों में फिर हँसी झलक गई थी।

गौरी ने शृंगार किया था। माँग में खूब सिन्दूर भरा और बहुत दिनों बाद माथे पर बिन्दी लगाई थी। मुरारी बाबू की आँखों में एक बहुत पुरानी तस्वीर-सी झिलमिला गई थी।

बिस्तर लगाते वक्त शान्ता ने किशन से मजा लेते हुए कहा था, ''आज बाबूजी और अम्मा की खाटें अलग कमरे में लगा दें...बच्चों को बाहर वाले कमरे में कर दें, क्यों?'' और होंठों-ही-होंठों में मुस्कराई थी। किशन के चेहरे पर भी हँसी की रेखाएँ उभर आई थीं। बोला था, लगा दो न। इसमें हर्ज क्या है...?

जब तक बिस्तर लगे, हल्की बूँदाबाँदी होने लगी थी। सर्दी और भी बढ़ गई थी। थोड़ी देर में बच्चे भी सो गए थे। किशन और शान्ता भी लालटेन बुझाकर सो गए थे। मुरारी बाबू और गौरी अपने वाले कमरे में लेटे हुए थे। लालटेन धीमी-धीमी जल रही थी...अँधेरे में मकान हमेशा की तरह धसकता जा रहा था, पर उस क्षण लालटेन की परिचित गन्ध के साथ ही वह गन्ध भी थी, जो कभी-कभी पूरी तरह छा लिया करती थी। पूरा घर खामोश था। तभी गौरी ने धीरे-से पूछा था, ''कोई तकलीफ तो नहीं हुई?''

और फिर सुबह छत की दीवार पर सूरज की तिकोनी झंडी जगमगा रही थी और मकान जैसे बाँह उठाए धीरे-धीरे ऊपर को उठ रहा था।

खेल-खिलौने

राजेन्द्र यादव

बड़े आदर के साथ जैसे ही हमने दोनों हाथ माथे तक उठाकर नमस्कार किया, कार घुर्रघूँ करके हमारे बीच से चल दी। एक ओर मैं खड़ा था, दूसरी ओर बाबूजी। दरवाजे पर झुंड-का-झुंड बनाए वे लोग झाँकती हुई, कार की ओर हाथ जोड़ रही थीं। जब वे उधर कार की ओर देखतीं तो बड़ी शिष्टता और नम्रता से मुस्कुरा देतीं, जैसे वे इसी की अभ्यस्त हैं, और जब जरा पीछे हटकर दरवाजे से बाहर निकल आते किसी बच्चे को झिड़कतीं या क्रुद्ध होकर पीछे धकेलतीं, तो उनकी भवें लपकती तलवार की तरह माथे पर तन जातीं। कार के स्टार्ट होते ही इतनी देर से लगाए हुए शिष्टता के सारे अनुशासन टूट चुके थे और उन कारवालियों की मुखर आलोचनाएँ प्रारम्भ हो गई थीं, जिनका विषय था, चश्मे की कमानी, पाउडर, दाँत, मुँह, बाल काटने का ढँग, ब्लाउज की डिजाइन और कट, साड़ी की किनारी इत्यादि। नए आदमियों के सामने जबरदस्ती चुप किए गए और स्वतः डरे हुए बच्चे अब और जोर से चीजें माँगने लगे थे।

पृथ्वी पर पड़े हुए कार के निशानों को देखता हुआ मैं लौटने ही को था कि मेरी निगाह सामने से आते हुए सुधीन्द्र भाई पर पड़ गई। शेरवानी, ढीला पाजामा, सैंडल और हाथों में अटैची लिए वह धूल में सने चले आ रहे थे। मैं पूछने को ही था, ''लौट आए?'' तभी स्वयं उन्होंने ही पूछ लिया, ''कहो भाई, क्या हल्ला है? आप सब लोग क्यों यहाँ जमा हो रहे हैं?'' एक विचित्र प्रकार का बुझा हुआ उनका स्वर था।

इससे पहले कि मैं जवाब दूँ, छोटी वीरा ने उछल-उछलकर बता दिया, ''सुधीन्द्र भाई साहब, आज नीरजा जीजी को देखने आई थीं उनकी सास।'' और बच्चों ने खूब उछल-कूदकर एक साथ ही इस बात को दुहराया, ''सास देखने आई थीं।''

फिर मैंने पास जाकर, उनके कन्धे पर हाथ रखकर गम्भीरता से बताया, "नीरजा की ससुराल से कुछ स्त्रियाँ देखने आई थीं उसे, अभी तो गई हैं आपके आगे-आगे। हम लोग उन्हें विदा करने आए थे। आप सीधे स्टेशन से ही आ रहे हैं न? लाइए, अटैची मुझे दीजिए। नलिनी के घर सब ठीक-ठाक है न, तार देकर क्यों बुलाया था?" अटैची मैंने उनके हाथ से ली, लेकिन मुझे लगा, सुधीन्द्र भाई के चेहरे पर उत्साह नहीं था।

"हाँ, तो नीरजा को देखने आए थे, फिर क्या हुआ?" उन्होंने सिर झुकाकर होंठों की पपड़ी को उँगलियों से टटोलते हुए पूछा।

हम लोग एक-एक कदम भीतर चल रहे थे। बरामदा पार करके अब हम ड्राइंगरूम में आ गए थे। बाबूजी अपने कमरे में चले गए। जीजी, माताजी, भाभी, बुआ, चाची और छोटे-छोटे बच्चे हम सबसे पहले ड्राइंगरूम में आ चुके थे। सोफे और कोच पर अब वे लोग बैठ गई थीं। बीच की मेज पर उन देखने वालों के लिए लाए गए नाश्ते के बरतन—कप, प्लेटें, चम्मच, चायदानी, गिलास, ट्रे इत्यादि रखे थे। किसी प्लेट में बाकी बची दालमोठ पड़ी थी, किसी में बंगाली मिठाई को काटता चम्मच। प्यालों के तलों में थोड़ी-थोड़ी चाय बच गई थी। एक बड़ी प्लेट में केलों के छिलके, लुकाट और सेब के बीज, संतरों की जाली और टोस्ट में लगाने के मक्खन की टिकिया के कागज पड़े थे। मेज पर चारखाने का मेजपोश था।

"आओ भाई सुधीन्द्र, आओ।" सभी ने हमें देखकर उत्साह से बुलाया, "तुम कब आए? अभी आ रहे हो? अरे, जरा देर पहले आते।" अपने पास बैठने की जगह छोड़कर बुआ ने आपस में बड़े उत्साह से होती हुई बातों का सिलसिला एकदम तोड़कर कहा।

मैंने अटैची कोने में रख दी और बीच की मेज एक ओर दीवाल के सहारे हटाकर उस जगह एक आरामकुर्सी खींच लाया। सुधीन्द्र भाई उसी पर बैठ गए, मैं हत्थे पर बैठ गया। बच्चे इधर-उधर घेरकर खड़े उस बचे हुए नाश्ते, चाय, फल इत्यादि की प्रतीक्षा कर रहे थे। कुछ ने धीरे-धीरे अपनी माँओं से माँगना भी शुरू कर दिया था। बुआ ने जैसे बिलकुल नई बात हो, सुधीन्द्र भाई को सूचना दी, "नीरजा को देखने आए थे उसकी ससुराल से, जहाँ रिश्ता हो रहा है न!"

तभी जीजी ने एकदम कहा, "मैं यहाँ आई कमरे में कंघा लेने, देखा, एक चश्मेवाली औरत खड़ी है। मैं एकदम झक्क रह गई—हाय राम, है कौन यह, यों घुस आई है? उसके पीछे एक और लड़की-सी, फिर एक तेरह-चौदह साल का लड़का। पूछा, तो उसने बताया, 'हम लोग बनारस से आए हैं।' मेरी समझ में नहीं आया, क्या करूँ। सबसे पहले जाकर बाबूजी को जगाया, वे झट तहमद बाँधे ही दौड़े और जब भाभी को बताया, तो चूल्हे में रोटी डालकर वह भागीं कि बस! और भैया, बुआ ने तो तमाशा ही कर दिया, कभी इस धोती को उठाएँ, कभी उस ब्लाउज को पहनें, 'मैं

क्या पहनूँ, मैं क्या पहनूँ' कहती-कहती सारे घर में ऐसी नाची-नाची फिरी हैं कि देखते तो हँसते-हँसते लोट-पोट हो जाते।''

''और अपनी नहीं बताएँगी?'' भाभी ने हाथ बढ़ाकर कहा, ''धोबी मरा कपड़ा नहीं दे गया, कहाँ तो परसों ही दे जाने को कह रहा था। लो, कंघा भी उसी कमरे में छोड़ आई–आग लगे ऐसे घर में! कोई चीज ठीक जगह पर रखी हुई पाती ही नहीं। बिन्दी की शीशी अभी यहाँ रखी थी, न जाने कौन निगल गया! अपने काम की चीज हो या न हो, बच्चों को उससे खेलना। नाक में दम है। और भी बीस बातें। रोई पड़ती थीं बीबीजी, अरे हाँ, हाँ री! क्या है, क्यों जान खाए जा रही है!''

और जीजी की बात कहती-कहती भाभी ने वीरा के दोनों हाथ झटक दिए, क्योंकि बिना उनकी बातों में रुचि लिए हुए वह बार-बार उनका मुँह अपने दोनों हाथों से अपनी ओर करके ठिनकती हुई दुहराए जा रही थी, ''भाभी, केला दिलवाओ एक, बेबी ने बंगाली मिठाई खा ली, हम भी लेंगे।''

झिड़की खाकर वह भी अब शेष तीनों बच्चों के पास चली गई है। वे सब नाश्ते की उसी मेज के चारों ओर घिरे, बाकी बची चीजों का हिस्सा बाँटकर खा रहे थे, ''तूने अपने 'कप' में ज्यादा चाय कर ली, इतनी ही हमें भी दे। आप तो दालमोठ की तश्तरी लेकर अलग बैठ गए, कल हमारे पास पटाखे माँगने कैसे आ गए थे, तब तो 'अमें बी दो पताके!' अम्मा देखो, इस उमा ने चायदानी फोड़ी।''

''अच्छा, हल्ला मत मचाओ।'' माताजी ने उन्हें झिड़ककर कहा, ''उनके आते ही सारे घर में ऐसी भगछड़ मची कि बस क्या बताएँ, कोई इधर भाग रहा है, कोई उधर। हमारे तो भाई, बच्चे भी गजब के हैं, घर झाड़ो, साफ करो, एक मिनट बाद फिर वही धूरा-सा करके रख दें। लोगों के यहाँ न जाने कैसे सजे-सजाए घर रहते हैं! और बैठक तो ये समझो, इस कैलाश ने (मैंने) झाड़-पोंछ दी थी, कबाड़खाने-सी पड़ी थी, कहाँ बैठाते, कहाँ उठाते।''

मुझे इस समय अपनी बहादुरी जतानी बड़ी आवश्यक लगी, फौरन ही बोला, ''बैठक मैंने दोपहर को ही झाड़-पोंछ दी थी। तसवीरों के चौखटे साफ कर दिए थे, मैंटलपीस के सारे खिलौने ठीक-ठाक रख दिए, नहीं तो आनन्द आता।'' और मैंने सब खिलौनों-तसवीरों इत्यादि पर दृष्टिपात किया।

''जीजी, बच्चा।'' इस बार जीजी का बच्चा नाश्ते की चीजें खत्म हो जाने पर फिर जीजी के पास आ गया था और खिलौनों का नाम सुनकर मैंटलपीस पर रखे चीनी के भगवान बुद्ध की ओर उँगली उठाकर कह रहा था।

''हाँ, बच्चा। जाओ, तुम सब लोग जाओ–बाहर खेलो, देखो सुधीन्द्र भैया आए हैं–बातें करने दो। जाओ, बेबी, विभास, जाओ सब बाहर जाओ, इसे भी ले जाओ।'' और जीजी स्वयं उठकर सब बच्चों को बाहर कर आईं।

''हमने तो समझा था, नीरा की सास कोई बुड्ढी-सी होगी, पुराने खयालों की; पर वह तो खूब जवान है! फैशन में रहती है। उलटे पल्ले की धोती, चश्मा, और लड़के की भाभी तो फैशन के मारे मरी जा रही थो। देखा नहीं लिपिस्टिक कैसी गाढ़ी-गाढ़ी पोत रखी थी! बार-बार पर्स खोलकर रूमाल निकालती, कभी तह-की-तह होंठों पर लगाती, कभी माथे-गालों पर। पाउडर तो बोरी-भर लगाया था। मुझे तो बड़ी भद्दी लगी। लड़का सीधा था। छोटा भाई है।'' जीजी ने बैठते ही बताया।

''और देखा, कितना छोटा है, मैट्रिक कर चुका है, और एक ये है कैलाश, ऊँट-का-ऊँट, अभी बी.ए. में ही पढ़ता है।'' माताजी ने कहा।

मैं और सुधीन्द्र भाई चुपचाप बैठे थे। यहाँ कोई किसी की सुनना ही नहीं चाहता था। एक ही बात को अपने-अपने शब्दों में कहने को सभी उत्सुक। समझ में नहीं आता था, किसकी बात को सुना जाए। इन बातों के समाप्त होने की कोई आशा नहीं लग रही थी। तभी अचानक बातों के प्रभाव को पलटने के लिए मैंने कहा, ''आप लोग तो यहाँ बैठी बातें बना रही हैं, नीरजा कहाँ है, उसे भी बुला लीजिए न! सुधीन्द्र भाई आए हैं, न चाय, न पानी!''

''वह तो भीतर वाले कमरे में मुँह ढके पड़ी है—सिसक रही है। अब बीस बार तो मैं समझा आई हूँ, मानती ही नहीं।'' चाची बोलीं।

''क्यों?'' इस बार सुधीन्द्र भाई ने अचानक चौंककर मुँह उनकी ओर घुमाया।

''कहती है, मैं शादी नहीं करूँगी, मुझे पढ़ने दो, अभी मेरी इच्छा नहीं है। खूब समझाया कि सभी लड़कियों की शादी होती है, तू क्या अनोखी है, और हम लोग क्या हमेशा ऐसी ही रही हैं! पर उसने तो न मानने की जैसे कसम ही खा ली है।'' चाची ने फिर बताया।

''और वह लड़का जिद किए बैठा है कि शादी करूँगा तो इसी से करूँगा। बाप से साफ कह दिया है। फोटो देखने के बाद यहाँ चुपचाप आकर स्कूल जाते हुए देख गया कहीं, बस तभी से जिद किए है। तभी तो ये सब आई थीं देखने।'' माताजी ने कहा, कुछ चिन्तित स्वर में।

नीरजा के रोने की बात सुनकर बातों का उत्साह मंद पड़ गया। तभी बाहर से जीजी का बच्चा फिर उनके पास आ गया—सबके मुँह की ओर देखकर धीरे-धीरे बोला, ''जीजी, वह बच्चा लेंगे?'' उसकी निगाह मैंटलपीस पर रखी उस बुद्ध-मूर्ति पर थी।

''बात क्यों नहीं करने देता, सब बच्चे बाहर खेल रहे हैं और तू यहाँ जमा है।'' इस बार उसे माताजी ने फटकारा। वह सहमकर चुपचाप खड़ा हो गया, गया नहीं।

जीजी उसके सिर पर सांत्वना से हाथ फेरने लगीं, ''जिद नहीं करते मुन्ने!''

''अब नीरजा बेचारी रोए नहीं तो क्या हो?'' मैंने नीरजा का पक्ष लेकर माताजी से कहा, ''आप तो इस बुरी तरह पीछे पड़ जाती हैं कि ऐसा गुस्सा आता है कि फौरन लड़ पड़े। नए आदमियों के सामने अधिक हठ भी तो नहीं कर सकती, और आप हैं कि उन्हीं के सामने पीछे पड़ गईं, यह दिखाना, वह दिखाना। सच, सुधीन्द्र भाई, माताजी ने नीरजा की कोई चीज ऐसी नहीं छोड़ी जो दिखा न दी हो उन्हें। क्लास में कराए गए कटाई-सिलाई के कामों से लेकर मेजपोश, स्वेटर–सब। यहाँ तक कि हाइजीन में बनाए गए शरीर के विभिन्न अंगों के डायग्राम्स तक। अब उन्हीं के सामने जिद करने लगीं कि 'गाना सुना, गाना सुना'। मुझे सच बड़ा गुस्सा आया।''

''सुनाया उसने?'' सुधीन्द्र भाई ने पूछा। दोनों घुटनों पर अपनी कुहनी रखे, वे धीरे-धीरे अपने माथे की सलवटें टटोल रहे थे–बड़े चिन्तित, उदास-से।

''सुनाना पड़ा। सुनाए नहीं तो क्या करे? वहाँ पीछे पड़ने वाले तो ऐसे-ऐसे जबरदस्त हैं, हमारी माताजी, बुआ हैं, चाची हैं।'' वास्तव में मुझे नीरजा के दिखाने के ढंग पर बड़ा क्रोध आ रहा था।

''अब, भई, ये तो समझते नहीं हैं।'' माताजी ने अपनी सफाई बड़े गम्भीर स्वर में दी, ''लड़कियों की शादी का कितना बोझ माँ-बाप पर चढ़ा रहता है, इसे तो उनकी ही छाती जानती है। तुम्हारा क्या है, तुमने तो उठाई जबान और दे मारी। लड़कियाँ तो सब मना किया ही करती हैं। हमने अपनी शादी की बात सुनी थी तो हम भी रोए थे।''

''नीरजा ऐसी लड़की नहीं है, वह वास्तव में अभी पढ़ना चाहती है।'' मैं अड़ा रहा।

''तो पढ़ने को कौन मना करता है? अब हमारी तरफ से चाहे जिन्दगी-भर पढ़ो। क्यों भाई सुधीन्द्र?'' माताजी ने सुधीन्द्र भाई का समर्थन प्राप्त करने के लिए उनकी ओर पंजा फैलाकर पूछा।

पर माथे की सलवटें उँगलियों से टटोलते हुए वे न जाने कब से क्या सोच रहे थे। जब से आए थे, उनकी यह उदासी मुझे अखर रही थी। जीजी का बच्चा (उसे प्यार से वह 'पापा' कहती थीं) अब भी भगवान बुद्ध की मूर्ति के लिए हठ कर रहा था। मुझे उसका यह हठ करना बुरा लग रहा था। हम सब लोग बातें कर रहे थे, पर उसे जैसे वही धुन। इस मूर्ति को ग्यारह रुपए में मैं विशेष रूप से प्रदर्शनी से लाया था। वास्तव में उसकी चीनी बहुत बढ़िया थी। माताजी की बात पर कोई कुछ नहीं बोला–थोड़ी देर सब चुप रहे, आखिर मुझसे नहीं रहा गया, मैंने पूछ ही लिया,

"क्यों सुधीन्द्र भाई, जब से तुम आए हो, बहुत उदास और सुस्त-से हो! क्या बात है?"

"हाँ रे, तू जब से चुप ही है, सब लोग ऐसे जोर-जोर से बोल रहे हैं।" माता जी ने एकदम इस प्रकार कहा, जैसे विषय बदलकर बोल रही हों, पर वह वास्तव में इतनी देर से उनकी बात का समर्थन न करने की सफाई माँग रही थीं।

"मैं?" बड़े भर्राए-से गले से उन्होंने कहा, फिर एकदम गला साफ करके संयत स्वर में बोले, "मैं! नहीं, कोई खास बात नहीं है।"

"तो भी?" मैंने पूछा, "आपने बताया नहीं, नलिनी के यहाँ कैसे हैं—तार क्यों दिया था?"

"कौन नलिनी?" जीजी ने धीरे से पूछा बुआ से, "मुझे तो नहीं मालूम।" कहकर उन्होंने प्रश्न-मुद्रा से चाची की ओर देखा, चाची ने माताजी की ओर।

"सुधीन्द्र की धर्म-बहन है एक, मुरादाबाद में।" माताजी ने बताया, फिर स्वयं जानने की इच्छा से सुधीन्द्र की ओर देखा।

सुधीन्द्र भाई एक ओर मुँह घुमाए दरवाजे में से अन्यमनस्क-से बाहर देख रहे थे, उसी प्रकार बिना हिले-डुले उन्होंने कहा, "नलिनी मर गई।"

'झन्न' से जैसे हम लोगों के बीच में थाली गिर पड़ी हो। एक साथ सबके मुँह से निकला, "नलिनी मर गई? कैसे?" हम बुरी तरह चौंक उठे।

सुधीन्द्र भाई उसी प्रकार अविचलित रहे, एकदम झटके से उन्होंने गरदन घुमाकर माताजी की ओर मुँह किया, फिर सूनी आँखों से देखते हुए बोले, "हाँ, नलिनी कल साढ़े नौ बजे मर गई। तार देकर उसी ने बुलाया था।"

"कैसे?" एक बार सबके मुँह से निकला। जीजी ने माताजी से पूछा, "क्या उम्र थी?"

माताजी ने हाथ से उन्हें चुप रहने का इशारा किया, और मुँह पर सारी उत्सुकता लाकर सुधीन्द्र भाई के मुँह की ओर देखने लगीं।

"कैसे मर गई?" धीरे से वह हँसे, "जैसे सब मर जाते हैं।"

कितनी व्यथा-भरी उनकी वह हँसी थी, जैसे मेरे हृदय में जाकर जोर से वह लरज उठी! उनका सिर झुक गया था। दोनों हाथों की उँगलियों को एक-दूसरे में फँसा, उन्हें जोड़े हुए वे कुछ क्षण सोचते रहे। एक गहरी साँस छोड़कर उन्होंने झटके से सिर उठाया। "कैसे मर गई, एक लम्बी कहानी है। क्या कीजिएगा सुनकर?"

अब वातावरण एकदम बदल गया था। अभी होने वाली बहस और आलोचनाएँ न जाने कहाँ चली गईं। सुधीन्द्र भाई की उदासी का कोई कारण होगा। मैंने सोचा भी न था।

"क्या उम्र थी?" जीजी ने सीधे ही पूछ लिया।

''उम्र? पूरे इक्कीस की नहीं थी। यह मेरे पास फोटो है।'' उन्होंने अचकन के भीतर हाथ डालकर पर्स निकाल लिया। उसे खोलकर उन्होंने जीजी की ओर बढ़ा दिया, उसमें एक पासपोर्ट साइज का किसी लड़की का फोटो लगा था।

बड़ी उत्सुकता से जीजी ने फोटो लिया। चाची, बुआ, माताजी–सभी उस पर झुक गईं। ''लड़की बड़ी सुन्दर है। मुँह पर कैसा भोलापन है! आँखें बड़ी प्यारी हैं। सीधी-सी लगती है।'' सभी ने अपनी-अपनी राय दी।

खूब देखने के बाद जब वह पर्स उन्हें लौटाया गया तो इत्मीनान से देखने के लिए मैंने ले लिया। लड़की वास्तव में बड़ी सुन्दर और आकर्षक थी।

''कैसे मर गई? क्या किस्सा है, सुनाओ तो सही जरा!'' जीजी ने आग्रह से पूछा, सभी लोग इसी आशा से उनकी ओर देख रहे थे।

''क्या करोगी, पूरा किस्सा है लम्बा।'' सुधीन्द्र भाई ने टालना चाहा।

''हमें अब क्या करना है, पूरा सुनाओ, तुम उसे कैसे जानने लगे?'' जीजी ने पास खड़े अपने पापा के दोनों हाथ पकड़कर कहा, क्योंकि हाथ-पैरों से उसकी खिलौना लेने की मूक जिद जारी थी। मुझे बड़ा बुरा लग रहा था। ऐसे जिद्दी बच्चे मुझे जरा भी पसन्द नहीं हैं। मैंने कहा, ''पूरा तो सुनाओ–इस पापा को तो सँभालिए, जब से अड़ा हुआ है। यह जिद मुझे जरा भी पसन्द नहीं है।''

''नहीं, नहीं, अब कहाँ जिद कर रहा है।'' जीजी ने उसके दोनों हाथ पकड़ लिए थे, लेकिन पैरों को जमीन पर क्रम-क्रम से पटकता हुआ वह मचल रहा था।

बात कहाँ से शुरू करें, शायद सुधीन्द्र भाई यही बड़ी गम्भीरता से सोच रहे थे। लोग सुनने के लिए उत्सुक हैं या नहीं, उन्होंने अपने उदास-से नेत्रों से चारों ओर देखा। सिवा उस बच्चे के, जो अब डरकर चुप हो गया था किन्तु गया नहीं था, सभी लोग उनकी ओर देख रहे थे। उन्होंने माताजी की ओर देखकर कहना प्रारम्भ किया, ''भाभीजी, जिन दिनों आप बदायूँ थीं न, सन् पैंतीस की बात है, शायद मैं पिताजी के पास गाँव में ही था, तभी का किस्सा है। लीजिए, अब आप नहीं मान रहीं तो सुनिए, शुरू से बता रहा हूँ। तो होऊँगा कोई छः सात साल का! शहर से पिताजी के दोस्त देवनारायण वकील आए उनके पास। पिताजी ने बुलाया था। पिकनिक का प्रोग्राम था। तभी मैंने पहली बार नलिनी को देखा था। बालों में रिबन बाँधती थी। रंग-बिरंगे फ्रॉक पर हलके हरे रंग का छोटा-सा चेस्टर पहने वह बिलकुल गुड़िया-सी लगती थी। मैं लाख जमींदार का लड़का सही, लेकिन था तो गाँव का ही। गेलिस लगाकर एक ढीला-ढीला हाफ पैंट और एक कोट पहने थे। उससे बोलने की बड़ी इच्छा होती थी, पर संकुचित होकर रह जाता। सुबह छः बजे ही वे लोग कार से आ गए थे। वकील साहब भीतर थे, पिताजी से बातें कर रहे थे। हम दोनों

नाश्ता इत्यादि करके बाहर धूप में दूर–दूर ही घूम रहे थे, शायद संकोच यह था कि कौन पहले बोले। हमारे घर के सामने ही थोड़ी–सी जगह छोड़कर आम रास्ता था, उसके दूसरी ओर एक छोटा–सा कच्चा तालाब–पोखर। उसमें आठ–दस बतखें तैर रही थीं, हम लोग थोड़ी देर तक बतखों को देखते रहे, कभी–कभी कनखियों से एक–दूसरे को भी आपस में देख लेते। अचानक अपने हाथों को अपनी जेबों में और भी अधिक धँसाकर वह बोली, 'देखो, कितना जाड़ा है, बतखों को जाड़ा ही नहीं लग रहा।' मैंने धीरे से कहा, 'ये तो ऐसे ही तैरती रहती हैं।' इसके बाद तो वह बिलकुल मेरे पास आकर दुनिया–भर की बातें करने लगी। उसके बोलने के बेझिझक ढंग को देखकर तभी मैं चकित रह गया। दुनिया–भर की तो उसे बातें याद थीं; और बड़ी बातूनी। उसने सब बताया, जिस स्कूल में वह पढ़ती है, उसमें कौन टीचर अच्छी है, कौन बुरी; किस–किस लड़की से उसकी अधिक मित्रता है। जिस 'बस' में वह जाती है, उसका नम्बर क्या है। खैर, उस दिन उसने खूब बातें कीं। मैं बिलकुल चुप रहा; क्योंकि मेरे पास कुछ भी नहीं था। फिर भी हम दो दिनों में खूब घुल–मिल गए थे। कैरम वह बड़ा अच्छा खेलती थी। और ताश, लूडो, स्नेकलैडर, ट्रेड, ओम्नीबस–न जाने क्या–क्या वह खेल लेती थी। एक दिन बैठकर उसने मुझे शतरंज की चालें समझाईं। पर भई, मेरी समझ में तो कुछ आया नहीं। खैर, पिकनिक के पश्चात् जब वे लोग चले गए तो अचानक मुझे लगा, जैसे दुनिया में कोई काम करने को ही नहीं रह गया है। फिर तो जब भी पिताजी के साथ शहर जाते, उनके यहाँ जरूर जाते। लेकिन थोड़े दिन घर रहकर वह अपने किसी सम्बन्धी के यहाँ चली गई।

''मेरी पढ़ाई भी चलती रही।'' सुधीन्द्र भाई कुछ रुके। तभी मैंने देखा, धीरे–धीरे कुनमुनाता हुआ वह पापा रह–रहकर जीजी को नोचता हुआ अपनी जिद को चालू रखे हुए है। अदम्य इच्छा हुई, जोर से एक चाँटा मारकर धकेल दूँ। न बातें करने देता है, न कुछ सुनता है। बड़े लाड़ले आए! पर जैसे–तैसे अपनी इस इच्छा को दबाया। निश्चय कर लिया कि इस बार इसने बातों में जरा भी विघ्न डाला तो कान पकड़कर बाहर निकाल दूँगा, फिर चाहे जीजी जो बक़ती रहें।

''मैट्रिक कर लेने के पश्चात् वकील साहब और पिताजी के बीच एक अच्छा–खासा विवाद उठ खड़ा हुआ कि कॉलेज में पढ़ाई जारी रखने के लिए मैं हॉस्टल में रहूँ या वकील साहब के यहाँ। पिताजी हॉस्टल के पीछे पड़े हुए थे क्योंकि दो–चार महीने की बात होती तो कुछ नहीं था। खैर, मैं यहाँ हॉस्टल में आया। वकील साहब ने आज्ञा दे दी कि दिन में एक बार यहाँ जरूर आओगे। हॉस्टल में अच्छी तरह जम लेने के बाद मैं वकील साहब के यहाँ जाने लगा। एकाध घंटा बैठता और चला आता। वकीलनी (जिन्हें मैं चाची कहता था) और वकील साहब से ही बातें

करता था। बातों में वह नलिनी की तारीफ करते, हमारी नलिनी ऐसी है, वैसी है, यों पढ़ने में तेज है, यों खेलने में होशियार है। एकाध बार तो मैंने सुना, फिर मुझे झुँझलाहट आने लगती। क्योंकि उसकी प्रशंसा करते वह थकते नहीं थे और मुझे लगता था, जैसे उनके कहने का बस इतना ही मतलब है–तुम चाहे जितने होशियार हो, नलिनी तुमसे लाख दर्जे इंटेलिजेन्ट है। अक्सर वह पूछते, कुछ तकलीफ तो नहीं है। रोज ही कुछ-न-कुछ खिला देते। मैंने वहाँ सेकंड-इयर किया, और छुट्टियों के पश्चात् जब मैं वहाँ गया तो बताया गया कि नलिनी अब वहीं आ गई है। मैट्रिक में फर्स्ट पास हुई है, सेकंड पोजीशन है। यहीं पढ़ेगी। कभी-कभी मैं उसके विषय में सोचा करता, न जाने कैसी होगी। हम लोग सन् छत्तीस में मिले थे और अब था पैंतालीस। नौ-दस वर्ष का अन्तर बहुत होता है। तभी वकील साहब ने उसे बुलाया–'चाय ले आओ नलिनी।' और नलिनी चाय का ट्रे लिए आई। मैं बुरी तरह चौंक गया। पहली जो कुछ धुँधली नलिनी मेरे मानस-पटल पर थी, उसकी इससे कोई तुलना नहीं थी। हमने शालीनता में नमस्कार किया। नलिनी ने चाय का ट्रे रखकर नमस्कार का उत्तर दिया, मुस्कुराकर, और बेझिझक वक़ील साहब के पास बैठ गई।

'' 'भाई साहब फर्स्ट डिवीजन में पास होने की मिठाई तो खिलवाइए।' मैं चकित रह गया। लाख बचपन में मिले सही, लेकिन मैं तो एकदम किसी अनजान लड़के से भी इस तरह नहीं बोल सकता। फिर वह तो पन्द्रह वर्ष की लड़की थी जो धोती में सिमटी-सिमटाई-सी अपने में ही लीन हो जाने की चेष्टा किया करती है। उसकी वाणी, व्यवहार, किसी में भी कोई झिझक, संकोच या लज्जा मुझे नहीं लगी, इसके विपरीत मैं स्वयं ही सोच में था कि क्या उत्तर दूँ। चाय बन गई थी, तभी अपना कप उठाकर वकील साहब ने कहा, 'तुम तो भूल-भाल गए होंगे, यह तो वही नलिनी है, जो तुम्हारे यहाँ गई थी, यह चुड़ैल कुछ भी नहीं भूलती–न मालूम बचपन से ही ऐसी याददाश्त लेकर पैदा हुई है। छोटी-से-छोटी बात सब इसे याद है।'

'' 'इन्हें क्यों याद होगा, हारते थे न, जिस खेल को देखो, उसी में गोल रहे थे। मिठाई चाहे जब खिलवाइए, लेकिन चाय क्यों ठंडी किए डालते हैं?' और वह कुटिलता से मुस्कुराकर कप पर झुक गईं। मैं उसकी ओर सीधे देखने का साहस नहीं कर सका। इधर-उधर भागती दृष्टि से समेटकर उस ओर लाने की चेष्टा करता, पर जैसे वह वहाँ पहुँचकर किसी शक्ति से छिटक उठती। उसके इस स्तर पर भी मैं कुछ नहीं बोला।

'' 'भाई साहब! आप तो बहुत ही शरमाते हैं।' उसने फिर कोंचा। इस बार मेरा संकोच जैसे इस वाक्य की प्रतिक्रिया से क्षोभ बन उठा। बड़ी असभ्य लड़की है। मन

में सोचा, जब से आई है, कुछ-न-कुछ बोले ही जा रही है। जब मैं नहीं बोलना चाहता तो मेरे पीछे क्यों पड़ी है? मैंने कहा, 'आप तो मुझसे अच्छी तरह पास हुई हैं, आप पहले खिलाइए न!'

" 'यह तो बिलकुल ही नहीं बोल रहे थे, और बोले तो ऐसी शिष्टता से बोले कि छोटे-बड़े सबका ध्यान भुला दिया।' जल्दी से चाय को घूँटकर वह बुरी तरह हँस पड़ी। हाथ का कप काँप गया और चाय छलक गई। वकील साहब इस सारे वातावरण का आनन्द ले रहे थे। बनावटी क्रोध से बोले, 'क्या कर रही है, तमीज से बात कर। सारे कपड़े खराब किए लेती है?' मुझे वकील साहब पर क्रोध आ रहा था। यह तो नही कि ठीक से डाँटें, तभी तो इतनी बेशर्म हो गई है। लड़कियों के इतने निर्लज्ज होने के मैं खिलाफ हूँ। यही चीज तो उनमें अन्य चारित्रिक दुर्बलताओं को जन्म देती है...और भी मैंने उसके विषय में न जाने क्या-क्या उलटा सीधा सोच डाला। बातों का उत्तर तो मैंने उस समय दिया, पर मुझे उसका बेझिझकपन अधिक पसन्द नहीं आया। उधर वकील साहब थे कि अपनी बेटी की इस बहादुरी पर फूले पड़ते थे। माँ-बाप ऐसा लाड़-प्यार करते हैं, तभी तो लड़कियाँ बिगड़ जाती हैं। सामने तो बड़ी इतराती रहेंगी... और सैकड़ों सिनेमा-उपन्यासों के दृश्य उस समय मेरे सामने आए। अब वही इतनी बेशर्म है तो मैं ही क्यों हयादार बना रहूँ—सोचकर मैंने सारा संकोच छोड़ दिया। उसकी ओर देखा, वह सुन्दर थी, पर लड़कियों में एक स्वाभाविक लज्जा, हलका-सा संकोच रहता है, वह असुन्दर को तो सुन्दर बनाता ही है, वह जैसे सुन्दर पर भी कलई कर देता है—पर वहाँ कुछ नहीं, वही सपाट मुँह। हाथ में केवल दो सोने की चूड़ियाँ। ऊपर से नीचे तक कुछ नहीं। उलटे पल्ले की धोती, सो भी कंधे पर झूल रही थी—नए आदमी के सामने जाते हैं तो थोड़ा सिर पर रख लेते हैं। मैं सोचने लगा, इस लड़की को इतना निर्लज्ज बना देने में इसके इस सौन्दर्य का कितना हाथ है! जब चलने लगा तो बोली, 'देखिए भाई साहब, मुझे इस बार तीन इम्तहान देने हैं। कॉलेज में इंटर का तो है ही, एक विशारद और दूसरा एक संगीत का। कहिए, कैसा रहेगा?'

" 'बड़ा अच्छा रहेगा।' कहा हमने, पर सोचा, शायद यह दिखाना चाहती है कि मैं कितनी पढ़ाकू हूँ।

" 'संगीत के लिए हमने एक ट्यूटर लगा दिया है, सत्तर रुपए लेगा। विशारद हमें आप कराएँगे।' उसने एक बार वकील साहब की ओर देखा। मैं इस अप्रत्याशित बोझ से जैसे अचकचा उठा।

"वकील साहब बोले, 'हाँ, दिलवा दो भई, पास तो यह हो ही जाएगी। लेकिन तुम तैयारी करा दोगे तो जरा अच्छी तरह पास हो जाएगी। हिन्दी के तुम विद्वान् भी हो, सब जानते हो। ठीक रहेगा। संध्या को चाय यहीं पिया करो।'

'' 'हाँ-हाँ' करके मैंने स्वीकृति दे दी। उस समय तो मुझे यह विश्वास हो गया था, इस लड़की को अपने सौन्दर्य का गर्व है, इसीलिए यह इतनी निर्लज्ज है। उसे गर्व है तो रहा करे–गर्व करने वालों के लिए यहाँ भी गर्व कम नहीं है। दो-एक दिन पढ़ाऊँगा, ठीक से पढ़ी तो ठीक है, जरा भी तीन-पाँच की, बस उसी दिन छोड़ दूँगा, कोई बहाना बना दूँगा। ज्यादा-से-ज्यादा वकील साहब बुरा ही तो मानेंगे। इस क्षोभ और द्वंद्व के भीतर कभी मुझे लगता, जैसे कोई बड़े मृदुल स्वर में पूछता, 'किन्तु यह नलिनी है कैसी लड़की?' खैर, उस दिन, दिन-भर मैंने उसके विषय में जो भी सोचा, वह अधिक नहीं था। उसको लेकर मैंने न जाने किस-किस तरह की कल्पना की...

''और संध्या के समय मैं उसके पास जाने लगा, उसे पढ़ाने। भाभीजी, जब आज भी उन बातों को सोचता हूँ तो शर्म से गरदन झुक जाती है। किसी के विषय में इतनी जल्दी सम्मति बना लेना कितना खराब है, खतरनाक है! सच कहता हूँ मैं, उस जैसी बुद्धि वाली लड़की मैंने जिन्दगी में एक भी नहीं देखी। ओफ! क्या दिमाग पाया था उसने! किसी भी बात को एक बार समझा दो, कम-से-कम इस जिन्दगी में दूसरी बार समझाने की जरूरत ही नहीं। कभी कॉपी में मीनिंग या नोट्स नहीं लेती थी। और इतनी सुन्दर लिखाई कि क्या कहूँ। एक किताब पढ़ लेती तो शब्द-प्रतिशब्द वह उसे महीनों याद रहती, बहुत-से स्थानों पर वह मुझे पढ़ाती थी या मैं उसे, यह मैं आज तक नहीं जान पाया। मैं उसे बड़े ध्यान और गम्भीरता से पढ़ाता और वह बड़े आनन्द से पेन्सिल से खेलती या पेन से नाखून रंगा करती। मैं झुँझलाकर एकदम पूछ बैठता, 'बताओ, मैंने क्या बताया?' और वह मेरा प्रत्येक शब्द दोहरा देती। मैं आश्चर्य करता, यह लड़की है या आफत! पंत, प्रसाद, निराला, महादेवी और भी न जाने कितने कवियों की सैकड़ों कविताएँ उसे याद थीं। मैं कठिन-से-कठिन काम उसे करने को देता और वह बड़ी आसानी से सिर हिलाकर स्वीकार कर लेती। यह तो रही उसकी कुशाग्र बुद्धि। लेकिन मैं बताना यह चाहता हूँ कि वह लड़की असाधारण प्रतिभा-सम्पन्न थी। उसके निबन्ध देखकर उसके मनन पर सिर खुजाना पड़ता था। उसकी कहानियाँ देखकर आँखें फटी रह जाती थीं। मैंने उसे तीन वर्ष पढ़ाया। इस बीच उसकी प्रत्येक अच्छी-बुरी बात देखने का मौका मुझे मिला। अब इसे आप चाहे जो कुछ भी कहिए–मेरी दुर्बलता या बुद्धिमानी, मैं उसकी एक-एक बात का भक्त बन गया। उसका संगीत देखा तो दाँतों तले उँगली दबानी पड़ी, केवल यही नहीं कि बाजे को पीट-पाट लिया, और उलटे-सीधे सिनेमा के गीत गा लिए। वास्तव में उसका स्वर था, उसे संगीत का ज्ञान था। महादेवी के गीत इस तरह सुनाती थी कि बस, तबीयत झूम उठे।'' कहकर सुधीन्द्र भाई कुछ देर के लिए रुके कि उनकी यह प्रशंसा अति पर तो नहीं पहुँच गई है।

माताजी की ओर देखकर फिर उन्होंने खिलौना लेने के लिए अपनी मूक जिद जारी रखते पापा को शून्य आँखों से देखा, फिर कहा, ''भाभीजी, आप सोचेंगी, मैं व्यर्थ ही उसकी इतनी प्रशंसा करके उसे आसमान पर क्यों रखे दे रहा हूँ। लेकिन मुझे वास्तव में ऐसा लगता है, उसकी पूरी बात कह ही नहीं पा रहा हूँ। खैर, तब मैंने जाना कि क्यों यह लड़की निडर, निर्भीक और बेझिझक है, क्योंकि उसके हृदय में भय, कलुष या उलझन नहीं है। वह उन लड़कियों में से नहीं है जो मन में हजार उलटी-सीधी बातें रखते हुए भी ऊपर से अपने को बिलकुल निर्लिप्त दिखाया करती हैं। उसके स्वभाव की वह सबलता, वाणी की तीव्रता, मुक्त हास्य की चंचलता उसके रूप-गर्व के प्रतीक नहीं हैं, वरन् वह उसकी प्रखर प्रतिभा का प्रचंड विस्फोट है, जो उसके व्यक्तित्व के इन सब रूपों में दिखाई देता है। हो सकता है, मैं उसकी प्रशंसा करने में सन्तुलन न रख पा रहा होऊँ, पर वह लड़की वास्तव में ऐसी थी, जैसी दो-चार मुहल्लों की तो बात ही क्या, दो-चार शहरों में नहीं होती। कहीं चलते-फिरते उसने नई बुनाई देखी, खट से उसे घर पर आकर डाल लिया। न किसी से पूछने की जरूरत, न सीखने की।''

''तो ऐसी तो हमारी नीरजा भी है, जहाँ जो भी देखेगी, फौरन उसे ज्यों-का-त्यों दिमाग में रख लेगी।'' एकदम माताजी ने कहा।

मन में हलकी झुँझलाहट हुई। पता नहीं, माताजी सुधीन्द्र भाई की बात सुन रही हैं या तुलना में लगी हैं!

''तो ऐसी वह लड़की थी।'' माताजी की बात को स्वीकार करके सुधीन्द्र भाई बोले, ''मैं उसे पढ़ाता था, किन्तु इस बात का निश्चय मुझे हो गया कि वह केवल संयोग है, जो मैं पहले से पढ़ते होने के कारण उससे आगे हूँ और उसे पढ़ा रहा हूँ, नहीं तो इसे स्वीकार करने में मुझे कोई झिझक नहीं कि वह मुझसे कई गुनी अधिक बुद्धिमती, प्रतिभाशालिनी थी। सबसे बड़ी बात जो मैंने उसमें नई देखी, वह यह कि किसी की अप्रत्याशित बात से एकदम प्रभावित नहीं होती थी, इसीलिए प्रायः वह भावुक नहीं थी। जब मैं उसकी उन बेझिझक खुली आँखों में देखता तो लगता, न मालूम कितने गहरे खुले आकाश को मैं देख रहा हूँ, जिसका कहीं भी ओर-छोर नहीं है। मुझे निश्चय हो गया कि यह लड़की किसी दिन सारे देश को अपनी विलक्षण प्रतिभा से चकित कर देगी।

''खैर, मैं उसे पढ़ाता रहा। एक दिन चाची ने बताया कि अपने जिन सम्बन्धी के यहाँ वह पहले 'मैट्रिक' तक पढ़ने को रही थी, शायद वे उसके चाचा थे, उनका पत्र आया है। उन्होंने लिखा है कि नलिनी के लिए लड़का उन्होंने ठीक कर लिया है, लेकिन नलिनी ने स्पष्ट कह दिया कि उसका विचार अभी शादी करने का कतई नहीं है। अभी वह थर्ड ईयर में ही पढ़ती है; कम-से-कम एम.ए. तक वह इस विषय पर

सोचेगी भी नहीं। फिर दूसरा पत्र आया, वह लड़का इसी मुहल्ले का है, हमारी ही जाति का है। पिछले आठ-दस साल से मैं उसे देख रही हूँ, बड़ा सुशील और सीधा लड़का है। उसी ने नलिनी को मैट्रिक के लिए इंग्लिश पढ़ाई थी, लेकिन नलिनी भी एक नम्बर की जिद्दी लड़की—एक नहीं मानी। फिर तीसरा पत्र आया—उस लड़के ने नलिनी में पता नहीं क्या देखा कि अपने बाप से स्पष्ट कह दिया कि शादी करूँगा तो इसी लड़की से, नहीं तो बिलकुल नहीं। इसी विषय में वे मुझसे सलाह लेने आई थीं कि अब क्या करें? नलिनी पास बैठी सब सुन रही थी। मैं कुछ राय जाहिर करूँ, इससे पहले वह स्वयं बोली, 'पता नहीं क्यों लड़कों को शादी करने की ऐसी जल्दी पड़ती है! लाइए, मैं उन्हें लिख दूँ सीधा, कि मैं आपसे शादी नहीं करना चाहती।' मैंने उसकी ओर देखा, शायद यह मजाक में कह रही हो, पर उस समय वह काफी गम्भीर थी। मैं उस ओर देख नहीं सका। वकीलनी ने कहा, 'समझाओ इसे।' यद्यपि मन-ही-मन मैंने स्वीकार किया कि नलिनी की बात ठीक है; जब वह पढ़ना चाहती है तो उसे पढ़ने देना चाहिए। तो भी मैंने यों ही कहा, 'जब वह इतना हठ पड़ रहा है तो मान जाओ न, कर-करा लो उसी से शादी।'

''उसने मुझे ठीक इस तरह से देखा, जैसे किसी बच्चे को देखते हों और वह झिड़ककर बोली, 'आप भी क्या बात करते हैं, भाई साहब, बच्चों जैसी! अचानक मैं ही आपसे कहने लगूँ कि मुझसे शादी कर लीजिए, तो कैसे हो सकता है? न मैंने उन्हें कभी इस दृष्टि से देखा, न मेने मन में कभी ऐसी बात आई।' उसके मुख पर उत्तेजना थी। उसका मुख-मंडल प्रदीप्त था।

''मुझे हँसी आई, कैसी मूर्खता की उपमा इसने दी है! कहा, 'न सोचा न सही, तब भी इसमें हर्ज क्या है?'

'' 'हर्ज क्या है?' उसने बच्चों की तरह मुँह बिरा दिया, 'हर्ज है कैसे नहीं? ऐसा हो नहीं सकता। मैंने उन्हें सदैव गुरु की पूजा और भाई की पवित्र दृष्टि से देखा है जिस तरह आप हम लोगों में काफी घुल-मिल गए हैं न, ठीक वैसी ही बात है वहाँ। मैंने कभी सोचा भी नहीं था कि एक दिन वे इस प्रकार हठ करके बैठ जाएँगे कि मैं शादी करूँगा तो इस नलिनी से करूँगा।' वह थोड़ी देर चुप रही, फिर जैसे स्वयं ही सोचती-सोचती बोली, 'हिश्, मैं नहीं करूँगी शादी-वादी।'

''खैर, मैं चुप रहा। दो-तीन दिन फिर उसी स्वाभाविकता से कटे। एक दिन गया तो पता चला कि उसके वही चाचाजी आए हुए हैं। उस दिन नलिनी बड़ी चिन्तित-उदास थी। उसने बताया, 'आज रात-भर मैं ठीक से नहीं सो पाई। चाचाजी आए हैं, बता रहे हैं कि लड़के को भी जिद आ गई है कि शादी बस इसी से होगी। उसने तीन-चार दिन से अनशन कर रखा है। जब मैं शादी नहीं करना चाहती तो क्यों ये लोग मुझे विवश कर रहे हैं कि मैं शादी करूँ ही? अब आप ही बताइए, मैं क्या

करूँ? चाचाजी इसीलिए आए हैं। ये लोग किसी का विकास होते नहीं देख सकते। मैं बुद्धिमान हूँ, मैं प्रतिभाशाली हूँ, मैं सुरीला गाती हूँ, सुन्दर बजाती हूँ और सौन्दर्यशालिनी हूँ–फिर? कहिए, आपको इन सब बातों से क्या मतलब? आपको यह कैसे विश्वास हो गया कि मैंने ये सब चीजें आपके ही लिए सहेजकर रखी हैं? इसमें मेरा अपना कुछ नहीं है? अजब आफत है!' और क्रोध अथवा घृणा से उसने अपना निचला होंठ जोर से चबाया। मैं चुपचाप देखता रहा। उसके वाक्य में सत्य की ज्वालाएँ थीं। लेकिन मैं उस समय, क्या कर सकता हूँ–समझ में नहीं आता था। उसे समझाया, 'शादी तो नलिनी, तुम्हें करनी ही है। अब नहीं तो दो वर्ष बाद। फिर तुम्हें अब ही ऐसी क्या आपत्ति है?'

" 'तो आपको ऐसा अधिकार किसने दिया कि मुझे देखा, और खट से मचल पड़े; अनशन कर दिया कि मैं तो इसी से विवाह करूँगा, और हम सोच भी नहीं पाए कि सारे घरवाले चील-कौवों की तरह नोचने-खोंचने लगे–कर इसी से, कर इसी से।' उसकी आँखों में पहली बार मैंने देखा, आँसू आ गए थे, जिन्हें वह एक घूँट भर के पी गई। फिर बोली, 'भाई साहब, आप तो समझेंगे, मैं और लड़कियों की तरह बहानेबाजी कर रही हूँ, पर मैं हृदय से कह रही हूँ, मुझे शादी करने की इच्छा ही नहीं है।' वह चुपचाप कुछ सोचती रही, फिर बोली, 'चाचाजी ने मुझे रात को कोई दो घंटे लेक्चर पिलाया, नाश्ते के समय सुबह समझाया और अभी बाहर गए हैं, आकर फिर भाषण देंगे। माताजी, बाबूजी सभी मेरे पीछे पड़े हैं, अब आप भी...मैं क्या करूँ भाई साहब, इससे अच्छा तो मैं कहीं मर जाती!' उसकी इस अन्तिम बात से अचानक मैं चौंक गया। यह उसके मुँह से निकला हुआ पहला वाक्य था, जो उसने जैसे व्यथा से तड़पकर कहा था। मैं स्वयं भी उन दिनों काफी उद्विग्न, व्यथित रहा था। मेरी स्थिति बड़ी विचित्र थी। यदि मैं शादी का विरोध करता तो वे लोग मेरे और नलिनी के विषय में न जाने क्या-क्या सोचते! पर फिर भी, बार-बार जैसे कोई ललकारकर पूछता, 'क्या मैं उसके लिए कुछ नहीं कर सकता? क्या नहीं कर सकता कुछ?' और यह प्रश्न ही धमककर ध्वनि-प्रतिध्वनि के रूप में व्याप्त हो जाता कि उसके उत्तर के विषय में मैं सोच ही नहीं पाता था। बड़ा खिंचाव शिराओं में था। मैंने दुखी स्वर में कहा, 'क्या बताऊँ नलिनी, मैं स्वयं भी कोई राह नहीं सोच पाता! तुम्हारी प्रतिभा का मैं शुरू से ही कायल हूँ। मेरा विश्वास था कि यदि यों ही तुम्हारा स्वाभाविक विकास होता गया, तो तुम एक दिन अपनी प्रतिभा से संसार को चकाचौंध कर दोगी। पर अब...' "

अचानक सुधीन्द्र भाई अपनी बात कहते-कहते रुक गए, क्योंकि मैंने आगे बढ़कर उस जिद्दी पापा के दोनों कान पकड़ लिए थे। गुस्सा तो ऐसा आ रहा था कि दो मारूँ तानकर चाँटे, तबीयत ठिकाने आ आए। बड़े लाड़ले बने हैं। जब से मना

कर रहे हैं कि मान जा, मान जा, तो समझ में नहीं आता। सब बच्चे बाहर हैं और ये बेचारे यहाँ खड़े हैं, अकेले, यहाँ खिलौना लेने को। ले खिलौना, अब तुझे ऐसा खिलौना देता हूँ! दोनों कान खींचते ही पापा जोर से चीखा, एक बार उसने मेरी क्रुद्ध सूरत देखी और जीजी का पल्ला पकड़ लिया।

"अरे, क्या कर रहा है रे..." माताजी चिल्लाईं, "क्यों उसके कान उखाड़े ले रहा है?" मैं उसके कान यों ही खींचे-खींचे बाहर ले चला।

"हाँ, ले जा, ले जा, जब से समझा रहे हैं तो मानता ही नहीं।" जीजी ने बनावटी गुस्से से कहा, वास्तव में उन्हें मेरा यह व्यवहार अच्छा नहीं लगा था। जिद करता हुआ पापा बुरा माताजी को भी लग रहा था, पर जीजी की ओर देखकर वे एकदम उठीं, पापा की बाँह पकड़कर मुझे एक धक्का दे दिया। "मानता ही नहीं है।" पापा को उन्होंने गोद में उठा लिया, "भैया, जिद नहीं करते।"

मुट्ठी बनाकर आँखों को मलते हुए उसने सिसक-सिसककर मूर्ति की ओर एक हाथ बढ़ाकर कहा, 'अम्मा, वो लेंगे।"

"अच्छा, ले।" माताजी उसे उठाए-उठाए मैंटलपीस के पास गईं और वहाँ से गेरुए रंग की चमकदार चीनी की बनी हुई वह मूर्ति उसे दे दी। उसने दोनों हाथों से कसकर पकड़ लिया।

मैं भुनभुनाया, "उसका क्या है, वह तो जरा-सी देर में तोड़ देगा। ग्यारह रुपए की मूर्ति लाया हूँ, सो भी अब मिलती भी नहीं है—ऐसी सुन्दर और गठी हुई।"

"हाँ, हाँ, नहीं तोड़ेगा।" माताजी ने कहा, "हम दे देंगे पैसे, दूसरी ले आना।" फिर उन्होंने पापा को जीजी के पास बैठा दिया फर्श पर ही! जीजी ने उसे समझाया, "हाँ भैया, तोड़ियो नहीं।"

'अब मिली जाती है दूसरी।' मैं मन-ही-मन दाँत पीसकर रह गया। चुप हो गया यह सोचकर कि सुधीन्द्र भाई न जाने क्या सोचेंगे, उनकी बात सुनते-सुनते ऐसा बखेड़ा मचा दिया। उसकी ओर एकाध बार देखकर, उनकी बात के प्रति उत्सुकता दिखाई, "हाँ, फिर क्या हुआ?" पापा मूर्ति को फर्श पर रखकर खेल रहा था, कभी इधर से झाँककर देखता, कभी उधर से।

सुधीन्द्र भाई बड़ी विचित्र-सी दृष्टि से यह सब देख रहे थे। हो सकता है, उन्हें बुरा न लग रहा हो, पर उन्हें विशेष अच्छा भी नहीं लग रहा था—मैंने तत्काल अनुभव किया। इसीलिए ऐसा भाव दिखाया, जैसे कुछ हुआ ही नहीं। हमने अधिक-से-अधिक अपना ध्यान उनकी ओर केन्द्रित कर दिया।

"हाँ, तो दूसरे दिन जब मैं गया तो चाचीजी बड़ी दुखी-सी आईं, 'तुम्हीं बताओ सुधीन्द्र, मैं क्या करूँ? उसे लाख समझाया मैंने, तुम्हारे वकील साहब ने, लालाजी ने; लेकिन वह तो रट लगाए है—मैं तो जिन्दगी-भर पढ़ाऊँगा, अपना घर-बार सब

बेचकर पढ़ाऊँगा। जो तेरी इच्छा हो सो कर, पर वह मानती ही नहीं।' 'कहाँ है?' मैंने पूछा। बताया, 'भीतर पड़ी है पलंग पर, न खाती है, न नहाती है। बस रोए जा रही है। अब हमारी तबीयत तो इससे बड़ी हलकान होती है। इतनी बड़ी हो गई, आज तक नहीं रोई और अब...तुम्हीं समझाओ।' मैंने पूछा, 'चाचाजी गए?' उन्होंने जिस ढंग से हाँ कहा, मैं कुछ-कुछ समझ गया। कुछ नहीं कहा। चुप भीतर चला गया। कमरे में पलंग पर वह चुपचाप औंधी पड़ी थी, रह-रहकर उसका सारा शरीर काँप उठता था। मैं कुछ देर चुप रहा, फिर पुकारा, 'नलिनी, नलिनी!' उसने कुछ नहीं कहा। मैं उसके पास ही पलंग पर बैठ गया। दोनों कंधे पकड़कर उसे सीधा किया, देखा, वह रो रही थी। उसके खिले गुलाब-से चेहरे को जैसे पाला मार गया था, सारा मुँह उसका लाल हो गया था, और आँखें बीरबहूटी के सुर्ख रंग की तरह जल रही थीं। उस समय एक क्षण को, भाभीजी, सच मुझे ऐसा लगा कि इस दहकते चेहरे के लिए मैं क्या न कर दूँ। किस आसमान के नीले और मनहूस परदों को चीर दूँ जो उस पर अपनी काली छाया डाले हैं और कौन-सा पहाड़ है जिसे उठाकर फेंक दूँ, जो इसका रास्ता रोके हुए है। उस समय मुझे अपनी बाँहों में वज्र जैसी शक्ति लहरें लेती अनुभव हुईं। मैंने उसका सिर लेकर अपनी गोद में रख लिया—बाल उसके चेहरे पर फैल आए थे, उन्हें एक हाथ से इधर-उधर कर दिया। बड़े दुखी स्वर में कहा, 'नलिनी, ऐसे क्यों रो रही हो?' उसका रोना बन्द हो गया था, केवल कभी-कभी एक हिचकी से उसका सारा शरीर सूखे पत्ते की लड़खड़ाहट की भाँति काँप उठता था। मेरी समझ में नहीं आता था, मैं क्या कहकर उसे सांत्वना दूँ? फिर दुलार से कहा, 'नलिनी, रोओ मत।' लेकिन नलिनी की इतनी देर से संचित रुलाई फिर फूट पड़ी और वह फिर बुरी तरह रो उठी। मेरा कंठ स्वयं भीग गया था। और आँखों से आँसू बड़ी मुश्किल से रुक पा रहे थे। फिर भी मैंने उसे समझाया, 'नलिनी, जो हो गया, सो हो गया। वह तुम्हें विश्वास दिलाता है कि पढ़ने इत्यादि की पूरी सुविधा देगा। क्यों व्यर्थ रो-रोकर अपना स्वास्थ्य खराब करती हो?' लेकिन जैसे वह कुछ सुन ही नहीं रही थी। उसे तो इस समय जैसे रुलाई का दौरा आ गया था—बस, रोए जा रही थी।

''भाभीजी, मैं ठीक बताता हूँ, उस दिन तीन घंटे मेरी गोद में पड़ी-पड़ी वह काँटों पर पड़ी मछली की तरह तड़फड़ाती रही। उस दिन मैं भी रोया। लेकिन उस दिन के बाद से उसके शरीर की स्फूर्ति, उसके चेहरे को उत्सुकता, उसकी भोली आँखों का उल्लास जैसे किसी ने मंत्र के जोर से खींचकर फेंक दिए और वह एक साधारण कंकाल मात्र थी—निस्तेज और उदास! किसी ओर देखती तो बस देखती रहती।

''और पिछले साल उसका विवाह हो गया। जिन्दगी में शायद दूसरी बार वह जी खोलकर रोई। उस दिन उसने मुझसे कहा, 'बस, भाई साहब, अब नहीं रोऊँगी,

क्योंकि जो चीज मेरे पास असाधारण थी, जिसका मुझे गर्व था और जिससे मुझे इतना मोह था, अब सदा के लिए उसकी चाह छोड़ दी है। बस, अब मैं एक साधारण लड़की हूँ–दुर्बल, कमजोर।'

''वह ससुराल चली गई। थोड़े दिन बाद आई। मैंने फाइनल की परीक्षा दी, तभी उसने बी.ए. की परीक्षा दी–जैसे बिलकुल निरुत्साहित और निर्लिप्त होकर। आपको आश्चर्य होगा, तो भी बी.ए. में उसने टॉप किया। विभिन्न पत्रों में जब उसके चित्र छपे और उसने देखे तो मुझे लगा, उसका वह उन्मुक्त उल्लास फिर उसे कुछ समय को मिल गया है। बड़े प्रसन्न होकर उसने कहा, 'भाई साहब, चाहे कोई कितना ही विरोध क्यों न करे, मैं तो खूब पढ़ूँगी।' पर तभी फिर अचानक कुछ क्षण को उदास हो गई। उन दिनों उसने संगीत का अभ्यास खूब बढ़ा लिया था। रोज मुझे कुछ-न-कुछ सुनाती–उन दिनों वह बहुत प्रसन्न रही। कितना सुन्दर वह गाती थी! आज तक मैं निश्चय नहीं कर पाया कि उसकी प्रतिभा संगीत में अधिक अभिव्यक्त होती थी या लेखन में। उन दिनों उसने कुछ सुन्दर निबन्ध और कहानियाँ लिखीं। छुट्टियों-भर इस बात पर बहस होती रही कि वह एम.ए. कहाँ जॉइन करे। ससुराल वालों के पत्र आते कि बनारस ही सबसे अधिक ठीक रहेगा, और वह कहती कि मैं तो यहीं पढ़ूँगी। एक दिन वह महाशय स्वयं आ धमके लेने के लिए। इस स्वभाव का मैं पहले नहीं समझता था उन्हें। वे आकर हठ पकड़ गए कि लेकर जाऊँगा तो अभी, नहीं तो आप अपनी लड़की को रखिए, कि फिर यहाँ भेजने की जरूरत नहीं है। हम लोगों ने लाख तरह से समझाया कि वह बी.ए. में ऐसी अच्छी तरह पास हुई है और उसकी ऐसी उत्कट लालसा है कि आगे पढ़े, तो क्यों न पढ़ने दिया जाए? वे बोले, 'पढ़ने का इन्तजाम क्या वहाँ नहीं है? बनारस यूनिवर्सिटी में वह बड़े आराम से पढ़ सकती है।' खैर, वे महाशय उसे लेकर ही टले। वही मेरी और उसकी अन्तिम भेंट थी। एम.ए. वह जॉइन नहीं कर सकी। लिखा–'यहाँ से आकर इनकी तबीयत खराब हो गई है। मैं रात-रात-भर जागकर भगवान से मनाती हूँ कि ये ठीक हो जाएँ तो कॉलेज जॉइन करूँ, एडमिशन की तारीखें निकली जा रही हैं।' लेकिन वह सज्जन तो शायद प्रण करके ही बीमार हुए थे कि दो महीने से पहले ठीक नहीं होंगे। सो वह एडमिशन ले ही नहीं पाई। उसने लिखा–'भाई साहब, कभी-कभी तो इच्छा होती है, पड़ा रहने दूँ बीमार और जाने लगूँ पढ़ने। पर सोचती हूँ, ये लोग मुझे खा जाएँगे।' इसके बाद और भी, समय-समय पर पत्र आते रहे, उन सबमें जो कुछ लिखा था, उसका तात्पर्य था, 'भाई साहब, मैं क्या करूँ, यह मेरी समझ में नहीं आता। यहाँ कोई काम मुझे करने को नहीं है, दिन-रात यह बात जोंक की तरह मेरा खून सुखाए देती है कि जिस प्रतिभा की आप यों तारीफ करते नहीं अघाते थे, जिस बुद्धि पर मुझे गर्व था, जिस सौन्दर्य से मेरी सहेलियाँ ईर्ष्या करती थीं, मेरे जिस संगीत पर बाबूजी

झूम आते थे, जिस शैली पर लोग दाँतों-तले उँगली दबाते थे, क्या वह सिर्फ इसलिए है कि अनर्गल और व्यर्थ की प्रेम की बातों में भुला दी जाए? वे समझते हैं कि अधिक-से-अधिक प्रेम-प्रदर्शन से वे मुझे प्रसन्न कर रहे हैं, दिन-रात...तुम परी हो, तुम अप्सरा हो, तुम यह हो, तुम वह हो और मैं तुम पर भौंरे, परवाने और पपीहे की तरह मरता हूँ... सच कहती हूँ भाई साहब, इन बातों में मेरा मन नहीं लगता। हाँ, मैं सुन्दर हूँ—मरते हो, फिर? लेकिन वे हैं कि दफ्तर जाएँगे—जो घर से एक मील है—तो चार खर्रे भरकर प्रेम-पत्र लिख भेजेंगे, जैसे न जाने कितने वर्षों के वियोग में जल रहे हैं! उसमें सैकड़ों सिनेमा के गीत लिखे होते हैं, तकदीर कोसी गई होती है, दुनिया को लानत दी जाती है कि भाग्य का खेल है, दुनिया ने हमें यों अलग कर दिया है, वह हमारा मिलन नहीं सह सकती। पता नहीं, वह दुनिया कहाँ रहती है? अब आप ही बताइए, इन मूर्खतापूर्ण बातों से क्या फायदा? कोई कहाँ तक अपने को इन बेवकूफियों में उलझाए रखे?'

"अरे भाभी, नलिनी का अन्तिम पत्र तो बड़ा ही करुणापूर्ण है। लिखा है—'मेरे चारों ओर भीषण अन्धकार की एक अभेद्य चादर आकर खड़ी हो गई है, भाई साहब, मैं तब कितनी रोई-चीखी थी कि मुझे इस अन्धकार के गर्त में मत धकेलो, मैं वहाँ मर जाऊँगी! इस अन्धकार के खूनी पंजे ने मेरी अभिलाषाओं और उच्चाकांक्षाओं की गरदनें मरोड़ दी हैं, और अब मैं इतनी अशक्त हो गई हूँ कि छटपटा भी नहीं सकती। खाने-पीने और प्रेम की इन झूठी-सच्ची बातों के बाद बचे हुए समय में कभी शॉपिंग करने, घूमने या सिनेमा जाने या दिन-भर औरतों की इस-उसकी बुराई-भलाई करने वाली बातों में अपनी जिन्दगी को बाँध देने में मैं अपने-आपको बिलकुल असमर्थ पा रही हूँ। इन दिनों यही मानसिक भर्त्सना मुझे खाए जा रही है। भाई साहब, मैं क्या करूँ? मैं मानती हूँ, हजारों लड़कियों को यही चरम और परम सुख है, पति का अंधाधुंध प्यार, सोने और चाँदी से भरा घर-बार और निश्चिन्त दिन। लेकिन इतने दिन मैंने जो भी पढ़ा, जो कुछ भी सीखा, आज भी मैं समझती हूँ, लाखों लड़कियों से अच्छा था, केवल इसीलिए था कि यहाँ आकर सड़ जाए? यहाँ बैठूँ भी तो ज्यादा-से-ज्यादा खाना बना लूँ, चौका-बरतन कर लूँ। हो सकता है, इन बातों में मेरा समय लग जाया करे, लेकिन, बस? इसीलिए मैंने उस देव-दुर्लभ प्रतिभा को सँजोया था? भाई साहब, ये शादी करने वाले लड़कियों के यहाँ जाकर पूछते हैं—तुम्हारी लड़की गाना-बजाना जानती है, कसीदाकारी जानती है, मिठाई बनाना जानती है? उस समय उनकी इच्छा होती है कि संसार का कोई काम क्यों बच जाए, जिसे लड़की न जानती हो? लेकिन कोई इनसे पूछे, विवाह के फेरों के बाद सिवा चौके-चूल्हे के कौन-सी कलाकारी लड़की के काम आती है? कोई मुझसे पूछे, मेरी सारी किताबों को कीड़े खाए जा रहे हैं। पढ़ने के प्रति किसी में रुचि

नहीं है। यों शौक सभी को है कि लड़की के सामने एजूकेटेड शब्द लगा सकें। वैसे सभी को पाउडर, लिपिस्टिक और बुनाइयों की बातें करनी उससे अधिक आवश्यक लगती हैं। बुनाई इसलिए नहीं कि कला है, बल्कि इसलिए कि फैशन है। इसलिए कोई नई बुनाई देखी, सब उसकी नकल करेंगी। नया ब्लाउज, साड़ी देखी, वैसे ही लाएँगी–बनवाएँगी। नए कट का गहना देखा, खट से पहला टूट रहा है, नया बन रहा है। रोज चीजें टूटती हैं, रोज बनती हैं। किसी-किसी को तो शायद एक बार भी नहीं पहना जाता, और टूटकर नया बन जाता है, क्योंकि वह पहले से अधिक सुन्दर है। और यह क्रम कभी खत्म नहीं होता। मेरे वायलिन और सितार में मानो धूल भर गई है। महादेवी और मीरा के गीत मैं यहाँ गाकर सुनाऊँ तो सब उल्लुओं की तरह मेरा मुँह देखें। बात-बात में इनकी इज्जत का ध्यान, बात-बात में स्त्री होने की घोषणा। ये ऊँचे घरों की बातें। नीचे घरों को भी देखती हूँ, जहाँ चूल्हे-चौके से फुरसत नहीं मिलती। सच भाई साहब, आज हृदय में बड़ी प्रचंड शक्ति से यह भाव उठ रहा है, कि काश, मैं एक साधारण लड़की होती–मूर्ख और भेड़, जिसके बचपन की सारी तैयारियाँ, शिक्षा-दीक्षा केवल विवाह के लिए होती हैं, और विवाह होने के बाद जैसे इन सारे झंझटों से छुटकारा मिलता है! इस सबके लिए शायद सबसे अधिक दोषी आप हैं। आपने ही मेरी महत्त्वाकांक्षाओं को उभारकर इतना बढ़ा दिया था कि तू यों करेगी, वो करोगी! आपने ही मेरे दिमाग में भर दिया था कि मैं असाधारण प्रतिभाशालिनी हूँ, और आपने ही अपने कंधों पर चढ़ाकर इतना ऊँचा उठा दिया था कि आज जब ये लोग मुझे फिर उस कीचड़ में घसीट रहे हैं तो टूट जाना चाहती हूँ, बिखर जाना चाहती हूँ, मर जाना चाहती हूँ, पर नीचे नहीं आ पाती। अब बताइए, मैं क्या करूँ? कैसे मर जाऊँ? मैं कब तक यों छटपटाती रहूँ? भाई साहब, मुझे कोई रास्ता बताइए, बताइए न! केवल विवाह करके यों इन चारदीवारियों में सड़ जाने के लिए शायद मैं नहीं जनमी थी, मुझे और कुछ करना था–मुझे कुछ और करना था!'

"खैर, भाभीजी, यह उसका अन्तिम पत्र था, फिर तो उसका तार ही आया।"

यह सब बोलने में सुधीन्द्र भाई साहब का स्वर न जाने कितनी बार गीला हुआ, कितनी बार भर्राया, पर इस बार तो जैसे वह बोल ही नहीं पाए। गले में कफ-सा अटक गया, उसे खाँसकर साफ किया, फिर थोड़ी देर चुप रहे। पापा बुद्ध भगवान की मूर्ति को धीरे-धीरे पृथ्वी पर ठोक-ठोककर खेल रहा था, एक बार हमने उस ओर देखा, पर जैसे भाव-शून्य होकर। सब उत्सुकता से सुधीन्द्र भाई की ओर ही देख रहे थे।

"मैं जब वहाँ गया तो पता चला कि वह अस्पताल में है।" संयत होकर सुधीन्द्र भाई ने कहना आरम्भ किया।

"अस्पताल?" प्राय: सभी चौंके।

"हाँ" उन्होंने कहा, "उसके सारे घर वाले स्तब्ध-से थे। अस्पताल गया। देखा–उसका सारा शरीर फफोले से भरा था या जलकर काला हो गया था। वह मर चुकी थी, उसने मिट्टी का तेल छिड़ककर आग लगा ली थी।"

"हैं!" जैसे किसी ने बड़े भारी काँसे के घंटे में समस्त शक्ति से हथौड़ा दे मारा। सारा वातावरण झनझनाकर थर्रा उठा।

उसी समय पापा ने बुद्ध भगवान की मूर्ति को जोर से पृथ्वी पर पटक दिया। खन-खन करते हुए सुन्दर खिलोने के चमकदार टुकड़े इधर-उधर बिखर गए...

हम सब मंत्र-जड़ित थे।

घंटे की झनझनाहट गूँज बनकर डूबती जा रही थी।

वापसी

उषा प्रियंवदा

गजाधर बाबू ने कमरे में जमा सामान पर एक नजर दौड़ाई–दो बक्स, डोलची, बाल्टी–''यह डिब्बा कैसा है गनेशी?'' उन्होंने पूछा। गनेशी बिस्तर बाँधता हुआ, कुछ गर्व, कुछ लज्जा से बोला, ''घरवाली ने साथ कुछ बेसन के लड्डू रख दिए हैं। कहा, बाबूजी को पसन्द थे, अब कहाँ हम गरीब लोग आपकी कुछ खातिर कर पाएँगे!'' घर जाने की खुशी में भी गजाधर बाबू ने एक विषाद का अनुभव किया, जैसे एक परिचित स्नेही, आदरमय, सहज संसार से उनका नाता टूट रहा था।

''कभी-कभी हम लोगों की भी खबर लेते रहिएगा।'' गनेशी बिस्तर में रस्सी बाँधता हुआ बोला।

''कभी कुछ जरूरत हो तो लिखना गनेशी! इस अगहन तक बिटिया की शादी कर दो।''

गनेशी ने अँगोछे के छोर से आँखें पोंछीं, ''अब आप लोग सहारा न देंगे तो कौन देगा? आप यहाँ रहते तो शादी में कुछ हौसला रहता।''

गजाधर बाबू चलने को तैयार बैठे थे। रेलवे क्वार्टर का वह कमरा, जिसमें उन्होंने कितने ही वर्ष बिताए थे, उनका सामान हट जाने से कुरूप और नग्न लग रहा था। आँगन में रोपे पौधे भी जान-पहचान के लोग ले गए थे और जगह-जगह मिट्टी बिखरी हुई थी। पर पत्नी, बाल-बच्चों के साथ रहने की कल्पना में यह बिछोह एक दुर्बल लहर की तरह उठकर विलीन हो गया।

गजाधर बाबू खुश थे, बहुत खुश। पैंतीस साल की नौकरी के बाद वह रिटायर होकर जा रहे थे। इन वर्षों में अधिकांश समय उन्होंने अकेले रहकर काटा था। उन अकेले क्षणों में उन्होंने इसी समय की कल्पना की थी, जब वह अपने परिवार के साथ रह सकेंगे। इसी आशा के सहारे वह अपने अभाव का बोझ ढो रहे थे। संसार की दृष्टि में उनका जीवन सफल कहा जा सकता था। उन्होंने शहर में एक

मकान बनवा लिया था, बड़े लड़के अमर और लड़की कान्ति की शादियाँ कर दी थीं, दो बच्चे ऊँची कक्षाओं में पढ़ रहे थे। गजाधर बाबू नौकरी के कारण प्रायः छोटे स्टेशन पर रहे, और उनके बच्चे और पत्नी शहर में, जिससे पढ़ाई में बाधा न हो। गजाधर बाबू स्वभाव से बहुत स्नेही व्यक्ति थे और स्नेह के आकांक्षी भी। जब परिवार साथ था, ड्यूटी से लौटकर बच्चों से हँसते-हँसते बोलते, पत्नी से कुछ मनोविनोद करते–उनके सबके चले जाने से उनके जीवन में गहन सूनापन भर उठा। खाली क्षणों में उनसे घर में टिका न जाता। कवि प्रकृति के न होने पर भी उन्हें पत्नी की स्नेहपूर्ण बातें याद रहतीं। दोपहर गर्मी होने पर भी, दो बजे तक आग जलाए रहतीं और उनके स्टेशन से वापस आने पर गरम-गरम रोटियाँ सेंकतीं–उनके खा चुकने और मना करने पर भी थोड़ा-सा कुछ और थाली में परोस देतीं और बड़े प्यार से आग्रह करतीं। जब वह थके-हारे बाहर से आते तो उनकी आहट पा वह रसोई के द्वार पर निकल आतीं और उनकी सलज्ज आँखें मुस्कुरा उठतीं। गजाधर बाबू को तब हर छोटी बात भी याद आती और वह उदास हो उठते अब कितने वर्षों बाद यह अवसर आया था, जब वह फिर उसी स्नेह और आदर के मध्य रहने जा रहे थे।

टोपी उतारकर गजाधर बाबू ने चारपाई पर रख दी, जूते खोलकर नीचे खिसका दिए, अन्दर से रह-रह कर कहकहों की आवाज आ रही थी, इतवार का दिन था और उनके सब बच्चे इकट्ठे होकर नाश्ता कर रहे थे। गजाधर बाबू के सूखे चेहरे पर स्निग्ध मुस्कान आ गई। उसी तरह मुस्कुराते हुए, वह बिना खाँसे अन्दर चले आए। उन्होंने देखा नरेन्द्र कमर पर हाथ रखे शायद गत रात्रि की फिल्म में देखे गए किसी नृत्य की नकल कर रहा था और बसन्ती हँस-हँसकर दुहरी हो रही थी। अमर की बहू को अपने तन-बदन, आँचल या घूँघट का कोई होश न था और वह उन्मुक्त रूप से हँस रही थी। गजाधर बाबू को देखते ही नरेन्द्र धप से बैठ गया और चाय का प्याला उठाकर मुँह से लगा लिया। बहू को होश आया और उसने झट से माथा ढक लिया, केवल बसन्ती का शरीर रह-रह कर हँसी दबाने के प्रयत्न में हिलता रहा।

गजाधर बाबू ने मुस्कुराते हुए उन लोगों को देखा। फिर कहा, ''क्यों नरेन्द्र, क्या नकल हो रही थी?''

''कुछ नहीं बाबूजी।'' नरेन्द्र ने सिटपिटाकर कहा।

गजाधर बाबू ने चाहा था कि वह भी इस मनोविनोद में भाग लेते, पर उनके आते ही जैसे सब कुंठित हो चुप हो गए, उससे उनके मन में थोड़ी-सी खिन्नता उपज आई। बैठते हुए बोले, ''बसन्ती, चाय मुझे भी देना। तुम्हारी अम्मा की पूजा अभी चल रही है क्या?'' बसन्ती ने माँ की कोठरी की ओर देखा, ''अभी आती ही होंगी'' और प्याले में उनके लिए चाय छानने लगी। बहू चुपचाप पहले ही चली गई थी, अब नरेन्द्र भी चाय की आखिरी घूँट पीकर उठ खड़ा हुआ, केवल बसन्ती, पिता के

लिहाज में, चौक में बैठी माँ की राह देखने लगी। गजाधर बाबू ने एक घूँट चाय पी, फिर कहा, ''बिट्टी–चाय तो फीकी है।''

''लाइए, चीनी और डाल दूँ।'' बसन्ती बोली।

''रहने दो, तुम्हारी अम्माँ जब आएँगी, तभी पी लूँगा।''

थोड़ी देर में उनकी पत्नी हाथ में अर्घ्य का लोटा लिए निकलीं और अशुद्ध स्तुति करते हुए तुलसी में डाल दिया। उन्हें देखते ही बसन्ती भी उठ गई। पत्नी ने आकर गजाधर बाबू को देखा और कहा, ''अरे, आप अकेले बैठे हैं–यह सब कहाँ गए?'' गजाधर बाबू के मन में फाँस-सी करक उठी, ''अपने-अपने काम में लग गए हैं–आखिर बच्चे ही हैं।''

पत्नी आकर चौके में बैठ गई–उन्होंने नाक-भौं चढ़ाकर चारों ओर जूठे बर्तनों को देखा। फिर कहा, ''सारे में जूठे बर्तन पड़े हैं। इस घर में धरम-करम कुछ नहीं। पूजा करके सीधे चौके में घुसो।'' फिर उन्होंने नौकर को पुकारा, जब उत्तर न मिला तो एक बार और उच्च स्वर में, फिर पति की ओर देखकर बोलीं, ''बहू ने भेजा होगा बाजार।'' और एक लम्बी साँस लेकर चुप हो रहीं।

गजाधर बाबू बैठकर चाय और नाश्ते का इन्तजार करते रहे। उन्हें अचानक ही गनेशी की याद आ गई। रोज सुबह, पैसेंजर आने से पहले वह गरम-गरम पूरियाँ और जलेबी बनाता था। गजाधर बाबू जब तक उठकर तैयार होते थे, उनके लिए जलेबियाँ और चाय लाकर रख देता था। चाय भी कितनी बढ़िया, काँच के गिलास में ऊपर तक भरी लबालब, पूरे ढाई चम्मच चीनी और गाढ़ी मलाई। पैसेंजर भले ही रानीपुर लेट पहुँचे, गनेशी ने चाय पहुँचाने में कभी देर नहीं की। क्या मजाल कि कभी उससे कुछ कहना पड़े।

पत्नी का शिकायत-भरा स्वर सुन उनके विचारों में व्याघात पहुँचा। वह कह रही थी, ''सारा दिन इस खिच-खिच में निकल जाता है। इसी गृहस्थी का धन्धा पीटते-पीटते उमर बीत गई। कोई जरा हाथ भी नहीं बँटाता।''

''बहू क्या करती रहती है?'' गजाधर बाबू ने पूछा।

''पड़ी रहती है। बसन्ती को तो फिर कहो कि कॉलेज जाना होता है।''

गजाधर बाबू ने जोश में आकर बसन्ती को आवाज दी। बसन्ती, भाभी के कमरे से निकली तो गजाधर बाबू ने कहा, ''बसन्ती, आज से शाम का खाना बनाने की जिम्मेवारी तुम पर है। सुबह का भोजन तुम्हारी भाभी बनाएँगी।''

बसन्ती मुँह लटकाकर बोली, ''बाबूजी, पढ़ना भी तो होता है।''

गजाधर बाबू ने बड़े प्यार से सुझाया, ''तुम सवेरे पढ़ लिया करो। तुम्हारी माँ बूढ़ी हुईं, उनके शरीर में अब वह शक्ति नहीं बची है। तुम हो, तुम्हारी भाभी है, दोनों को मिलकर काम में हाथ बँटाना चाहिए।''

बसन्ती चुप रह गई। उसके जाने के बाद, उसकी माँ ने धीरे से कहा, ''पढ़ने का तो बहाना है। कभी जी नहीं लगता। लगे कैसे? शीला से ही फुरसत नहीं, बड़े-बड़े लड़के हैं उस घर में, हर वक्त वहाँ घुसा रहना, मुझे अच्छा नहीं सुहाता। मना करूँ तो सुनती नहीं।''

नाश्ता कर गजाधर बाबू बैठक में चले गए। घर छोटा था और ऐसी व्यवस्था हो चुकी थी कि उसमें गजाधर बाबू के रहने के लिए कोई स्थान न बचा था। जैसे किसी मेहमान के लिए कुछ अस्थायी प्रबन्ध कर दिया जाता है, उसी प्रकार बैठक में कुर्सियों को दीवार से सटाकर बीच में गजाधर बाबू के लिए पतली-सी चारपाई डाल दी गई थी। गजाधर बाबू उस कमरे में पड़े-पड़े, कभी-कभी अनायास ही इस अस्थायित्व का अनुभव करने लगते। उन्हें याद हो आती उन रेलगाड़ियों की, जो आतीं और थोड़ी देर रुककर किसी और लक्ष्य की ओर चली जातीं।

घर छोटा होने के कारण बैठक में ही अब अपना प्रबन्ध किया था। उनकी पत्नी के पास अन्दर एक छोटा कमरा अवश्य था, पर उसमें एक ओर अचारों के मर्तबान, दाल, चावल के कनस्तर और घी के डिब्बे से घिरा था—दूसरी ओर पुरानी रजाइयाँ, दरियों में लिपटी रस्सी से बँधी रखी थीं, उसके पास एक बड़े से टीन के बक्स में घर-भर के गरम कपड़े थे। बीच में एक अलगनी बँधी हुई थी, जिस पर प्राय: बसन्ती के कपड़े लापरवाही से पड़े रहते थे। वह भरसक उस कमरे में नहीं जाते थे। घर का दूसरा कमरा अमर और उसकी बहू के पास था। तीसरा कमरा, जो सामने की ओर था, बैठक था। गजाधर बाबू के आने से पहले उसमें अमर की ससुराल से आया बेंत की तीन कुर्सियों का सेट पड़ा था, कुर्सियों पर नीली गद्दियाँ और बहू के हाथों के कढ़े कुशन थे।

जब कभी उनकी पत्नी को कोई शिकायत करनी होती तो अपनी चटाई बैठक में डाल पड़ जाती थीं तो वह एक दिन चटाई लेकर आ गईं। गजाधर बाबू ने घर-गृहस्थी की बातें छेड़ीं, वह घर का रवैया देख रहे थे। बहुत हल्के-से उन्होंने कहा कि अब हाथ में पैसा कम रहेगा, कुछ खर्च कम होना चाहिए।

''सभी खर्च तो वाजिब-वाजिब हैं, किसका पेट काटूँ? यही जोड़-गाँठ करते-करते बूढ़ी हो गई, न मन का पहना, न ओढ़ा।''

गजाधर बाबू ने आहत, विस्मित दृष्टि से पत्नी को देखा। उनसे अपनी हैसियत छिपी न थी। उनकी पत्नी तंगी का अनुभव कर उसका उल्लेख करतीं, वह स्वाभाविक था, लेकिन उनमें सहानुभूति का पूर्ण अभाव गजाधर बाबू को बहुत खटका। उनसे यदि राय-बात की जाती कि प्रबन्ध कैसे हो, तो उन्हें चिन्ता कम, सन्तोष अधिक होता। लेकिन उनसे तो केवल शिकायत की जाती थी जैसे परिवार की सब परेशानियों के लिए वही जिम्मेदार थे।

"तुम्हें किस बात की कमी है अमर की माँ–घर में बहू है, लड़के–बच्चे हैं, सिर्फ रुपए से ही आदमी अमीर नहीं होता।" गजाधर बाबू ने कहा और कहने के साथ ही अनुभव किया, यह उनकी आन्तरिक अभिव्यक्ति थी, ऐसी कि उनकी पत्नी नहीं समझ सकतीं। "हाँ, बड़ा सुख है न बहू से। आज रसोई करने गई है, देखो क्या होता है," कहकर पत्नी ने आँखें मूँदीं, और सो गईं। गजाधर बाबू पत्नी को देखते रह गए। यही थी क्या उनकी पत्नी जिसके हाथों के कोमल स्पर्श, जिसकी मुस्कान की याद में उन्होंने सम्पूर्ण जीवन काट दिया था? उन्हें लगा कि वह लावण्यमय युवती जीवन की राह में कहीं खो गई और उसकी जगह आज जो स्त्री है, वह उनके मन और प्राण के लिए नितान्त अपरिचिता है। गाढ़ी नींद में डूबी उनकी पत्नी का भारी–सा शरीर बहुत बेडौल और कुरूप लग रहा था, चेहरा श्रीहीन और रूखा था। गजाधर बाबू देर तक निस्संग दृष्टि से पत्नी को देखते रहे और फिर लेटकर छत की ओर ताकने लगे।

अन्दर कुछ गिरा और उनकी पत्नी हड़बड़ाकर उठ बैठीं, "लो, बिल्ली ने कुछ गिरा दिया शायद," और वह अन्दर भागीं, थोड़ी देर में लौटकर आईं तो उनका मुँह फूला हुआ था, "देखो बहू को, चौका खुला छोड़ आई, बिल्ली ने दाल की पतीली गिरा दी। सभी तो खाने को हैं, अब क्या खिलाऊँगी?" वह साँस लेने को रुकीं और बोलीं, "एक तरकारी और चार पराठे बनाने में सारा डिब्बा घी उँड़ेलकर रख दिया। जरा–सा दर्द नहीं है, कमाने वाला हाड़ तोड़े और यहाँ चीजें लुटें। मुझे तो मालूम था कि यह सब काम किसी के बस का नहीं है।"

गजाधर बाबू को लगा कि पत्नी कुछ और बोलेगी तो उनके कान झनझना उठेंगे। होंठ भींच, करवट लेकर उन्होंने पत्नी की ओर पीठ कर ली।

रात को भोजन बसन्ती ने जान–बूझकर ऐसा बनाया था कि कौर तक निगला न जा सके। गजाधर बाबू चुपचाप खाकर उठ गए, पर नरेन्द्र थाली सरकाकर उठ खड़ा हुआ और बोला, "मैं ऐसा खाना नहीं खा सकता।"

बसन्ती तुनककर बोली, "तो न खाओ, कौन तुम्हारी खुशामद करता है!"

"तुमसे खाना बनाने को कहा किसने था?" नरेन्द्र चिल्लाया।

"बाबूजी ने।"

"बाबूजी को बैठे–बैठे यही सूझता है।"

बसन्ती को उठाकर माँ ने नरेन्द्र को मनाया और अपने हाथ से कुछ बनाकर खिलाया। गजाधर बाबू ने बाद में पत्नी से कहा, "इतनी बड़ी लड़की हो गई और उसे खाना बनाने तक का शऊर नहीं आया।"

"अरे आता सब कुछ है, करना नहीं चाहती।" पत्नी ने उत्तर दिया। अगली शाम माँ को रसोई में देख, कपड़े बदलकर बसन्ती बाहर आई तो बैठक से गजाधर बाबू ने टोक दिया, "कहाँ जा रही हो?"

"पड़ोस में, शीला के घर।" बसन्ती ने कहा।

"कोई जरूरत नहीं, अन्दर जाकर पढ़ो।" गजाधर बाबू ने कड़े स्वर में कहा। कुछ देर अनिश्चित खड़े रहकर बसन्ती अन्दर चली गई। गजाधर बाबू शाम को रोज टहलने चले जाते थे, लौटकर आए तो पत्नी ने कहा, "क्या कह दिया बसन्ती से? शाम से मुँह लपेटे पड़ी है। खाना भी नहीं खाया।"

गजाधर बाबू खिन्न हो आए। पत्नी की बात का उन्होंने कुछ उत्तर नहीं दिया। उन्होंने मन में निश्चय कर लिया कि बसन्ती की शादी जल्दी ही कर देनी है। उस दिन के बाद बसन्ती पिता से बची-बची रहने लगीं। जाना होता तो पिछवाड़े से जाती। गजाधर बाबू ने दो-एक बार पत्नी से पूछा तो उत्तर मिला, "रूठी हुई है।" गजाधर बाबू को और रोष हुआ। लड़की के इतने मिजाज! जाने को रोक दिया तो पिता से बोलेगी नहीं! फिर उनकी पत्नी ने ही सूचना दी कि अमर अलग रहने की सोच रहा है।

"क्यों?" गजाधर बाबू ने चकित होकर पूछा।

पत्नी ने साफ-साफ उत्तर दिया। अमर और उसकी बहू की शिकायतें बहुत थीं। उनका कहना था कि गजाधर बाबू हमेशा बैठक में ही पड़े रहते हैं, कोई आने-जाने वाला हो तो कहीं बैठाने की जगह नहीं। अमर को अब भी वह छोटा-सा समझते थे, और मोके-बेमौके टोक देते थे। बहू को काम करना पड़ता था और सास जब-तब फूहड़पन पर ताने देती रहती थीं। "हमारे आने से पहले भी कभी ऐसी बात हुई थी?" गजाधर बाबू ने पूछा। पत्नी ने सिर हिलाकर जताया कि नहीं। पहले अमर घर का मालिक बनकर रहता था—बहू को कोई रोक-टोक न थी। अमर के दोस्तों का प्राय: यहीं अड्डा जमा रहता था और अन्दर से नाश्ता-चाय तैयार होकर जाता रहता था। बसन्ती को भी वही अच्छा लगता था।

गजाधर बाबू ने बहुत धीरे से कहा, "अमर से कहो, जल्दबाजी की कोई जरूरत नहीं है।"

अगले दिन वह सुबह घूमकर लौटे तो उन्होंने पाया कि बैठक में उनकी चारपाई नहीं है। अन्दर आकर पूछने वाले ही थे कि उनकी दृष्टि रसोई के अन्दर बैठी पत्नी पर पड़ी। उन्होंने यह कहने को मुँह खोला कि बहू कहाँ है, पर कुछ याद कर चुप हो गए। पत्नी की कोठरी में झाँका तो अचार, रजाइयों और कनस्तरों के मध्य अपनी चारपाई लगी पाई। गजाधर बाबू ने अपना कोट उतारा और कहीं टाँगने को दीवार पर नजर दौड़ाई। फिर उसे मोड़कर अलगनी के कुछ कपड़े खिसकाकर, एक किनारे टाँग दिया। कुछ खाए बिना ही अपनी चारपाई पर लेट गए। कुछ भी हो, तन आखिर बूढ़ा ही था। सुबह-शाम कुछ दूर टहलने अवश्य चले जाते, पर आते-आते थक उठते थे। गजाधर बाबू को अपना बड़ा-सा खुला हुआ क्वार्टर याद आ गया।

निश्चिन्त जीवन, सुबह पैसेंजर ट्रेन आने पर स्टेशन की चहल-पहल, चिर-परिचित चेहरे और पटरी पर रेल के पहियों की खट्-खट्, जो उनके लिए मधुर संगीत की तरह था। तूफान और मालगाड़ी के इंजनों की चिंघाड़ उनकी अकेली रातों की साथी थी। सेठ रामजीलाल के मिल के कुछ लोग कभी-कभी पास आ बैठते, वही उनका दायरा था, वही उनके साथी। वह जीवन अब उन्हें एक खोई निधि-सा प्रतीत हुआ। उन्हें लगा कि वह जिन्दगी द्वारा ठगे गए हैं। उन्होंने जो कुछ चाहा, उसमें से उन्हें एक बूँद भी न मिली।

लेटे हुए वह घर के अन्दर से आते विविध स्वरों को सुनते रहे। बहू और सास की छोटी-सी झड़प, बाल्टी पर खुले नल की आवाज, रसोई के बरतनों की खटपट और उसी में दो गौरैयों का वार्तालाप—और अचानक ही उन्होंने निश्चय कर लिया कि अब घर की किसी बात में दखल न देंगे। यदि गृहस्वामी के लिए पूरे घर में एक चारपाई की जगह यही है, तो यहीं पड़े रहेंगे। अगर कहीं और डाल दी गई तो वहाँ चले जाएँगे। यदि बच्चों के जीवन में उनके लिए कहीं स्थान नहीं, तो अपने ही घर में परदेशी की तरह पड़े रहेंगे और उस दिन के बाद सचमुच गजाधर बाबू कुछ नहीं बोले। नरेन्द्र माँगने आया तो बिना कारण पूछे उसे रुपए दे दिए। बसन्ती काफी अँधेरा हो जाने के बाद भी पड़ोस में रही तो भी उन्होंने कुछ नहीं कहा—पर उन्हें सबसे बड़ा गम यह था कि उनकी पत्नी ने भी उनमें कुछ परिवर्तन लक्ष्य नहीं किया। वह मन ही मन कितना भार ढो रहे हैं इससे वह अनजान ही बनी रहीं। बल्कि उन्हें पति के घर के मामले में हस्तक्षेप न करने के कारण शान्ति ही थी। कभी-कभी कह भी उठतीं, ''ठीक ही है, आप बीच में न पड़ा कीजिए, बच्चे बड़े हो गए हैं, हमारा जो कर्तव्य था, कर रहे हैं। पढ़ा रहे हैं, शादी कर देंगे।''

गजाधर बाबू ने आहत दृष्टि से पत्नी को देखा। उन्होंने अनुभव किया कि वह पत्नी और बच्चों के लिए केवल धनोपार्जन के निमित्त मात्र हैं। जिस व्यक्ति के अस्तित्व से पत्नी माँग में सिन्दूर डालने की अधिकारिणी है, समाज में उसकी प्रतिष्ठा है, उसके सामने वह दो वक्त भोजन की थाली रख देने से सारे कर्तव्यों से छुट्टी पा जाती है। वह घी और चीनी के डिब्बों में इतनी रमी हुई है कि अब वही उनकी सम्पूर्ण दुनिया बन गई है। गजाधर बाबू उनके जीवन के केन्द्र नहीं हो सकते, उन्हें तो अब उनकी शादी के लिए भी उत्साह बुझ गया। किसी बात में हस्तक्षेप न करने के लिए निश्चय के बाद भी उनका अस्तित्व उस वातावरण का एक भाग न बन सका। उनकी उपस्थिति उस घर में ऐसी असंगत लगने लगी थी, जैसी सजी हुई बैठक में उनकी चारपाई थी। उनकी सारी खुशी एक गहरी उदासीनता में डूब गई।

इतने सब निश्चयों के बावजूद भी गजाधर बाबू एक दिन बीच में दखल दे बैठे। पत्नी स्वभावानुसार नौकर की शिकायत कर रही थी, ''कितना कामचोर है, बाजार

की हर चीज में पैसा बचाता है; खाने बैठता है, तो खाता ही चला जाता है।'' गजाधर बाबू को बराबर यह महसूस होता रहता था कि उनके घर का रहन–सहन और खर्च उनकी हैसियत से कहीं ज्यादा है। पत्नी की बात सुनकर लगा कि नौकर का खर्च बिलकुल बेकार है, छोटा–मोटा काम है, घर में तीन मर्द हैं, कोई न कोई कर ही देगा, उन्होंने उसी दिन नौकर का हिसाब कर दिया। अमर दफ्तर से आया तो नौकर को पुकारने लगा। अमर की बहू बोली, ''बाबूजी ने नौकर छुड़ा दिया है।''

''क्यों?''

''कहते हैं खर्च बहुत है।''

यह वार्तालाप बहुत सीधा–था, पर जिस टोन में बहू बोली, गजाधर बाबू को खटक गया। उस दिन जी भारी होने के कारण गजाधर बाबू टहलने नहीं गए थे। आलस्य में उठकर बत्ती भी नहीं जलाई—इस बात से बेखबर नरेन्द्र माँ से कहने लगा, ''अम्मा, तुम बाबूजी से कहती क्यों नहीं? बैठे–बिठाए कुछ नहीं तो नौकर ही छुड़ा दिया। अगर बाबूजी यह समझें कि मैं साइकिल पर गेहूँ रख आटा पिसाने जाऊँगा तो मुझसे यह नहीं होगा।''

''हाँ अम्मा''—बसन्ती का स्वर था, ''मैं कॉलेज भी जाऊँ और लौटकर घर में झाड़ू भी लगाऊँ, यह मेरे बस की बात नहीं है।''

''बूढ़े आदमी हैं,'' अमर कुनमुनाया, ''चुपचाप पड़े रहें। हर चीज में दखल क्यों देते हैं?''

पत्नी ने बड़े व्यंग्य से कहा, ''और कुछ नहीं सूझा तो तुम्हारी बहू को ही चौके में भेज दिया। वह गई तो पन्द्रह दिन का राशन पाँच दिन में बनाकर रख दिया।'' बहू कुछ कहे, इससे पहले वह चौके में घुस गईं। कुछ देर में अपनी कोठरी में आईं और बिजली जलाई तो गजाधर बाबू को लेटे देख बड़ी सिटपिटाईं। गजाधर बाबू की मुखमुद्रा से वह उनके भावों का अनुमान न लगा सकीं। वह चुप, आँखें बन्द किए लेटे रहे।

गजाधर बाबू चिट्ठी हाथ में लिये अन्दर आए और पत्नी को पुकारा। वह भीगे हाथ लिये निकलीं और आँचल से पोंछती हुई पास आ खड़ी हुईं। गजाधर बाबू ने बिना किसी भूमिका के कहा, ''मुझे सेठ रामजीमल की चीनी मिल में नौकरी मिल गई है। खाली बैठे रहने से तो चार पैसे घर में आएँ, वही अच्छा है। उन्होंने तो पहले ही कहा था, मैंने मना कर दिया था।'' फिर कुछ रुककर, जैसे बुझी हुई आग में एक चिनगारी चमक उठे, उन्होंने धीमे स्वर में कहा, ''मैंने सोचा था कि बरसों तुम सबसे अलग रहने के बाद, अवकाश पाकर परिवार के साथ रहूँगा। खैर, परसों जाना है। तुम भी चलोगी?''

''मैं?'' पत्नी ने सकपकाकर कहा, ''मैं चलूँगी तो यहाँ का क्या होगा? इतनी बड़ी गृहस्थी, फिर सयानी लड़की।''

बात बीच में काट गजाधर बाबू ने थके, हताश स्वर में कहा, "ठीक है, तुम यहीं रहो। मैंने तो ऐसे ही कहा था।" और गहरे मौन में डूब गए।

नरेन्द्र ने बड़ी तत्परता से बिस्तर बाँधा और रिक्शा बुला लाया। गजाधर बाबू का टिन का बक्स और पतला-सा बिस्तर उस पर रख दिया गया। नाश्ते के लिए लड्डू और मठरी की डलिया हाथ में लिए गजाधर बाबू रिक्शे पर बैठ गए। एक दृष्टि उन्होंने अपने परिवार पर डाली और फिर दूसरी ओर देखने लगे और रिक्शा चल पड़ा। उनके जाने के बाद सब अन्दर लौट गए । बहू ने अमर से पूछा, "सिनेमा ले चलिएगा न?" बसन्ती ने उछलकर कहा, "भइया, हमें भी।"

गजाधर बाबू की पत्नी सीधे चौके में चली गईं। बची हुई मठरियों को कटोरदान में रखकर अपने कमरे में लाईं और कनस्तरों के पास रख दिया, फिर बाहर आकर कहा, "अरे, नरेन्द्र, बाबूजी की चारपाई कमरे से निकाल दे। उसमें चलने तक की जगह नहीं है।"

शेष होते हुए

ज्ञानरंजन

अपना हैंडबैग और सूटकेस रिक्शे से उतारकर मझला घर के सामने खड़ा हो गया है। रिक्शा लौटते हुए झनझना रहा है, फिर भी सन्नाटे में कोई फर्क नहीं है। मझला शीघ्रता से घर में नहीं घुस जाना चाहता। वह रुका है। मकान की सदर दीवालें, जब वह पिछली बार आया था तब की बनिस्बत और ज्यादा काली हो गई हैं। कुछ वर्षों में उनकी गीली पोताई बिलकुल धूमिल पड़ जाएगी। पिछवाड़े के ऊँचे पीपल की अलग बाहर निकली डगाल पर आधे से कम चाँद है। मझले को अपना घर एक कृत्रिम सेट सरीखा लग रहा है। जैसे वह किसी नकली जगह के सामने व्यर्थ खड़ा हुआ है। इसलिए कि सेट का काम पूरा हो चुका है, अब वह केवल नष्ट हो जाने के लिए ही बचा है।

कुछ ही पलों में यह आभास गुम हो जाता है और मझला सड़क को पटरी से घर की हद में घुस आता है।

लोहे की जमीन पर लटका फाटक खुलने के लिए मुश्किल से धसका है। मझले की आँखों में पिछले वर्ष घर आने के उत्साह और उमंग की तसवीर नाचने लगती है। वह एक खास ढंग से कॉलबेल बजाता, जिसमें संगीत पैदा करने की हल्की चंचल कोशिश भी शुमार होती है। रात साढ़े नौ या दस के आसपास का समय, किसी पूर्व सूचना का न होना, शनिवार या किसी दूसरी छुट्टी से लगा दिन, महीने का पहला पखवारा, लोग मझले की उम्मीद किया करते थे। मझला आता था। नौकरी के पहले–दूसरे वर्ष तक। फिर दुनिया के सभी लोगों की तरह घरवालों में भी मझले के आने की अकसर की जाने वाली उम्मीद चुक गई। इधर एक मामूली मुदर्रिस के लिए भी हर उम्मीद को सुखद संयोग में बदल देना सम्भव नहीं रहा।

मझला सोचने लगा कि आखिर वह अपने घर जल्दी-जल्दी और अनावश्यक क्यों आता था? क्या इसलिए कि विघटन ने उसे अपने घर के प्रति बहुत मोहासक्त कर लिया था? समय की व्यापक शक्ति-सम्पन्न धारा उसे हमेशा निरीह करती रही, वह थककर लौट जाता रहा। लेकिन मझला अब भी आता रहा। उसमें उत्साह नहीं रहा, परिस्थितियों ने उसे पाट दिया है, पर भावुकता और मोह का चेहरा बड़ा बेहया होता है, उसमें रूमानी हैसियत का छलावा हमेशा चमकता रहता है।

व्यापक अन्धकार पर केवल नक्षत्रों का अलग प्रकाश है। मझला सोच रहा है कि वह घंटी बजाएगा तो किसी संयोग की आशंका में माँ लपककर दरवाजा खोलने आ जाएँगी। ''आ गए बेटा...'' उनकी आँखें चमक उठेंगी। उनकी दोनों बाँहें उठेंगी और नीचे चली जाएँगी। अब मझला बहुत बड़ा हो गया है। उनके मध्यमवर्गीय संस्कार जवान बेटे को छाती पर भींचकर प्यार नहीं करने देंगे। यह सब होता रहेगा। वह सामान अन्दर रखेगा। इसी बीच पिता अपने कमरे में थके-थके खाँसेंगे। इस वृद्धावस्था में उनका किसी के आगे न झुकने वाला मन और किस तरह से अपने गैरजिम्मेदार बेटे को आकर्षित करे? ऊपर के कमरे में फर्श पर कुर्सी के पाँव पीछे खिसकेंगे। लकड़ी और सीमेंट के फर्श के घर्षण से उत्पन्न एक निहायत संक्षिप्त और निरर्थक शोर फैलकर समाप्त हो जाएगा। टीनू दो मंजिले से धम-धम उतरेगा। वह मझले के आगे-पीछे दो-एक चक्कर लगाएगा, अपनी खुशी जाहिर करने के लिए मुस्कुराएगा और वापस चला जाएगा। भैया-भाभी तो बड़े हैं, इसलिए उन्हें कमरे से निकलने में देर होती है या फिर वे सुबह ही मिलते हैं। तारा शायद ही जागती मिले।

मझले ने जैसा सोचा, वैसा ही यंत्रवत् हुआ। वह बरामदे में कपड़े बदल रहा है, उधर अन्दर माँ फुसफुसा रही हैं, ''मझले को देखो, कोई खबर नहीं दी। इस बार बिलकुल अचानक आ गया।'' एक अस्त-व्यस्तता से भरी चुप्पी और फिर बुदबुदाता हुआ आदेश, ''चादर सब चीकट हो गई है। तारा, दौड़कर दो-एक चादर तो बदल दे कम से कम।'' फिर लपककर खुद झिलंगा खटियों का ओनचन कसने लगती है। मझला एक कमरे से दूसरे कमरे में, ओनचन कसती हुई माँ, तकियों पर खुली खोलिया चढ़ाती बेहाल तारा, छोटे सफेद बालों वाली खोपड़ी से फूसी झड़ाते पिता, निद्रित भैया-भाभी और अणु-अणु पर जमी धूल की पर्तों पर एक 'ग्रिम लुक' डालते हुए गुजर गया। वातावरण एक खास निरुत्साह को 'व्हिस्पर' कर रहा है। वह कितना बचेगा? आँगन में अँधेरा है। गुसलखाने का स्विच खराब हो गया है। कई बार खटपट करने के बाद मझले को कुछ नहीं सूझा। वह लौटकर माँ के पास बैठ गया।

किसी को कुछ सूझ नहीं रहा है जैसे। क्या बोलें? फिर पिता ही बोले। जम्हाई लेते हुए, ''लगता है, आज तो गाड़ी समय पर ही आई।'' उनके बोलने में नींद भरी

है। अम्मा ओनचन कस चुकी हैं। वह मझले को घूरती हुई कहती हैं, "कितने काले होते जा रहो तुम? शीतल से भी ज्यादा। जब पैदा हुए थे तो गेहुँआ रंग था तेरा।"

मझले को उठना पड़ गया। उसका बिस्तर बिछ जाए, तब तक के लिए मझला बाहर आ गया है। वह जानता है कि बाहर कुछ नहीं है, फिर भी आ गया है।

इस बार मझला बहुत दिनों पर आ सका। अन्दर-बाहर दोनों तरफ बहुत-सी चीजें, जो आसानी से बदल सकती हैं, बदल गई हैं। परिवर्तित स्थितियों ने मझले को बोझिल कर दिया है। उसे कठोर दृश्यों को स्वीकार करना पड़ रहा है।

बाबा की कोठरी में लोहा-लंगड़, कोयला-लकड़ी और गोइठा आदि भर दिया गया है। बहुत पुराना एक टुटला हारमोनियम भी वहीं डला है। कबाड़खाना। यहीं बाबा रामायण पढ़ा करते थे। उनकी रामायण गुलाब-गन्ध से भरी रहा करती। वे पन्नों के बीच पूजा के गुलाब दबा दिया करते। यहीं "कै खसखस का एक चावल" बाबा गणित का अभ्यास कराते। पर्शियन गल्प के न्यायप्रिय बादशाहों की रोमांचक कहानियाँ चलतीं। तब जीवन शान्त था। कोई घबराहट नहीं थी। कभी-कभी मझले से बाबा बुरी तरह खुनसा जाते और न बोलते। कोठरी में बड़े-बड़े मूस हो गए हैं। मझला दरवाजा ओढ़का देता है।

जिधर सहजन, केला और कटहल थे उस पिछवाड़े की जमीन भैया ने अपना मकान बनवाने के लिए ले ली है। पेड़ों को कटवा के उन्होंने अपने नए और पृथक जीवन की नींव डालनी शुरू कर दी है। वे पसीने से लथपथ दिन-भर मजदूरों की कामचोरी बचाते रहते हैं। दफ्तर से सिक-लीव ले ली है। भाभी उनका चाय-नाश्ता भी वहीं पहुँचा देती हैं।

भैया ने मझले को पुकारकर पूछा, "क्यों, कब आए?"

"कल रात।" मझले की छोटी-सी सूचना।

"अरे, मुझे पता ही नहीं चला। चलो अच्छा हुआ। सब ठीक-ठीक चल रहा है?" मझले ने जवाब दिया और बात समाप्त हो गई।

मझला घूम गया। बगीचे में कुछ नहीं बचा। कुछ सूखे, अधहरे डंठल और पत्तियों वाले टूटे-फूटे गमले एक पेड़ के नीचे इकट्ठे रख दिए गए हैं। इसके अलावा वही पुराने मादा पपीते और मीठे नीबू के नाटे झाड़। कुछ क्यारियों में पोदीना खोंसकर जमीन को तर कर दिया गया है।

मझले ने देखा, एक ही घर में कई घर हो गए हैं। हर व्यक्ति के कमरे में दूसरे से अलग एक स्वतंत्र और पृथकता ज्ञापित करने वाला स्वभाव है। निजी व्यवस्था की प्रवृत्ति कुछ लोगों में छोटे पैमाने पर अन्दर ही अन्दर बनी हुई है। ऊपर वाले अपने कमरे में टीनू ने एक अलमारी में शीशे की रकाबियाँ, गिलास, प्याले और

स्टोव भी रख छोड़ा है। उसके दोस्त वहीं चाय पीते हैं। वहाँ कुर्सियाँ हैं, बोतलों में मनीप्लांट, कटमाउंट पर मढ़े चित्र और सुन्दर बारह पेजी कैलेंडर। टीनू अपने कमरे, केवल अपने कमरे को अच्छे से अच्छा रखता है। दूसरे कमरों की अच्छी तरह चीजें ला-लाकर अच्छा कर लेता है।

भाभी का कमरा गुदड़ी बाजार है, लेकिन दैनिक उपयोग में आने वाली सबसे नई, सुन्दर और फैशनेबुल चीजें उन्हीं के कमरे में हैं। प्रसाधन-सामग्रियों की जैसी सुगन्ध भाभी के कमरे में व्याप्त रहती है वैसी कहीं नहीं होती।

बरामदे के पार्टीशन में तारा का स्लीपिंग कम स्टडी-रूम बन गया है। साफ-सुथरा। उसका अपनी पुरानी अलमारी को बदलकर बनाया गया वॉर्ड-रोब है। अपना आयरन, अपनी सुराही, यहाँ तक कि अपने कमरे को साफ करने के लिए एक अलग झाड़ू। उसका कमरा घर का हिस्सा कम, छात्रावास अधिक मालूम होता है। यूनिवर्सिटी जाते समय वह पार्टीशन डोर पर एक छोटा-सा ताला दबा देना नहीं भूलती। दरवाजे के दोनों तरफ उसने पता नहीं कहाँ से लाकर दो क्रोचिया के पेड़ गमलों में लगा रखे हैं। उसमें पानी देना तारा को रोज याद रहता है।

माँ-पिता के कमरे में कुछ नहीं है। उनके लिए किसी को फुरसत नहीं। स्वयं उन लोगों को भी अपने लिए कुछ आवश्यक लगता है, पता नहीं। पिता द्वारा लाई जाने वाली या उनके नाम पर आने वाली चीजें भैया-भाभी, टीनू और तारा के बीच बँट जाती हैं। उनके कमरे में सबसे पुराना टूटे हैंडलों वाला मोटा गद्देदार सोफा है, जिसकी टेपेस्ट्री फाड़कर बहुत-सी स्प्रिंग बाहर झाँकने लगी हैं। लटक आई टाट की सीलिंग से दिन-भर मिट्टी झड़ती रहती है। घास के तिनके, छिपकलियों, गौरैयों के अंडे और कभी-कभी पूरे का पूरा घोंसला ही रोशनदान से गुजरने वाली तेज हवा वहाँ गिरा जाती है। दो हमेशा बिछी रहने वाली झिलंगी चारपाइयाँ हैं, जिन पर ज्यों-त्यों दीवार की बेतरतीब खूँटियों के सहारे सुतलियों से मच्छरदानियाँ टाँग दी गई हैं। दिन-भर इन सुतलियों पर मक्खियों की कतारें आराम करती होती हैं।

तारा जिस दिन यूनिवर्सिटी या किसी सहेली के घर से विदेशी फूलों का बगीचा देखकर आती है उस दिन अम्मा को सुनाने की गरज से तुनकती रहती है, ''पोदीना बो रखा है, इतनी जमीन पड़ी है, यह नहीं कि एक माली रखकर बगीचा तैयार करवाएँ, ताकि कुछ अच्छा लगे। पता नहीं शुद्ध घी खाकर क्या करेंगे, उससे तो लोग और बीमार रहते हैं।''

टीनू से पिता के टेबल लैम्प का बल्ब न जाने कैसे फ्यूज हो गया। धुँधलका बढ़ने पर पिता को उसके खराब होने का पता चला। माँ ने सच्चाई जानते हुए भी भयवश छुपाए रखने की कोशिश की। पिता बिगड़े। कोई नहीं बोला। ''सब घोर घप्प हो गए हैं'', वे उत्तरोत्तर गरम होकर चीखने लगे। फिर अम्मा ने साहस किया,

''अब जाने दो, टीनू से खराब हो गया, शाम के वक्त इतना चिल्लाने से क्या फायदा?'' पिता अशांत ही रहे, ''हाँ, मैं चिल्लाता हूँ, खून-पसीना एक करके मैं जो कुछ जिन्दगी-भर जोड़ता रहा उस सब में आग लगा दो।'' वे बेरोक अपना दुखड़ा रो रहे हैं, ''मैं घर छोड़कर ही चला जाता हूँ, फिर जो चाहे करो।''

सबका मन कड़वा गया है। ऐसा लगता है, जैसे खुले दरवाजे से पिता सचमुच बाहर दूर चले गए हैं। घर में स्तब्धता छा गई। मझला निराश-सा बिना चाय पिए चला गया है। बाहर भी बहुत देर नहीं रह सका, जल्दी ही लौट आया। वातावरण ऐसा है कि खाना खाने की इच्छा उसे बेशर्मी लगती है। वह सो गया। नींद खुलने पर उसे लगा कि वह बहुत देर से सो रहा है, लेकिन घड़ी में दस ही बजे थे। एक सोई बेचैनी लिये वह उठा—इस घर का क्या होगा, और मझला ओसारे में चूल्हे के पास रखे जाने के टेबुल पर टिक गया। मोंटूदा की कोठी में ताड़ वृक्ष के पत्ते खड़खड़ा रहे हैं। जब हवा रुकी होती है तो ताड़ नहीं खड़खड़ाता, चमगादड़ बोलते हैं। टीनू सचमुच बहुत क्रोधी और उद्दंड हो गया है। पिता से कैसी-कैसी उग्र बहसें करने लगा है। पहले मझला भी ऐसी ही बहसें किया करता था। फिर वह बिलकुल ही चुप रहने लगा। कल टीनू भी चुप हो जाएगा। सतत खीझ और क्रोध की स्थिति में नहीं रहा जा सकता। लेकिन भाभी और तारा, दोनों को घर से विशेष सरोकार नहीं रहता। अम्मा अकेले गृहस्थी में घुनी जा रही हैं।

चूल्हे की राख की तरफ मझले का ध्यान चला गया। तपी हुई राख बसा रही है। गर्म राख सूँघते रहने से यक्ष्मा हो जाने का भय बना रहता है, मझले को पता नहीं किसने बताया था। कहीं माँ को भी...मझला मान नहीं सका। लेकिन अन्धविश्वास की प्रबलता और भय उस पर छाया रहा। वह टेबुल पर से हट गया। उसने चूल्हे की राख पौने से बाहर खींच एक जगह एकत्र की और उसे तवे से ढाँप दिया। मझला भयभीत होकर ऐसा कर रहा था। उसके कलेजे में घबड़ाहट धड़कने लगी। अगल-बगल जूठे बरतनों की बिखराहट के बीच अन्दाजे से सँभलकर चलने के बावजूद दाहिने पाँव से एक गिलास लड़ा और लुढ़कने लगा। अम्मा ने अपने बिस्तर पर पड़े रहकर ही बिल्ली को 'धत्त धऽऽत्त' भगा दिया। मझले को चैन हुआ।

मझला अपनी खाट की तरफ लौटा। उसे सुनाई पड़ा, अम्मा पिता से कह रही थी, ''बल्ब की बात लेकर टीनू पर तुम बेकार ही नाराज हुए। इतना गुस्सा नुकसान करता है। तुम्हारा स्वास्थ्य भी ठीक नहीं।'' मझला ठिठक गया। पिता कहने लगे, ''तुम क्या जानो, मेरी छाती में हमेशा हाहाकार मचा रहता है। घर की हालत तुम देखती ही हो। जब भी बाहर निकलता हूँ, ऐसा सोचता हूँ कि किसी शराबखाने में घुस जाऊँ। पैर अन्दर जाते-जाते रह जाते हैं।'' फिर चुप्पी छा गई—किसी ट्रैजेडी के बाद की-सी चुप्पी। मझला रुका नहीं, बिस्तर पर आ गया। वह सोचता रहा कि

अम्मा शराबखाने वाली पिता की बात से बिलकुल भयभीत हो गई होंगी। उन्होंने पिता के हाहाकार को सचमुच बड़ा दर्दनाक समझ होगा।

तारा की सहेलियाँ आई हैं। वे खिलखिला उठती हैं और लड़कियों की तरह फिल्मों की झाँव-झाँव कर रही हैं। तारा उधर ही झूमी हुई है। पिता को यह हद से गुजरा हुआ लग रहा है। पहले वे मोढ़े पर बैठे-बैठे सहते रहे। अब उठ गए हैं। इस कमरे से उस कमरे, उस कमरे से बरामदे, बरामदे से आँगन और आँगन से वापस मोढ़े पर। जब भी माँ को देखते हैं, उनकी आँखें अंगार हो जाती हैं और वे साफ-साफ चिल्लाने लगते हैं कि तारा की लापरवाह और ढीठ प्रवृत्तियों की समस्त जिम्मेदारी अम्मा के ऊपर है। यहाँ पर मझले के पिता हर दूसरे मध्यमवर्गीय पिता सरीखे ही लगते हैं।

तारा के रूम से अनियंत्रित शोर-शराबा सारे घर में बिखर रहा है। पिता के बूढ़े मन के लिए उल्लास बड़ा कटु है। उन्हें यह सब अनुशासन को ताक पर रख देने जैसा लगता होगा। लकड़ी का पार्टीशन साउंडप्रूफ दीवाल नहीं है, इसलिए आवाजें, ठहाके और बातचीत का जनाना हल्ला अभी भी उठता है।

पिता घूमते रहते हैं। धूप आँगन छोड़ रही है।

अम्मा पिता के क्षोभ को समझ रही हैं। फिर भी तरकारी काटने के अपने काम में ही संलग्न रहने की कोशिश करती हैं। हालाँकि वे तरकारी काटने में पूरी तरह शामिल नहीं हैं, पिता की वजह से डिस्टर्ब हैं। पिता अपनी चिड़चिड़ाहट को उगलने का मौका ढूँढ़ रहे हैं। वे इस मतलब से भुनभुना रहे हैं कि माँ उनकी तरफ तवज्जो दे। फिर एक-दो जुमले बड़बड़ाकर चले गए। "खूब है भई, चार घंटे हो गए गुलछर्रे उड़ते हुए। किसी घर में ऐसा नहीं देखा," गोया सचमुच उन्होंने बहुत से घर देखे ही हों। दोबारा आकर काफी कुड़मुड़ाते और तने-तने बोलते रहे, अकेले।

अम्मा चूड़ियों से भरी अपनी कलाइयों को बार-बार झटकने, चिमटा, फूँकनी और काम में आते दूसरे बर्तनों को पटकने तथा जबड़ों को भींचकर गालों में गुस्से के गढ़े भरने के अलावा मौन हैं। वे जानती हैं कि मझला घर में ही है। कहीं उसने यह सब सुन लिया तो साइकिल लेकर चला जाएगा। कम से कम, मझला घर रहे तब तक माँ, पिता का यह भुनभुनाया कतई पसन्द नहीं करतीं। उधर तारा के कान में कुछ पड़ गया तो वह अलग खउव्वाने लगेगी। ऐसे ही उसे अपनी सहेलियों को घर लाने में शरम लगती है।

तारा की सहेलियाँ गईं और वह माँ की डाँट तथा खास तौर पर पिता के भभकने से बच रही है। उसके चलने-फिरने में चाप नहीं उत्पन्न हो रही है और वह माँ से दबे

स्वरों में प्यार से बोल रही है। अभी-अभी उसने डारों पर सूखे कपड़े तह करने के लिए उठाए हैं। साधारणतया तारा यह काम कभी नहीं करती। मझला उठ आया है। भाभी अपने कमरे से निकल चाय तैयार करने के लिए लकड़ी का चैला तोड़ रही है। टीनू स्कूल से लौट बाथरूम में फिल्मी गाने की पंक्तियाँ चीख रहा है। तारा अब काफी सुरक्षा का अनुभव करती है, शायद अब पिता नहीं भभकेंगे, लेकिन गाल उनके जरूर फूले रहेंगे। तारा की आवाज अब जाकर कुछ स्वाभाविक हुई है।

एक अजीब नकली ढंग से सब व्यतीत हो रहे हैं। टीनू को जब जूता खरीदना, सूट बनवाना, फीस देनी या सिनेमा जाना होता है तो वह पिता से प्रेमपूर्वक बात भी करता है, और घर का काम भी कर देता है। तारा को ऊन या साड़ी लेनी होती है अथवा पिकनिक पर जाना होता है तो माँ से लिपट-लिपटकर मधु घोलती है। पिता खुश नहीं हैं, फिर भी टीनू की आवश्यकताएँ हद से बाहर पूरी कर रहे हैं। अम्मा निराश हैं फिर भी तारा के लिए पिता से सिफारिशें किया करती हैं, लड़ती हैं।

बिना किसी घरू वातावरण और मिले-जुले सुखद कार्यक्रमों के ही मझले की अधिकांश छुट्टियाँ बीत गईं। उसके चाय पीते-पीते शाम हो गई। इस समय मझला किंचित तरल है। सुबह से ही जिस शाम का इन्तजार रहता है, उस शाम का आ जाना उसके लिए सुखद है। इसलिए नहीं कि उसकी शामें भव्य होती हैं, वरन् इसलिए कि शाम के बाद दिन के बीत चुकने का एहसास करना बहुत सरल हो जाता है। दिन, जो कि काफी कठिन हैं और शाम के पहले इतिहीन-से लगते हैं।

पुरातन शिलालेखों के समक्ष, उसकी लिपि से अज्ञात दर्शक की जो स्थिति होती है वैसी ही मझले की अपने घर के लोगों में हो गई है।

मझला घर से निकलने की तैयारी कर रहा है। और मझले के शरीर तथा शरीर की गतिविधियों को घर के लोग नाटक की दृष्टि से देखने लगे हैं। उन्हें नाटक को भुगतना भी है, और तटस्थ भी रहना है।

यह तटस्थ रहने की विशेषता बड़ी दमघोंटू है। माँ गुमसुम रहती हैं और पिता चिड़चिड़े। उमंग गुम गई है। पिता से टीनू तब सब अज्ञात परिणाम वाले भविष्य के लिए वर्तमान की स्थितियाँ झेल रहे हैं।

मझले का क्या, वह अभी कपड़े पहनकर निकल जाएगा। लेकिन मन तो दूसरों का भी होता है। वे मसोसकर रह जाते हैं।

घर की शाम कलेजे को दबाती है। बाहर जीवन मन्द नहीं है। वह विविध और उत्तेजित करने वाला है। इसी उत्तेजना के लिए मझले ने घर की शाम को त्याग रखा है। छुट्टियों में इधर आने पर घर की शाम का एक धूमिल एहसास उसे उन सड़कों पर होता है, जिन पर तेजी से दफ्तर के बाबू घर के लिए लौटते होते हैं। उधर मझला किसी रेस्तराँ या बार में जादुई लफ्फाजी करते, झूठी दुनिया की अनिवार्यता को सिर

पर गम्भीर अभिनय के साथ लादे, अन्दरूनी तौर पर भागे, घबराए और बीमार लोगों के संसार में शामिल हो जाता है।

दिन पूरा हो गया। अभी-अभी अर्धरात्रि की सूचना देने वाले, प्रेस के घंटे बजे हैं। बारह घंटे काफ़ी देर तक बजे। मझला सोचता है, अच्छा होता ये घंटे बिलकुल न बजते अथवा जल्दी बज जाते। शायद बजाने वाला अर्ध सुप्तावस्था में है। मझला अभी बाहर से आकर हड़बड़ी के साथ खाना खत्म करने में लगा है। उसे डर लग रहा है, माँ कुछ बोलने न लगें। माँ का बोलना साधारण बोलना मात्र नहीं होता। धीमे-से बोला गया उसका हर वाक्य पंख कटे परिन्दे की बेजान उड़ान-चेष्टा या दर्दीला चीख-सा होता है—इस चीख से मझला बचता है। पता नहीं, बात-ही-बात में कब मन का बाँध टूट जाए। माँ का क्या, उसकी शादी की बात या भाभी का दूसरा घर बसाने की प्रवृत्ति की चर्चा ही छेड़ दें। दस-बारह दिन की तो छुट्टी, पर इस पर वह इतनी देर-देर तक घर क्यों लौटता है, अथवा पिता के बहुत गिरे स्वास्थ्य के बारे में ही। माँ के पास बहुत-सी खतरनाक बातें हैं।

मझला सर झुका यंत्रवत् खाना खा रहा है। सोचता भी है। पहले दिन उसके आने पर माँ खीर, सलाद या और दूसरी अच्छी चीजें बनाती हैं। फिर रोज की ही तरह खाना बनने लगता है। माँ के अन्दर बस इतना ही उत्साह बच गया है। पचास वर्ष की माँ अपने बीस वर्ष के माँ-स्वरूप को समय-ज्वाल में जला चुकी हैं। तीस वर्ष पहले जब मझला पैदा हुआ था। पैदा करने, पोषण करने के बाद अपनी सन्तानों के लिए उनके पास कोई कार्यक्रम नहीं है। सिवाय इसके कि वह खुद को तिल-तिल मारे और मझले, टीनू की बहू का एक कठोर स्वप्न उनमें कभी नहीं समाप्त हो।

मझले को एकदम खयाल आता है कि जब भी वह रात को देर से लौटा है, केवल माँ ही उसे जागती मिली हैं। बाकी लोग अपने-अपने बिस्तरों पर क्षणभर कुनमुनाकर पुनः बेखबर सो जाते हैं। टेबल पर खाना मुँदा रहता है। माँ लाचारी से उस बर्फ हो गए खाने पर निगाह डालकर सुस्त हो जाती हैं। मझला चुटकी में खाना निगल लेता है, या खाता ही नहीं, टाल जाता है। रोज तकरीबन यही होता है। बिस्तर पर जाने के बाद मझले को तरस खाने की फुरसत मिलती है। वह सोचने और गम करने लगता है कि उसे माँ की आँखों में कभी भी नींद क्यों नहीं मिलती। आँखों में मानो दर्द की एक शिला उसे अन्दर ही अन्दर भेदती रहती है। मझले को भी मातृत्व के नाम पर महज यही खौफनाक ढर्रा नसीब है।

बाहर सड़क पर मुहल्ले में गश्त लगाने वाले चौकीदार जमा होकर जोर-जोर से हँसी-ठट्ठा करने लगे हैं। उनकी चोरी से पी गई चिलम का गाँजा बू मार रहा

है। जो लोग सो रहे हैं उनके लिए चौकीदारों की सीटियाँ रात का पूरा मतलब देती हैं। जागती हुई माँ और मझले के लिए रात एक त्रासद शुरुआत वाली कहानी है।

मझला टेबुल पर पानी का गिलास ढूँढ़ने लगता है। यद्यपि वह निश्चित रूप से जानता है कि टेबुल पर गिलास नहीं है। माँ उठती हैं। पानी ला देती हैं। फिर बैठ जाती हैं। उनके लिए मझले से कुछ बोलना जरूरी है।

''बेटा, टीनू के बारे में क्या सोचते हो? उसका दिमाग खराब होता जा रहा है। देखते नहीं, कितना गुस्सा और बदतमीजी करने लगा है?'' माँ आखिर बोलीं ही।

मझला गिलास का पानी समाप्त हो जाने के बाद भी गिलास की कोर को होंठों से नहीं हटा रहा है। वह झूठमूठ पानी पीने का अभिनय करता हुआ माँ के प्रश्न का अज्ञात उत्तर खोज रहा है, या प्रश्न को भूल रहा है। आखिर उसे कुछ सूझा नहीं, इसलिए गिलास रखते हुए कहता है, ''तो मैं क्या करूँ?'' मझला जानता है कि वह ऐसा नहीं कहेगा तो उसे बहुत-सी उलझनें हो जाएँगी।

इस तरह से बात को समाप्त कर देना माँ को अच्छा नहीं लगा होगा। लेकिन उन्होंने कहा कुछ नहीं। बस, यही सोचने लगीं कि देखते-देखते मझला कितना निर्मोही हो गया है। पहले सबका खयाल करता था, अब अपना भी नहीं करता।

मझले को माँ जिन्दगी से देखती जा रही हैं, पर आजकल सचमुच बहुत कड़ा हो गया है। मझले का कड़ापन उन्हें कातर करता है। कभी-कभी माँ के नेत्रों में एक बदनसीब गिड़गिड़ाहट भी भर आती है। मझले, ब्याह कर लो। किसी लड़की से कर लो। किसी तरह कर लो। जेठ बहू ने तुम्हारे बड़के भैया को छीन लिया; फिर भी कर लो। दुनिया में सभी करते हैं। तू अपने साथियों में अकेला पड़ जाएगा। तुम्हारे पिता बिलकुल लट गए हैं। अगर हमसे कुछ गलती हो गई हो तो बेटा माफ कर दो। माँ की आँखें इसी तरह बोलती रहती हैं। लेकिन मझले ने माँ की कभी नहीं मानी। बचपन से ही जिद्दी रहा है। बाप तो बुढ़ापे तक हैं।

माँ अपने सभी बच्चों से डरी रहती हैं। इन दिनों मझले से और डरने लगी हैं। पिछली बार जाड़े के दिनों से वह और सहम गई हैं, जब एक दिन खाने के तुरन्त बाद मझले ने भल-भल शराब की ढेर सारी बदबूदार उलटी टेबुल पर ही कर दी थी। उन्हीं दिनों बड़े भैया ने भी अपने हिसाब-किताब का फैसला कर लिया था। माँ के मन में मझले के भविष्य के बारे में काफी डर है। स्त्री के बिना कोई कैसे रह सकता है? भयग्रस्तता उनके स्वभाव में शुमार हो गई है। अगर मझला शादी को तैयार हो जाए, तो भी वह किन्हीं बुरे परिणामों की कल्पना से डरी रहेंगी।

देर से होने वाली सुबह की खटर-पटर से मझला जाग गया है। पिता माँ पर आरोप लगा रहे हैं कि वह लड़कों को "प्रोटेक्ट करती हैं, नहीं तो क्या मजाल कि लोग आठ बजे तक सोते रहें।" मझला अपनी तरफ किए जाने वाले इस संकेत को समझता है। वह बिस्तर पर लेटा हुआ पिता की अप्रत्यक्षता और कायरता सोचने लगता है। वे अपना हर असन्तोष आसानी से माँ पर थोप देते हैं। सभी कायर हैं, क्योंकि माँ दुर्बल हैं।

वह खुद जब भी अपने प्रति माँ की प्रेम-उत्कटता का लाभ उठाता है, पिता उसे अपनी योग्यता और 'हाहाकार' के भावुक शब्दों से दबोचते हैं। तारा माँ को जरनल नॉलेज से आक्रांत करती है। उसके अनुसार "माँ को नए मैनर का नहीं पता।" टीनू अपनी उच्छृंखल आवाज में बात-बात पर माँ को दलकार जाता है। बड़के भैया की उँगली पर सम्पत्ति का एक छोटा-सा पहाड़ है, जिसके नीचे माँ को धौंस के बावजूद शरण लेनी पड़ती है। क्योंकि उनकी आँखों के सामने एक अधर है, जिस पर से उन्हें अपने अव्यवस्थित बच्चों को उतारना है, एक मृत्युक्षण तक की दूरी है, जिसे पार करना है। हालाँकि इस पहाड़ पर से भी उम्मीद की किरणें डूब रही हैं।

माँ बाहर नारियल की झाड़ू से पीपल के सूखे पत्ते बटोरने चली गई हैं। भाभी सुनाने की गरज से भुनभुना रही हैं, "चाय बनाई जाए या खाना? दस बजे महारानी यूनिवर्सिटी जाएँगी, उन्हें नौ बजे खाना चाहिए। यहाँ अभी तीसरी बार चूल्हे पर चाय का अदहन चढ़ा है।"

गलगल चिड़ियों का एक झुंड तैरता हुआ आया और पुदीने की क्यारी के पास बैठ चिचिया रहा है। माँ झाड़ू से उन्हें हाँकने लगती हैं। चिड़ियाँ थोड़ा फासला छोड़ उड़कर आगे बैठ जाती हैं। ये भूरी चिड़ियाँ शोख और खूब शोर करने वाली हैं। माँ उन्हें उड़ाने को बेताब और परेशान हैं।

मझले को खूब याद है, माँ किसी शिशु को खिलाते, लाड़ करते जो बहुत-सी काव्य-पंक्तियाँ गाया करती थीं, उनमें से एक "गलगल मौसी आई है, पत्ते में गुड़ लाई है," उन्हें बहुत प्रिय थी। फिर भी माँ मानती हैं कि गलगल बहुत बुरी और मनहूस चिड़िया है। "गौरैया घर-बसाऊ है तो गलगल घर-उजाड़ू।" माँ हाँफ गई हैं, लेकिन उसने चिड़ियों के झुंड को मकान की हद से बाहर कर दिया, क्योंकि गलगल घर-उजाड़ू चिड़िया है।

मझला खिन्ना और अवसादग्रस्त हो गया है। भाभी रसोई में हलकान हैं। माँ उधर नहीं जा पाएँगी। तारा पढ़ाकू है। भाभी भी अकेली कैसे करें? मझला सोचता है कि वह कहीं बाहर चाय पी लेगा। उसको तो बाहर चाय पीने की आदत-सी पड़ गई है। लेकिन उसे इसी घर में व्यतीत होना है। यह व्यतीत होना भी कितनी मुश्किल बात हो गई है।

मझले को कुछ रुपयों की जरूरत पड़ गई। उसने माँ से माँगे। माँ ने भैया से कहा। भैया का बड़प्पन दहाड़ने लगा, ''क्या करेगा वह इतने रुपये? इसी तरह लोगों की आदतें खराब होती जा रही हैं। साला ठेकेदार की लड़की से इश्क फरमाता है और घर में दार्शनिकता छाँटता है। मेरे पास रुपये-वुपये नहीं हैं। उसी लड़की से क्यों नहीं लेता?'' माँ अपना-सा मुँह लेकर वापस आ गईं। मझला सोचने लगा कि उसने नाहक कहा। शायद लोगों को अपने संसार पर अधिक खतरा नजर आने लगा है। ग्लानि में डूबा रहा मझला।

हर बार की तरह इस दफे भी मझले की छुट्टियाँ बड़ी कठिनाई से रेंगी हैं। अम्मा को दिल की तमाम खलबलियों के लिए मझले से फिर अवसर नहीं मिला। मझले से उन्हें उम्मीद रहती है। शायद वह समझती हैं कि मझले के पास घर की स्थिति को बदल देने वाला कोई नुस्खा है। माँ अपनी गलतफहमियों से बदनसीब और दयनीय हो गई हैं। गिरती हुई दीवाल को मझला या कोई भी अपनी पीठ से रोकने की चेष्टा करेगा तो उसकी पीठ खूनाखच्च हो जाएगी। हर चीज के साथ एक उम्र भी है।

मझला बुरी तरह आतुर हो उठा है कि छुट्टी समाप्त न होने पर भी वह एकदम से वापस चला जाए। इधर वह यूँ ही आकस्मिक ढंग से आने-जाने लगा है। वह आज ही चला जाएगा। छुट्टियों का मोह बड़ा महँगा है। घर के जीवन में विवशता भरी है। मनहूसी ने उसे आतंक में भर लिया है। यहाँ कोई संघर्ष नहीं किया जा सकता, सिर्फ ध्वंस को निज के टूटने तक किसी तरह सहा जा सकता है। वह ऊब गया। जीवन में व्यर्थता का प्रतिशत ऊपर हो रहा है।

आज मझला दिन-भर घर से बाहर रहा। अपराह्न में लौटकर आया। खाना-पीना कुछ पता नहीं। जल्दी-जल्दी अपना बिखरा सामान सहेजने लगता है। उसका बहुत कुछ सामान जल्दबाजी में छूट भी जाएगा। मझले को छूटने का कोई विचार नहीं होता।

कमीजें उतार लेने के बाद खूँटियाँ नंगी हो गई हैं। मझले ने सिगरेट का पैकेट बचाते हुए टॉवेल के नीचे छिपा लिया है।

माँ आश्चर्यचकित पूछती हैं, ''क्या बात है मझले? अभी तो तुम्हारी छुट्टियाँ परसों तक हैं।''

मझला उसकी तरफ देखे बिना, थोड़ी देर टाल-मटोल करने के बाद शाम की गाड़ी से जाने की बात कहता है। किसी जरूरी काम से पहले पहुँचने की झूठी सफाई भी उसने दे दी। आग्रह, अनुरोध या पुनर्विचार की अब कोई गुंजाइश नहीं है। माँ मुँह ताकने लगती हैं। मझला मुँह बचाने लगता है।

पाँच बजने तक घर के लोग इधर-उधर मँडराने लगेंगे। पिता दफ्तर से आकर चकित-से तैयार सूटकेस की तरफ देखेंगे और समझ जाएँगे। फिर उनमें भावुकता

का अस्थायी विचलन बढ़ने लगेगा। टीनू छत से उतरकर आ जाएगा, और तारा पार्टीशन से बाहर। भाभी भैया को पीछे से बुला लाएँगी और वे दोनों चुपचाप मझले के चले जाने की प्रतीक्षा में खड़े रहेंगे। मझले को जाहिर होगा कि ये सब लोग किसी एक स्थान से नहीं, अलग-अलग जगहों से आए हैं। उसे घर के लोग एक स्थान पर उसी दिन एकत्र नजर आते हैं, जब वह वापस नौकरी पर लौटता होता है। घर के लोगों के इकट्ठे होने का दृश्य इसीलिए मझले को बड़ा अटपटा और झूठा-सा लगता है।

मझले की छुट्टियाँ अगर बहुत लम्बी हो जाएँ तो भी घर में ऐसा अवसर शायद आ सके जब सब लोग एक स्थान पर एकत्र हों। घर में सात लोग हैं, और सात बार टेबुल पर खाना रखा जाता है। मझला भी इस व्यवस्था में आसानी से शामिल हो जाता है, क्योंकि किसी को भी एक-दूसरे का सामना करना सरल नहीं लगता। कोई गम्भीर दुर्घटना ही शायद लोगों को एक स्थान पर एकत्र कर सकती है।

रिक्शा आ जाने पर माँ कुछ सुस्त हैं। मझले ने इतना भी समय नहीं दिया कि रास्ते के लिए वह पूड़ी-तरकारी ही तैयार कर देतीं। 'अब क्या होगा' सरीखी असहायता उन्हें डुबोने लगी है। लड़के का कठोर लगने वाला व्यवहार पिता को पराजित करता है। इससे उनका शरीर कुछ कमजोर होता है।

मझले ने रिक्शे पर अपना मामूली-सा लगने वाला सामान रख लिया है। माँ तारा को "अब कब आओगे?" पूछने के लिए ढकेल-सी रही हैं। पता नहीं क्यों तारा के मुँह से कुछ निकल नहीं पा रहा है। शायद वह प्रयत्न कर रही है। रिक्शा सबकी दृष्टि से ओझल हो गया।

घर अन्दर-अन्दर खंडित हो रहा है। मझले के पिता, माँ को कुछ समझ नहीं आ रहा होगा। उनकी आँखों के सामने इतिहास की अनिच्छुक स्थितियाँ बेरहमी से गुजर रही हैं। अपने खचाखच कम्पार्टमेंट में मझला भी समय की क्रूरता और निरंकुशता को तीव्रता से महसूस कर रहा है। अगली बार जब मझला घर आएगा तब काल उसके सामने कुछ और बिगड़े हुए तथा कठोर दृश्य उपस्थित करेगा, क्योंकि अभी लोग पूरी तरह टूटे और बिखरे नहीं हैं। अभी संक्रान्ति अपने अंजाम की तरफ केवल शुरू हुई है।

तफरीह

रवीन्द्र कालिया

भीड़ में अपनी गर्भवती पत्नी को पहचानने में मद्दी को देर न लगी। टखनों तक ऊँची साड़ी पहने और गालों तक काजल की गहरी रेखाएँ खींचे वह कोई दूसरी स्त्री नहीं हो सकती थी। वह खम्भे से पीठ टिकाए जिस मुद्रा में खड़ी थी, उससे लगता था कि वह मद्दी का इन्तजार करते-करते थक गई है। मद्दी ने अपनी पत्नी को देखा तो उसकी रफ्तार तेज हो गई। वह दाएँ हाथ में सिगरेट थामे और बाएँ से अपनी निरन्तर खिसकती जा रही पतलून सँभालते भीड़ में कुहनियों से चप्पू-सा चलाते हुए जल्दी-जल्दी में बोरीबन्दर पहुँचा था। कई महीनों के बाद मद्दी ने अपनी पत्नी को बम्बई बुलाया था और मद्दी की पत्नी ने आज के दिन के लिए दहेज में मिली जॉर्जेट की साड़ी एक हफ्ते पहले ही इस्त्री करवा के रख ली थी। दरअसल मद्दी की अभी नई नौकरी थी और नई शादी। दोनों को साथ-साथ निभा ले जाना मद्दी को मुश्किल लग रहा था। इन तमाम मुश्किलों के साथ शादी के फौरन बाद ही पत्नी के साथ-साथ मद्दी का पेट भी फूल गया था। जब तक वह अपनी पतलून के ऊपर के दो बटन खोल नहीं लेता, उसे बैठने या चलने में असुविधा होती थी। दफ्तर से छूटते ही मद्दी ने सबसे पहले यही काम किया था और फिर पतलून सँभालता हुआ बिल्ली की तरह भीड़ में घुस गया था।

'इस इतवार को तारासिंह को बुलाकर पतलून जरूर खुलवा लूँगा।' मद्दी ने धीरे-से भीड़ में एक जुमला छोड़ा।

मद्दी की पत्नी की नजर अभी तक मद्दी पर नहीं गई थी। भीड़ में मद्दी को खोजते हुए वह शाम का अखबार झुला रही थी, जैसे स्कूल के बच्चे तख्ती झुलाते हैं। निश्चित ही मद्दी की पत्नी ने शाम का अखबार मद्दी के लिए खरीदा

होगा। मद्दी का खयाल है कि उसकी पत्नी को जब उस पर प्यार उमड़ता है तो उसके नजदीक उसे इधर-उधर से चूमने-चाटने लगती है और अगर यह प्यार किसी सार्वजनिक स्थान पर उमड़ आए तो उसके लिए अखबार या सिगरेट खरीदकर सन्तोष कर लेती है।

मद्दी प्रसन्न हो गया कि उसकी पत्नी अभी जीवित है और सही-सलामत बोरीबन्दर पहुँच गई है। उसे मालूम है कि उसकी पत्नी को दिशा-भ्रम बहुत जल्दी हो जाता है और अगर वह बोरीबन्दर की तरफ आने के बजाय मुलुंड की तरफ जाने वाली गाड़ी में सवार हो जाती है तो उसे आश्चर्य न होता। मद्दी को याद है, जब वह नई-नई ब्याह कर आई थी तो पश्चिम में खुलने वाली खिड़की में खड़ी होकर सुबह-सुबह सूर्य को नमस्कार किया करती थी। हर गर्भवती औरत की तरह वह बहुत वहमी हो गई थी और उसे घर में प्रार्थनाएँ करते या ऊँघते ही देखा जा सकता था। ट्रेन में वह बच्चों की तरह सो जाती थी। एक बार ट्रेन बोरीबन्दर से वापस चल दी और वह सोई रह गई थी। मद्दी उसे खोजते हुए पागलों की तरह बोरीबन्दर की भीड़ में दौड़ता रहा था और जब वह थका-माँदा यह सोचते हुए घर पहुँचा कि उसकी पत्नी गाड़ी से कट चुकी होगी या अगवा की जा चुकी होगी तो उसने देखा, वह घर में इस्त्री किया हुआ ब्लाउज पहने और मेक्सफेक्टर की लिपस्टिक लगाए मोढ़े पर बैठी ऊँघ रही थी।

मद्दी ने पत्नी के पास जाकर उसके हाथ से शाम का अखबार छीन लिया और सुर्खियों पर नजर दौड़ाते हुए बोला, ''मुझे दफ्तर में देर हो गई। तुम वक्त पर आ गई थीं?''

''मुझे आए एक घंटा हो गया है'' मद्दी की पत्नी ने अपना भार एक टाँग से दूसरी टाँग पर डालते हुए कहा, ''पुलिस आ गई थी।''

पुलिस का प्रयोग वे लोग हाउसिंग-बोर्ड के गुमाश्तों के लिए करते थे।

''परेशान तो नहीं किया?''

''नहीं। बार-बार पूछ रहे थे, लक्ष्मण मेढ़ेकर कहाँ है?''

''अच्छा हुआ तुमने दरवाजा पर से मेरा नाम मिटा दिया।''

''मुझे तो इस शहर से डर लगता है। हम दरवाजे पर अपना नाम भी नहीं लिख सकते। हमारी माँ की चिट्ठियाँ दूसरों के घर पहुँच जाती हैं।''

''तुम्हारी माँ की चिट्ठी आई है।'' मद्दी ने जेब से चिट्ठी निकालकर अपनी पत्नी को दे दी।

''क्या लिखा है?'' पत्नी ने एक साँस में माँ का खत पढ़ लिया। खत पढ़कर वह निहाल हो गई।

''हम घर में अकेले नहीं रहा करेंगे। हमें डर लगता है।'' मद्दी की पत्नी ने कहा, ''किसी दिन मेरे प्राण निकल जाएँगे। पुलिस वालों को अपना नाम लक्ष्मण

बताओ, राशन वाले को नायडू, दूध के डिपो में कन्धईलाल! बाबू को पता चले तो सोचे, लड़का जरूर नम्बरी बदमाश होगा जो कई नामों से रहता है।''

मद्दी ने पत्नी की बात पर गौर नहीं किया। बोला, ''नारीमन प्वाइंट चलें या चौपाटी?''

''मुझे सू-सू आया है।'' पत्नी बोली।

मद्दी अपनी पतलून सँभालता हुआ पत्नी को मूत्री तक छोड़ आया और स्वयं बाहर खड़ा अपने को भीड़ से बचाता रहा। उसे पत्नी पर गुस्सा आ रहा था। वह इतना पहले क्यों चली आई। पुलिस का खयाल आते ही वह उदास हो गया। उसे लग रहा था, कुछ दिनों में उसे अपना सामान सड़क पर पड़ा नजर आएगा। घर में भी वह मच्छरों, चूहों, कॉक्रोचों के साथ सह-अस्तित्व की नीति अपनाए था। वह कहीं भी मरम्मत अथवा पुताई कराने की नहीं सोच सकता था। ऐसे बहुत से उदाहरण उसके सामने थे, जिन्होंने इस तरह के घरों को अपना घर समझ कर पेंट करवा लिया था और सैकड़ों रुपये खर्च कर दिए थे। शिकायत होते ही ये लोग सड़क पर बैठे नजर आए थे। लक्ष्मण मेढेकर ने उसे पहले रोज ही आगाह कर दिया था कि अगर वह पकड़ा गया तो मेढेकर यही कहेगा मद्दी ने उसके मकान में घुसपैठ की है।

''आपुन यही राय देता है कि मेढेकर बनकर ही इस कमरे में रहो। बाप की चिट्ठी भी लक्ष्मण मेढेकर के नाम से ही मँगवाओ। बाप को साफ-साफ लिख दो कि हमारा नाम खटारा था। अब हमेरा नाम लक्ष्मण मेढेकर है।'' लक्ष्मण मेढेकर ने थूक लगा-लगाकर पाँच सौ रुपये के नोट दो-तीन बार गिने और अपनी झोंपड़पट्टी में चला गया। जिस जगह पर लक्ष्मण मेढ़ेकर का कमरा है, वहाँ पहले लक्ष्मण की झोंपड़पट्टी थी। सरकार ने तमाम झोंपड़पट्टियाँ गिराकर वहाँ कमरे बना दिए थे। कमरे इन्हीं लोगों को अलॉट कर दिए गए। लोगों ने कमरे किराए पर चढ़ा दिए और अपने लिए जरा हटकर दूसरी झोंपड़पट्टियाँ बना लीं।

मद्दी की पत्नी ने मूत्री में बहुत समय लगाया। मद्दी पूरा अखबार चाट गया और दिन-रात टिमटिमाने वाले न्यौन साइन पढ़ता रहा। स्लो, सिंगल फास्ट, डबल फास्ट गाड़ियाँ लगातार छूट रही थीं। मगर भीड़ में कोई कमी नहीं आ रही थी। मद्दी को लग रहा था, थोड़ी देर बाद प्लेटफार्म भी चला जाएगा, मगर उसकी पत्नी मूत्री से नहीं निकलेगी। वह शायद मूत्री में सो गई है या बेहोश हो गई है। वह लाचार सा खड़ा रहा, अन्दर जाकर अपनी पत्नी को खोज भी नहीं सकता था।

''मैं पुलिस में रिपोर्ट कर दूँगा, अगर वह कुछ समय तक न आई।'' उसने कहा और वक्त काटने के इरादे से पासिंग शो का एक सिगरेट खरीद लिया और मूत्री की तरफ टकटकी लगाकर कश खींचने लगा। मूत्री में आने-जाने वाली महिलाओं में उसकी कोई दिलचस्पी न रह गई थी।

आखिर उसकी पत्नी लँगड़ाती हुई बाहर निकली। उसका हुलिया बदला हुआ था। वह पहले से ताजादम लग रही थी, मगर उसके चेहरे पर तकलीफ के आसार थे।

''इसने श्रृंगार में ही वक्त बरबाद किया होगा, जबकि अब श्रृंगार भी इसका कुछ नहीं कर सकता।'' मद्दी ने कहा।

''क्या हो गया था?''

''कुछ नहीं।''

''इतनी देर कहाँ लग गई?''

''अन्दर।'' मद्दी ने सिगरेट फेंककर पैर से कुचल दिया।

''घर में नाखून छिल गया था। अन्दर किसी बेवकूफ औरत ने उस पर पाँव रख दिया। आपको गुस्सा आ रहा है, मैं रो रही थी। फिर मैंने मुँह धो लिया।''

''नाखून कैसे छिल गया?''

''खाट पर एक चूहा चढ़ गया था। उसे भगाने में नाखून छिल गया। पहनते समय देखा, मेरा ब्लाउज भी कुतरा हुआ था।'' मद्दी की पत्नी ने बगल उठाकर चूहे की और डेपिल की करामत दिखा दी।

मद्दी ने देखा, पत्नी ने पाँव पर एक पट्टी बाँधी हुई थी। मद्दी की फटी-पुरानी बनियान के कपड़े की कतरन। कतरन इतनी मैली थी कि साड़ी से अच्छा-खासा कंट्रास्ट पैदा कर रही थी।

''चूहों के प्रति हमें अपना रवैया बदलना ही पड़ेगा।'' मद्दी ने कहा और अपनी पत्नी को हिफाजत से कमर से घेरकर भीड़ से बाहर निकलने की कोशिश करने लगा।

''पुलिस ने कुछ और तो नहीं कहा?''

''मेढेकर के नाम एक रुक्का दे गए थे।''

''कहाँ है वह रुक्का?''

''रेडियो के नीचे पड़ा है।'' चलते-चलते अचानक मद्दी की पत्नी भीड़ में रुक गई।

''क्या हुआ?''

''मुझे बहुत कमजोरी लग रही है।'' मद्दी की पत्नी ने कहा और वहीं भीड़ में बैठ गई।

मद्दी ने बड़े चाव से अपनी पत्नी को बुलाया था और अब जब उसकी पत्नी को कमजोरी महसूस होने लगी तो वह अपने को कोसने लगा। उसे लग रहा था, भीड़ जान-बूझकर उसे धक्के दे रही है। वह हतप्रभ-सा अपनी पत्नी की तरफ देख रहा था जो सहसा इतनी कमजोर हो गई थी कि खड़ी नहीं रह सकती थी।

'मैं इसे बाँहों में उठाकर टैक्सी तक ले जाऊँगा और फिर अस्पताल।' मद्दी ने कहा, मगर उसने महसूस किया कि इस समय टैक्सी मिलना आसान नहीं। बेचारगी में इधर-उधर नजर दौड़ाने पर उसे एक कोने में एक कुर्सी पड़ी नजर आई। वह लाल तिकोन वालों की कुर्सी थी, जो आज निरोध बाँटकर जल्दी चले गए थे। कुर्सी के अगल-बगल स्टैंड पर कुछ रोचक इश्तिहार चिपके हुए थे और मेज पर निरोध का फटा डिब्बा पड़ा था। मद्दी ने पत्नी को बाँहों में उठाया और आटे के बोरे की तरह कुर्सी पर रख दिया। उसने पत्नी को कुर्सी पर रख दिया पर खुद मेज पर बैठकर टाँगें हिलाने लगा। पत्नी का रंग जर्द हो गया और आँखों के इर्द-गिर्द स्याह घेरे नजर आ रहे थे।

''कुछ देर सुस्ता लो। शुक्र करो, कुर्सी खाली थी।'' मद्दी ने पूछा, ''तुमने खाना कब खाया था?''

''मैं खाना खा रही थी, तभी पुलिस आ गई', मद्दी की पत्नी ने कहा, 'मुझे बुलाओ नहीं, मुझे चक्कर आ रहा है।''

मद्दी ने घबराकर भीड़ की तरफ देखा, कोई भी परिचित चेहरा नहीं था और सब जल्दी में थे। उसे लगा, उसकी पत्नी का अन्तिम क्षण आ गया है और वह यहीं बैठा टाँगें हिलाता रह जाएगा। पास ही एक फलों का स्टॉल था, जिसे देखते ही वह मेज पर से कूद गया और सन्तरे का रस लेने के इरादे से 'क्यू' में लग गया। उसने देखा, पत्नी मेज पर सिर रखकर ऊँघ रही थी। जब तक उसकी रस लेने की बारी आती, उसने देखा उसकी पत्नी उसे बाँह से पकड़ कर क्यू से बाहर खींच रही थी, ''हम रस नहीं पिएँगे।''

''देखो, इस समय मुझे परेशान न करो।''

''यहाँ दो रुपये का गिलास मिलता है—माहिम में यही गिलास सवा रुपये में आ जाएगा।''

मद्दी का चेहरा क्रोध में लाल हो गया, मगर वह थूक निगलकर शान्त हो गया। उसने पत्नी की बात पर गौर नहीं किया और आगे बढ़कर एक गिलास खरीद लिया।

''तुम पियो, हम नहीं पिएँगे।'' मद्दी की पत्नी ने दो कदम पीछे हटते हुए कहा।

''मैं गिलास यहीं फेंक दूँगा।'' मद्दी बोला। उसने जबरदस्ती गिलास पत्नी के हाथ में पकड़ा दिया।

मद्दी की पत्नी ने हल्के-से दो घूँट भरे और बोली, ''बाकी तुम पी लो।''

मद्दी अपने जूतों के फीते बाँधने लगा। पत्नी ने दो-एक घूँट और लिए फिर मद्दी का मूड देखकर धीरे-धीरे पूरा गिलास पी गई।

''दो रुपयों में घर की कई चीजें आ जातीं।'' रस पीकर वह स्वस्थ हो गई थी। लाल तिकोन की तरफ देखकर बोली, ''वह क्या तुम यहीं से ले जाया करते हो?''

''हाँ'', मद्दी बोला, ''हो सकता है, मेढेकर ने ही पुलिस भिजवाई हो। कुत्तों का साला किराया बढ़ाना चाहता होगा।''

पत्नी कुर्सी पर अपना रूमाल भूल आई थी। याद आते ही वह कुर्सी की तरफ लपकी और अपना रूमाल उठा लाई। रूमाल में कुछ रेजगारी भी बँधी थी।

''उनमें से कुछ मैंने बबलू की माँ को दे दिए हैं।''

''खैर कोई बात नहीं। मैं बबलू के बाप का नाम दर्ज करके ही ले जाता हूँ और अपने अफसर का।''

''लगता है, कुछ लोगों ने घर ले जाकर बच्चों में बाँट दिए हैं। ट्रेन में आ रही थी तो देखा कुछ बच्चे उनमें पानी भरकर झुला रहे थे।''

बात करते-करते वे लोग बोरीबन्दर से बाहर आ गए, जहाँ बसों, कारों और टैक्सियों का समुन्दर बह रहा था। ट्रैफिक देखकर मद्दी की पत्नी घबरा गई, बोली, ''चलो लौट चलें। हमसे सड़क पार नहीं होगी।''

''तुम्हीं ने कहा था, चौपाटी पर रोशनी देखेंगे या नारीमन पाइंट पर बैठकर आइसक्रीम खाएँगे।''

मद्दी ने भीड़ में एक युवती को एक युवक की बाँह में बाँह फँसाए निकलते देखा तो उदास हो गया। उसे पत्नी पर गुस्सा आया जो पहले ही महीने पाँव भारी करके बैठ गई थी। मद्दी की इच्छा हुई कि अपनी पत्नी को यहीं छोड़ वह भी किसी युवती की कमर में हाथ डालकर तेजी से भीड़ में खो जाए। भीड़ के साथ-साथ उन लोगों ने एक सड़क पार कर ली थी और अब सड़क के बीच के द्वीप में खड़े होकर हरी बत्ती का इन्तजार कर रहे थे।

''मुझे फिर सू-सू आया है। शायद जूस ज्यादा पी लिया।''

इतने में हरी बत्ती हो गई। लोगों ने बढ़कर सड़क पार कर ली, मगर मद्दी अपनी पत्नी के साथ वहीं खड़ा रह गया।

''आज मेरे अफसर ने मुझे फिर डाँटा।'' मद्दी ने कहा। वह शायद अपनी पत्नी का ध्यान सू-सू से हटाना चाहता था।

मद्दी की पत्नी सचमुच सहम गई। अगली बात वह इस्तीफे की किया करता है।

''खैर, अब मैं इस्तीफे की बात भी नहीं सोच सकता। कुछ देर उदास रहा, फिर ठीक हो गया। ईश्वर किसी को ऐसा अफसर न दे!''

''वह तुम्हें डाँटता क्यों रहता है?'' मद्दी की पत्नी ने निहायत सादगी से पूछा।

''यह उसकी नीति है। वह गधों की तरह काम लेता है और डाँटता है। दूसरे, गलती किससे नहीं होती? दरअसल, उसने लंच के समय मुझे ऊँघते देख लिया था।''

"तुम रात देर से सोते हो, इसलिए ऊँघते रहते हो। चूहे रात भर न जाने किसका पीछा करते हैं?" मद्दी की पत्नी ने कहा, "तुम जल्दी सो जाया करो।"

'अच्छा!' मद्दी बोला, 'वापिस चलें, आगे कोई मूत्री नहीं है।'

मद्दी की पत्नी ने अपना पर्स मद्दी को पकड़ा दिया और हरी रोशनी होते ही टखनों तक साड़ी उठाकर भागी, जैसे नदी पार कर रही हो। मद्दी उसके पीछे-पीछे भागा। उसे उम्मीद थी, उसकी पत्नी बीच रास्ते में ही गिर पड़ेगी, वह इस मुद्रा में उसके पीछे चल रहा था कि पत्नी को गिरने से पूर्व ही उठा लेगा। सड़क पार करते-करते मद्दी की पत्नी की साँस फूल गई। सड़क पार करते ही वह फुटपाथ पर एक तरफ बैठ गई, जहाँ अकसर चीकू या दूसरे मौसमी फल बेचने वाले बैठते हैं। मद्दी एक हाथ में पत्नी का पर्स थामे और दूसरे से अपनी निरन्तर खिसकती जा रही पतलून सँभाले पत्नी के पास खड़ा रहा। आखिर वह किसी तरह पत्नी के साथ धीरे-धीरे लाल तिकोन वाली कुर्सी तक पहुँचा। मगर इस बार कुर्सी खाली नहीं थी। उस पर एक कान्स्टेबल बैठा था। मद्दी की पत्नी कुछ देर खम्भे का सहारा लेकर खड़ी रही, फिर लुढ़कते-पुढ़कते मूत्री में घुस गई। बाहर अँधेरा घिर आया था और दिन भर जलने वाली बत्तियाँ अब अपना असली जलाल दिखाने लगी थीं।

मद्दी ने सींगदाने का एक पैकेट खरीद लिया और मूत्री के आसपास मँडराते हुए चबाने लगा।

कविता की नई तारीख

काशीनाथ सिंह

यह पहला मौका था—जी हाँ, पहला ही कहिए, जब मैं अपनी बीवी और दो बच्चों के साथ कहीं बाहर निकला था और कुछ दिनों के लिए किसी का मेहमान हुआ था।

ऐसा करते समय मेरे दिमाग में दो बातें थीं—पहली यह कि जिस जड़ता, एकरसता और ऊब को पिछले दस सालों से मैं झेल रहा था उससे निजात पाना बेहद जरूरी था। जरूरी इसलिए कि छोटी-से-छोटी बात पर भी मेरी झुँझलाहट बढ़ती जा रही थी। बीवी से, बच्चों से, मेहमानों से—गरज कि हर मिलनेवाले से जब भी मैं बोलता, झुँझलाकर बोलता, उन पर नाराज हो उठता, उनसे झगड़ा कर बैठता—और यह बिला वजह। दूसरी ओर महीने-के-महीने गुजर जाते, पत्नी के चेहरे पर हँसी क्या, मुस्कान तक न दिखाई पड़ती। इन सारी बातों के लिए उनके पास एक ही जवाब था—'किस्मत!' 'जब मेरी किस्मत में ही ऐसा लिखा है!' 'जब मेरी किस्मत ही ऐसी है!' मेरा उनसे कहना था कि जब उन्हें कारण का पता चल गया है तब तो मुस्कराने में कोई हर्ज नहीं है और इस तरह रात-दिन रोआँ गिराए रखना भी गलत है। एक छोटी-सी जिन्दगी दी है हमारे माँ-बाप ने, इसलिए जब तक है ताव के साथ जिया जाए। लेकिन जब भी मैं ऐसा कहते-कहते उखड़ जातीं, उन्हें विश्वास हो जाता कि डॉक्टर सही था। मुझे अपना रक्तचाप चेकअप करवा लेना चाहिए, और ऐसा खयाल आते ही वे और भी खिन्न हो उठतीं—"किस्मत में यदि यही है तो जो होना है, हो!"

दूसरी बात यह कि जिसके यहाँ हम गए थे, उसने काफी तंग कर रखा था। वह साल में, पता नहीं, क्या कर-कराके पन्द्रह-बीस रोज की छुट्टी लेता, गैराज से अपनी कार निकालता, उस पर सारा परिवार लादता और दूसरे शहर के लिए चल

देता। और दूसरा शहर भी कहाँ? मेरे घर! यहाँ साला खाने का ठिकाना नहीं और कर्जे ले-लेकर अंडे और मछली और गोश्त और फ्रूट-जूस और जैम और ड्रिंक और...! सारी व्यवस्था उलट-पुलट हो जाती और आनेवाले छह महीने के लिए मेरा दिवाला निकल जाता। मैं तो थोड़ी देर के लिए खुश भी हो लेता, क्योंकि यही मौके होते जब कार पर बैठने का सुख मिलता और मेरी गर्दन खिड़की के बाहर ही निकली रहती कि जो भी मुझे थोड़ा-बहुत जानता है, वह देख ले कि मैं कोई फालतू आदमी नहीं हूँ। लेकिन पत्नी की हुलिया खराब हो जाती; क्योंकि उनका कहना था कि इनकी तो कोई बात नहीं लेकिन ड्राइवर और नौकर, दोनों मिलकर इतना खाते हैं कि जितना हमारा सारा परिवार।

वे तो चले जाते लेकिन बीवी की दवा करने में मेरी हुलिया बैठ जाती।

यहीं एक मजेदार—मजेदार क्या, दर्दनाक कहिए—वाकये का भी जिक्र कर दूँ। यदि कोई मेहमान आए—रेलगाड़ी से, तो वापसी के लिए 'आरक्षण' करवाएगा ही, इसलिए हमें इतना पता चल जाता है कि उसे कब जाना है। भविष्य का यह निश्चय दिमाग को राहत और सकून देता है। लेकिन अपनी फिएट गाड़ी—यह दिमाग को ही नहीं, भविष्य को भी अन्धकारपूर्ण बनाए रखती है। जब भी हमें मौका मिलता, हम सोचते—अँधेरे में आँखें मिचमिचाते और नींद का सपना देखते और बिस्तर पर पड़े-पड़े सोचा करते कि हे प्रभो, हमारे पिछले दिन कब लौटेंगे!

निहायत ही संगीन और गोपनीय एक और मामला है जिसे मैं अपने सीने में छिपाए हूँ। वे आते हैं, रहते हैं और कहते जाते हैं, 'कविजी, जरा इधर भी ध्यान दीजिए। एक तो आपकी छत बेहद नीची है; दूसरे, इसकी दो धरनें भार से लपककर टेढ़ी हो गई हैं। सावधानी न बरतिएगा तो मकान ही बैठ जाएगा।...खैर मनाइए कि हम पतले हैं वरना सीढ़ियाँ ऐसी हैं कि मोटा आदमी बीच में अँड़स जाए।...बाथरूम ऐसा है कि इसमें सिर्फ बैठ और खड़े हो सकते हैं...इसकी खिड़कियाँ और दरवाजे मोहनजोदड़ोकालीन हैं...ऐसे काम न चलेगा, घर में चार-पाँच मच्छरदानियाँ तो रखा कीजिए...कविजी...' एक तरह से देखिए तो यह हमारे फायदे के लिए दी जानेवाली हिदायतें हैं लेकिन जरा दूसरी तरफ से देखिए तो...तो देखा आपने? यह हमारी जेब से सारे पैसे निकलवा लेना, कपड़े तक उतरवा लेना, फिर गले लगाना और अन्त में चूतड़ पर चार लात लगाकर चल देना।

ये सारी बातें थीं। इसीलिए जब पत्नी ने कहा कि उनकी किस्मत में बच्चे पैदा करना, चूल्हा-चक्की करना और घर में पड़े रहना ही है तो सहसा मैं 'मुगले-आजम' के पृथ्वीराज कपूर की तरह चहलकदमी करने लगा। मैंने वह मुहल्ला याद करने की कोशिश की जिस पर हमें धावा मारना था। यहाँ फिर एक दूसरी मुसीबत आन पड़ी। जैसा मुझे बताया गया था, अब तक उस कॉलोनी का नाम झगड़े में चल

रहा है। बदकिस्मती से उन नई कालोनी में दो भूतपूर्व मंत्रियों के विशाल भवन हैं और विवाद इस पर है कि कॉलोनी किसके नाम पर हो। नई सरकार के आवास मंत्री चूँकि दोनों के मित्र हैं इसलिए उन्होंने बातचीत के जरिए यह रास्ता निकाला कि जो पहले स्वर्गीय होगा, उसके नाम पर 'कॉलोनी' और दूसरे के नाम पर 'राजमार्ग'। मेरे भावी मेजबान ने बताया था कि दोनों मंत्री एक साथ रक्तचाप और मधुमेह के शिकार हो अपने-अपने बिस्तर पर पड़े हैं और दोनों को दो बार दिल का दौरा पड़ चुका था।

सो, मैंने उसके दफ्तर के पते पर तार दिया, बीवी और दो बच्चों को साथ लिया और चौथे रोज उस शहर के लिए रवाना हो गया।

जिन्दगी में पहली बार मैंने गाना गाया। बल्कि कहिए—गाया नहीं,पता नहीं कैसे अपने-आप मेरे गले से स्वर फूट पड़ा—कुछ-कुछ आदिकवि वाल्मीकि की तरह; कुछ ऐसा कि मुझे भी अचम्भा हुआ और पत्नी को भी। बच्चों की तो जैसे हालत खराब थी। शायद उन्होंने मन-ही-मन तय कर लिया कि अरे, इस आदमी से हम खामखा डरते थे, अब इससे डरने की क्या जरूरत? ऐसा सोचने का मेरे पास कारण है। गाते समय जैसे ही मैंने कहा कि तालियाँ बजाओ, वे हँस पड़े। और सच मानिए, पत्नी भी हँस पड़ीं—खिलखिलाकर। नहीं, पहले मुस्कराईं—देर तक मुस्कराती रहीं, फिर तो ऐसी हँसीं कि बस! यहीं—इस वक्त मुझे एक नया अनुभव हुआ कि पत्नी भी हँस सकती हैं। जी हाँ, हँसना कतई नहीं भूली हैं।

"क्यों बेटा, मुर्गा खाओगे?" मैं पूछने लगा।

"बकरा खाओगे?

"अंडे खाओगे?...ऑमलेट और फ्राई?

"फल भी खाओगे?...केले और सन्तरे और सेब?

"चलो! जितना खाना हो, खूब खाओ। जमकर। एकदम लाल होकर आओ। फिर लौटकर मेरा दिमाग मत चाटना!

"हाँ तो भई, हो जाए :

राजा की आएगी बारात
रँगीली होगी रात
मगन मैं नाचूँगी!ऽऽऽ नाचूँगी!
हाँ बोलो,...नाचूँगी! नाचूँगी..."

गाड़ी में ऐसी मस्ती छाई कि पूछिए मत। अगल-बगल बैठे मुसाफिर हम लोगों को ही देखते रहे। कुछ तो देखते नहीं, घूरते रहे—मुझे और बच्चों को नहीं, पत्नी को। मुझे कतई अटपटा नहीं लगा—लगा कि मुमकिन है, अब भी उनमें कोई देखने लायक चीज बाकी रह गई हो जिस पर मेरा ध्यान नहीं गया है।

गाने–बजाने के साथ ही बच्चे सीट पर खड़े होकर–फर्श पर चलकर पहली बार गाड़ी में बैठने का मजा लेते रहे। थोड़ा–सा किरकिरापन वहाँ आया जब छोटे को टट्टी लगी। भीड़ इतनी कि कहीं पाँव रखने की जगह नहीं, लेकिन मैंने तत्काल वीररस से काम लिया। ऐसा करना उस समय बहुत जरूरी था, क्योंकि घर पर परिवार के राजनीतिक मामलों से मुझे बार–बार मिमियाते देखकर पत्नी की धारणा हो गई थी कि मैं बहुत दब्बू और डरपोक हूँ। यही अवसर था जब मैं सिद्ध कर सकता था कि देखो, अगर कोई चोर–उचक्का तुम्हारे गले की जंजीर लेकर भागने लगे तो मैं हिम्मत से काम ले सकता हूँ–ऐसा नहीं हूँ कि मेरे गले से आवाज भी न निकले।

जब मैं छोटे को लेकर अपनी सीट पर आया तो गाड़ी खड़ी हो गई थी।

हम बाहर निकले। मेजबान नहीं दिखाई पड़ा। मैंने धीरे–से पत्नी से कहा, ''सामान उठाओ, जल्दी करो। हम प्रथम श्रेणी के डिब्बे के सामने खड़े हो जाएँ।'' हम अभी उस डिब्बे की ओर चले ही थे कि उसी तरफ से आता हुआ सानू दिखाई पड़ा–निराश और टूटा–टूटा।

''हाय!'' वह जोर से बोला।

मेरी समझ में न आया कि इसमें 'हाय' कहने की क्या जरूरत है? कौन–सी गाज गिर पड़ी है उसके या मेरे सिर? (यह बाद में ध्यान आया कि 'हलो' के बाद 'हाय' मैं कहीं और भी सुन चुका हूँ–शायद जवाहरलाल नेहरू विश्वविद्यालय के लड़के-लड़कियों के मुँह से। तो यह 'हलो' का ही बिलकुल नया रूप है।)

खैर, उसने मुझसे हाथ मिलाया। ''भाई साहब, आप इन लोगों से मिलिए। आप हैं मिस्टर खन्ना...और आप मिस्टर बहल...और आप मिस्टर वर्मा...जरा एक मिनट इधर तो आइए भाई साहब!'' वह मुझे खींचकर अलग ले गया, ''क्या कहें आपको? इतने बड़े–बड़े अफसर मित्र हैं ये लोग! आपने जरा भी अपनी प्रतिष्ठा का खयाल किया होता! कम–से–कम स्लीपर तो ले लिया होता!''

''ठीक है, आगे हवाई जहाज से आऊँगा, बस न?''

''ये लोग आपको जानते हैं–अखबारों के जरिए!'' उसने गम्भीर होकर कहा।

''चूल्हे भाड़ में जाएँ ये पिल्ले! इन्हें क्यों लेकर आए तुम?'' मुझे गुस्सा आ गया।

''अरे धीरे–धीरे बोलिए।'' उसने मेरी कुहनी दबाई, ''जंगी, सामान उठाओ और चलो। दीदी, आप बच्चों को सँभालिए...हाँ तो साहबान! आप ही हैं कविजी, जिनका साढ़ू भाई होने का गौरव मुझे प्राप्त है। और मुझे इस बात का इल्म है–गर्व है। पिछले दिनों सरकार के खिलाफ जो प्रदर्शन हुआ था, उसका नेतृत्व आपने ही किया था।...आपको ही इस साल का सबसे बड़ा सरकारी पुरस्कार मिला है।...आपसे

पिछले दिनों राज्यसभा की सदस्यता के लिए कहा गया था, लेकिन इनकार कर दिया था आपने। अभी पेरिस में अक्तूबर में जो कॉन्फ्रेंस होने जा रही है...'' अफसर मेरे पीछे-पीछे आ रहे थे और इस सारे झूठ ने मेरे पूरे शरीर में एक अकड़ पैदा कर दी थी—इतनी ज्यादा कि जब मैं पुल से उतर रहा था तो महसूस कर रहा था जैसे मैं हवाई जहाज की सीढ़ियों से उतर रहा हूँ, जिसके स्वागत के लिए लाउंज में बहुत सारे लोग हाथ में गुलदस्ते लिए खड़े होंगे।

जब मैं दो कारों के आगे चलने वाली सानू की गाड़ी में गर्व से भरकर बैठने लगा तो पत्नी ने कान में कहा, ''छोटे को पैंट में ही दस्त हो गई है।''

सानू—मेरा साढ़ू भाई और दोस्त!

रेखा—मेरी साली!

दीपू और स्वीटी—इनके फूल-से प्यारे और खूबसूरत बच्चे!

बस, इतनी सी इनकी दुनिया है और इस दुनिया में थोड़े दिनों के लिए हम हैं और ये हमें हाथों हाथ लेने के लिए बेताब हैं।

सुबह के नौ बज रहे हैं और हम 'ब्रेकफास्ट' पर बैठे हैं। मेरे बच्चे आँखें फाड़-फाड़कर उस डाइनिंग हॉल को देख रहे हैं जिसके तीन तरफ कमरे हैं—ड्राइंगरूम और गेस्टरूम के सिवा; और एक तरफ दरवाजा जो उनके 'टेनिस-कोर्ट' में खुलता है। पत्नी कभी मुझे देखती है और कभी इस विशाल भवन को और कभी हॉल के बीच दो खम्भों के दरम्यान रखे सोफे को। मैं साफ देख रहा हूँ कि उनके चेहरे पर मेरा सलाई की डिब्बी जैसा सँकरा और चारों तरफ से बन्द घर उभर आया है...मेरी प्यारी पत्नी, इस दुनिया में सुख बड़ी मुश्किल से मिलता है और हमारी खुशकिस्मती कि आज मिल गया है। इसलिए उलटी-सीधी बातें मत सोचो और ड्राइंगरूम से आता हुआ पार्श्व-संगीत सुनो। सुनो और खाओ। देखो, कैसे-कैसे व्यंजन इस मेज पर चले आ रहे हैं।...नाश्ते के नाम पर घर में मिलनेवाला चना और चाय भूल जाओ।

मैंने आँखों के इशारे से अपने बड़े बेटे को मना किया जो मेज के चमचमाते टॉप पर अपनी शक्ल देख रहा था और तरह-तरह के मुँह बना रहा था।

''भाई साहब, आज रात मैं आप लोगों को 'शीशमहल' में निमंत्रित कर रहा हूँ—डिनर पर।'' सानू ने ऑमलेट का टुकड़ा काँटे में फँसाए हुए कहा।

शीशमहल! शहर का सबसे अच्छा होटल! और यह 'निमंत्रण'—तो तहजीब इसे कहते हैं!...कविजी, चाय और 'मुकुन्द टी स्टाल' के सिवा भी बहुत कुछ है, इसी मुल्क में; कभी जाना था आपने?

मैंने कुछ नहीं कहा, लेकिन गर्व से पत्नी की ओर देखा। इसके पहले भी उन्हें देखता था, लेकिन इतने आप्यायित नेत्रों से नहीं। मगर क्या कहिए कि पत्नी दोनों बच्चों को देख रही थीं जो ऑमलेट का भारी-से-भारी हिस्सा अपने छोटे-से मुँह में ठूँस रहे थे। उनके हाथ में एक-एक सेब पड़ा हुआ था और निगाहें कभी केले पर, कभी लँगड़े आम पर और कभी टोस्ट पर दौड़ लगा रही थीं। बड़े लड़के गुड्डू ने तो मुँह में इतना अंडा ठूँस लिया था कि जबड़े तक नहीं चल पा रहे थे।

पत्नी शर्म से कभी मुझे देख रही थीं, कभी उन्हें।

बच्चे उनके भी थे मगर क्या बात थी! दीपू प्लेट में से एक छोटा टुकड़ा तोड़ता और मुँह में डालता और इस तरह मम्मी की ओर देखते हुए हौले-हौले जीभ डुलाता, जैसे–'वाह, क्या बना है!' जब उसका काँटा प्लेट से टकराकर मेज पर गिर पड़ा और मम्मी ने पानी से धोकर फिर प्लेट में रखा तो दीपू ने सिर हिलाया–"थैंकू!"

स्वीटी छोटी थी। उससे खाने के लिए जिद की जा रही थी, लेकिन उसे भूख न थी। मम्मी बार-बार उसे सेब देती लेकिन वह सिर हिलाती–"नो मम्मा, थन्कू!" वह प्यार-भरी नजरों से रेखा और स्वीटी को देखता रहा, देखता रहा, फिर लयात्मक स्वर में बोला, "जाने भी दो डार्लिंग! क्यों दिक कर रही हो?"

"देखते नहीं, कितनी दुबली है!" रेखा ने कहा और एक खूबसूरत-सा सेब जबदरस्ती पकड़ा दिया। स्वीटी मेज की मदद से नीचे उतरी और हॉल में सेब के साथ खेलने लगी। वह कभी इधर से लुढ़काती, सेब सामने की दीवार से टकराता और उधर से फेंकती तो फ्रिज से टकरा जाता। रेखा उस पर सौ जान से निछावर हो रही थी।

"दीदी, जब अगली बार आएँगी तो इस हॉल में एक शानदार कालीन देखेंगी।" रेखा ने कहा।

पत्नी ने पूछा, "ऑर्डर दे दिया है क्या?"

"जाने कब का! हो सकता है, आपके जाते-जाते आ जाए!" सानू बोला।

बच्चे खाए चले जा रहे थे और बड़ी हसरत से उस सेब को देख रहे थे जो इधर-उधर नंगे फर्श पर लुढ़क रहा था। सच कहिए तो वे इस ताक में थे कि कब स्वीटी इस खेल से ऊब जाए और वे सेब उठा लें।

"डॉली!" सानू केले के छिलके उतारता हुआ रेखा से बोला, "अगर भाई साहब के यहाँ आने की खबर अखबार में आ जाए तो यहाँ के सारे कवि और लेखक भीड़ लगा लेंगे–जानती हो कि नहीं?...कहिए भाई साहब, तो फोन कर दें! आपकी मेहरबानी से सभी सम्पादक अपने चेले हैं।"

"अरे नहीं भाई, यहाँ हम आराम के लिए आए हैं।" मैंने पत्नी की ओर देखा।

पत्नी हँसी, "यहाँ तो मुझे आदमी की तरह रहने दीजिए!"

हम सब एक साथ हँस पड़े। सानू ने कॉफी सिप करते हुए कहा, "वैसे तो भाई साहब, जिन्हें हमारे रिश्ते का पता है, वे सभी मुझसे आपकी तारीफ करते हैं, लेकिन आपकी किताबें मेरे पल्ले नहीं पड़तीं। क्यों डॉली, तुम भी यही कह रही थीं?"

प्रश्न गम्भीर था। मैंने समझाना शुरू किया कि कायदे से मैं किनके लिए लिखता हूँ।

गुड्डू ने सारी तश्तरियाँ चट करने के बाद चाय का प्याला उठाया। उसका हाथ काँप रहा था। मैंने रुककर उसकी मदद करनी चाही, लेकिन सानू ने रोका, "न, वह जो कर रहा है, करने दें। सेल्फ-डिपेंडेंट होने दीजिए!" मैंने छोड़ दिया। उसने प्याले को ओठों से सुड़का ही था कि जीभ जल गई, प्याला हाथ से छूटा और चाय बहती हुई रेखा की साड़ी पर टपकने लगी।

"ओ गॉड!" रेखा हल्के-से चीखी और सहसा मुस्कराई। उसने प्यार से गुड्डू के गाल थपथपाए और बाथरूम की ओर भागी।

(पत्नी ने बाद में बताया कि साड़ी बनारसी सिल्क की थी और बड़ी महँगी थी।)

हम एकदम चुप हो गए। पत्नी डरी हुई आँखों से कभी मुझे देखतीं, कभी गुड्डू को, और कभी सानू को। जीभ जलने से गुड्डू की आँखें छलछला आई थीं। वह सहमा हुआ पिटने का इन्तजार कर रहा था।

"बदतमीज कहीं के!" पत्नी बुदबदाईं।

"नहीं बेटे, कोई बात नहीं।" सानू ने हँसकर गुड्डू की पीठ थपथपाई, सिगरेट-केस से एक सिगरेट निकाला और होंठों में दबाया। वह गम्भीर हो गया था और धुआँ छोड़ते हुए कोई पश्चिमी धुन गुनगुना रहा था। उसकी नजर बीच-बीच में बाथरूम की ओर चली जाती थी।

"हरामी!" पत्नी अबकी थोड़ा जोर से बोलीं।

"डॉऽऽऽली!" सानू ने गाते हुए स्वर में रेखा को आवाज दी, "वक्त हो गया है, जल्दी करो।"

रेखा ने बाथरूम के अन्दर से ही दाई को पुकारा, "साड़ी ड्राईक्लीनर को दे आ। सुनती है? जल्दी कर!" और वह बाहर निकल आई, "चलो!" उसने कहा और जाकर शीशे के आगे खड़ी हो गई।

"वंडरफुल!" सानू ने कहा और रेखा के कन्धे पर हाथ रखा। उसने बगैर उसकी ओर देखे उसका हाथ झटक दिया, "मजाक अच्छा नहीं लगता।"

सानू हमें देखकर खिसियानी हँसी हँसा और कोमल की तरफ चाबी फेंकी, ''गाड़ी बाहर निकालो!...भाई साहब, ये तो नहीं आ सकेंगी लेकिन लंच में मैं आपका साथ दूँगा।''

''ओ.के.!'' मैंने जाहिर कर दिया कि वक्त-जरूरत जितनी अंग्रेजी हमें भी आती है।

कोमल इस बीच खाने की मेज साफ कर रहा था। उसने जैसे ही थाली उठाई, रेखा घूम पड़ी, ''रुको! तुमसे सौ बार कहा है कि चाय से भरकर प्याला मत दिया करो। तुमने क्यों दिया?''

''साब...साब!'' उसने हकलाते हुए सानू को देखा।

''क्या साब?...इधर देखो, क्यों दिया?''

''भरा नहीं था साब!''

''तुमने दिया क्यों?''

''भरा नहीं, खाली था साब!''

रेखा गुस्से में काँपती हुई उसके सामने आ गई, ''तुमने क्यों दिया? मेरी बात का जवाब दो।''

कोमल सिर झुकाकर चुप हो गया।

सानू दरवाजे के पास खड़ा होकर हौले-हौले सीटी बजा रहा था और अपनी टाई की गाँठ ठीक कर रहा था।

''अरे बोलता क्यों नहीं?'' रेखा दाँत पीसती हुई एक कदम और आगे आ गई, ''क्यों दिया तुमने?''

''खाली!'' उसने मदद के लिए जैसे सानू को देखा।

—चटाख!—''खाली के बच्चे!'' रेखा ने कसकर एक थप्पड़ लगाया।

दीपू ने तालियाँ बजाईं और हिकारत से कहा, ''ईडियट! बास्टर्ड!''

गुड्डू माँ के सीने से चिपक गया और हैरत से दीपू को देखने लगा।

''तो साहबान! डेढ़ बजे!'' सानू ने रेखा की कुहनी पकड़ी और वे बाहर हो गए।

पत्नी कुछ देर चुपचाप बैठी रहीं, फिर धीरे-से उठकर कोमल के पास गईं, ''कोमल, गलती तुम्हारी नहीं थी।''

''दीदी!'' उसने सिर उठाया, ''यह कोई नई बात है! मैंने साल भर पहले बहन की शादी के लिए पाँच सौ रुपये लिए थे, उसी का भुगतान कर रहा हूँ।...यह सब किस्मत का खेल है।''

''वहवा...वहवा! देखा, सोचा, किस्मत यहाँ भी तुम्हारे साथ है।'' मैं कुछ और कहते-कहते रह गया, क्योंकि मेरी आवाज से ही उसने अपना चेहरा मेरी ओर कर दिया था।

उसकी आँखों में आँसू थे।

मैंने सिर झुका लिया और झूठ-मूठ उँगली से मेज पर लकीरें खींचने लगा।

रेखा कचहरी चली गई।

सानू अपने दफ्तर!

दीपू और स्वीटी अपने मैदान में–यानी हॉल के एक चौथाई आयतन को लकड़ी से घेरता हुआ एक मैदान जिसमें खेल और मनोरंजन की सारी सुविधाएँ जुटाई गई थीं। वे ग्यारह बजे तक खेलेंगे, फिर नहाएँगे, खाएँगे, सोएँगे, फिर फलों का जूस, टीचर के आने पर घंटे-भर पढ़ाई, शाम को टहलना, फिर...अर्थात् नियमित जीवन और उस जीवन को सिलसिलेवार बनाए रखने के लिए एक नौकर।

शुरू में गुड्डू और छोटे ने उन बच्चों के साथ मिलकर खेलने की कोशिश की, लेकिन अन्त में निकाल बाहर किए गए। पत्नी, मैंने और नौकर ने समझौते की बड़ी कोशिश की मगर कोई लाभ नहीं। आरोप गम्भीर थे–एक तो यह कि जो खेल वे खेलते हैं, वह इनकी समझ में नहीं आ रहा है; दूसरे, ये इस तरह चीखते हैं कि कान के परदे फट जाएँ; तीसरे, ये अकसर नियम तोड़ते हैं और लड़ पड़ते हैं। इन्हें खेल का 'एटिकेट' तक नहीं मालूम। लिहाजा ये मैदान के बाहर जाएँ और वहाँ से खड़े होकर देखें।

नहाकर जब मैं अपने कमरे में गया तो देखा–पत्नी गुमसुम आँख खोले छत देखे जा रही हैं। मुझे कुछ अटपटा लगा। मैं उनके पास पहुँचा और प्यार से बोला, "मालूम है, शाम को 'शीशमहल' चलना है...डिनर!" उनकी आँख के किनारे से एक बूँद ढुलकी और कान की दीवार में चली गई। इसका मतलब है कि अब तक बीती घटना को वे नहीं भूल सकी थीं–चाहे वह साड़ी का खराब होना हो या कोमल का पिटना या दोनों। बात तो साड़ी से ही शुरू हो गई थी, लेकिन मेरी समझ से लेकर पड़े रहना बेतुकी बात थी।

"यार, खुश होओ कि साड़ी तुम्हारी नहीं थी।" मैंने उनकी नाक हिलाई।

मैंने गौर किया कि गद्दे स्पंज के हैं और हिलने-डुलने में उछाल रहे हैं।...कविजी, मस्ती लो, फिर देखा जाएगा।...मैंने कपड़े उतारे और नेकर-बनियान में देर तक उछलता रहा।

"पापा, हम बाहर जा रहे हैं।" गुड्डू उदास-उदास मेरे पास आया। उसकी ऐसी आवाज मैंने कम ही सुनी थी।

"पापा, हम गुल्ली-डंडा खेलने जा रहे हैं।" छोटे बोला।

"तुम लोगों का दिमाग खराब हो गया है? ऐं, यह धूप और ऊपर से लू! बाहर जाओगे? कहाँ बाहर जाओगे?" मुझे गुस्सा आ गया था।

वे वापस दरवाजे के पास लौट गए।

"रानी!" ऐसे तो रानी, पत्नी के घर का नाम ही था, लेकिन जिस लहजे में मैंने उनसे कहा, सम्बोधन अपने-आप ही राजपाट से जुड़ गया, "रानी, सुख-ही-सुख है। मैंने तो इतने अंडे और सेब खाए कि पूछो मत! मजा आ गया...अब जरा पता करतीं कि लंच में क्या-क्या तैयार हो रहा है!"

"मैंने आज तक नहीं पूछा, लेकिन आज पूछ रही हूँ..."

"ऐ रानी, कुएँ के भीतर से बोल रही हो क्या? अरे कड़ककर पूछो। अपने मर्द से बतिया रही हो, किसी प्रेमी से नहीं।" मैं उछलकर बैठ गया, "हाँ, बोलो।"

"तुम्हारी क्या तनख्वाह है?"

"क्या मतलब?" मैं अचकचाया, "तनख्वाह? मतलब क्या है इसका? बहरहाल तुम जानती हो!"

"तुम बारह साल से नौकरी कर रहे हो। सानू से अधिक पाते हो।...और जब आना हुआ तो कर्जे लेकर आए।" जैसे हिन्दी फिल्मों की कोई जासूसी अदृश्य शक्ति अपनी गुरु-गम्भीर आवाज में बोलती है, कुछ वैसी ही आवाज मेरे कानों में पड़ी।

"यार, हद हो तुम भी! चलते ही चुकता कर देंगे।"

"कहाँ से चुकता कर दोगे?"

"यार, बेमतलब की बातें करके बोर मत करो। सुनो...पार्श्व संगीत यानी रेकॉर्ड सुनो। कौन गा रहा है, पता है? छाई बहार है, जिया बेकरार है...नहीं, अब यही देखो। मशीन और आदमी का फर्क देखो। अगर गानेवाला आदमी होता तो यह न गाता। क्यों? क्योंकि बहार नहीं छाई है, बेहद उमस है, पसीना हो रहा है, बाहर लू भी चल रही है...ऐसी हालत को मौसम ही नहीं कहेंगे, बहार क्या खाक कहेंगे? फिर भी गाना अच्छा है। एक फर्क और देखो, रेकॉर्ड-प्लेयर और रेडियो में। बात थोड़ी विज्ञान की तरफ जरूर जा रही है, लेकिन कोई बात नहीं..." मैं यह देखने के लिए कि मेरी बात सुनी जा रही है या नहीं, रुक गया।

"उसकी तनख्वाह तुम्हारे से आधी है।"

"तो क्या करूँ? डूब मरूँ या अपने में से आधी उसे दे दूँ? तुम चाहती क्या हो?" मैं ताव खा गया लेकिन लगा कि कहीं कुछ मुझसे गड़बड़ हो गया। जवाब दूसरी तरह का होना चाहिए—डियर! डार्लिंग कह रहा हूँ, ऐसा मत समझो कि सानू की सुनकर डार्लिंग कह रहा हूँ, अपने-आप कह रहा हूँ मैं। देखो! यहाँ से—दिल से कह रहा हूँ...दिल से कह रहा हूँ...तो डार्लिंग! घूस! इनका एक ही उत्तर है—घूस, बेईमान, भ्रष्टाचार, बलात्कार वगैरह...प्रिये, ये जो सब आबा-काबा देख रही हो, न सब घूस!

पत्नी सोये से बैठ गईं। थोड़ी देर बाद उठीं और हॉल की तरफ चली गईं। मैं मन–ही–मन इस बात के लिए खुश था कि आज पत्नी ने एक बार भी 'किस्मत' का नाम नहीं लिया। इसलिए जब दुबारा वे अन्दर आईं तो मैं डरा। लेकिन उनका चेहरा अबकी और भी चुचका और लम्बोतरा नजर आया। वे पलंग पर फिर लेट गईं और आँखें फिर छत पर।

"मेरी बात मानो, तुम नौकरी छोड़ दो।"

"क्या?" मैं सकपका गया, "नौकरी छोड़ दो? क्यों नौकरी छोड़ दूँ? हजार–बारह सौ रुपये महीने क्या काट रहा है? वाह रे वाह! छोड़ दो!...और चाहती हो, चोरी करूँ? डाका डालूँ? चार सौ बीसी करूँ?"

"रुको, इस तरह चिल्लाओ मत! अगर रेकॉर्ड–प्लेयर बन्द करना आता हो तो पहले उसे बन्द कर आओ।" वाक्य खत्म करते–करते वे मुस्कराईं, आँखों से नहीं, पूरे चेहरे से। मैं उन्हें देखकर सन्न रह गया।

मैंने कोमल को आवाज देकर रेकॉर्ड बन्द करवा दिया।

"तुम यह सब कुछ मत करो, बस नौकरी छोड़ दो। खोमचे लगाओ, मूँगफली बेचो, बिसातखाने की दुकान करो, विश्वनाथ गली में चूड़ियाँ पहनाओ, जो भी करोगे मुझे सन्तोष होगा, लेकिन यह नौकरी?"

"यार सोना!" मैं बेचैनी से भर उठा, "यार, मेरे डार्लिंग कहने का यही इनाम है? ये तुम्हारी बातें?"

"सुनो...सुनो! पूरी बात तो सुनो! यह बताओ कि सरकारी नौकरी तुम भी करते हो और सानू भी। तुम बारह साल से कर रहे हो और वह पाँच साल से। बुद्धि में, ज्ञान में, अनुभव और समझदारी में वह तुमसे पीछे है। लेकिन वह कौन–सा हुनर जानता है कि उसके पास सब कुछ है और तुम्हारे पास?"

"रुको, रुको अब! जब तुमने सवाल किया है तो रुको।" मैं खड़ा हो गया, "अब तुम्हारा दिमाग खराब हो गया है। सोलहों आने खराब है। तुम जैसे लोग इस धरती पर सुखी नहीं रह सकते। दुख...चिन्ता...ग्लानि...आँसू...शिकायत! इन्हीं के साथ पैदा होते हैं ये लोग; समझीं? मैं उतनी दूर से–शहर बनारस से–इसीलिए आया था कि दुनिया देखोगी, तबीयत बहलेगी, खाने–पीने को अच्छी–अच्छी चीजें मिलेंगी, घूमने के लिए कार मिलेगी...फिर साल–भर तो वहाँ सड़ना ही है, लेकिन यहाँ?...अब मैं तुम्हारे पास नहीं बैठ सकता।"

मैं बाहर निकलने लगा।

"मैं जानती हूँ कि तुम क्या जवाब दोगे!"

"शटअप!" मैं जैसे ही बाहर आया कि स्तब्ध रह गया। छोटे दरवाजे के पास नंगी फर्श पर बाँह का तकिया बनाए लेट गया था। उसकी आँखों से आँसू गिरे थे

और गालों पर सूख गए थे। गुड्डू दीवार का सहारा लिए खड़ा था और हॉल खाली पड़ा था। वहाँ से गुसलखाने में नहानेवाले दीपू और स्वीटी की खिलखिलाहटें सुनाई पड़ रही थीं।

मैंने छोटे को कन्धे पर उठाया और चुपके से लाकर बिस्तरे पर सुला दिया।

''पापा! घर कब चलोगे?'' छोटे सोए-सोए बोला।

''अरे! जगा है क्या बे?'' मैंने उसके गाल थपथपाए, ''और गुड्डू! इधर आ, तू वहाँ खड़ा-खड़ा क्या कर रहा है? चल, सो जा!...सोना, देख रही हो तमाशा? आज आए हुए मुश्किल से सात-आठ घंटे हुए और पापा, घर कब चलोगे?...और वहाँ दिमाग चाट रहे थे!''

तो पहले दिन जो कुछ हुआ, उसे अच्छा नहीं कहा जा सकता। किसी भी हालत में नहीं। हम वहाँ तफरीह के लिए गए थे, भौतिक मामलों पर विचार करने के लिए नहीं। लेकिन चीजें हमारी इच्छा के खिलाफ और गड़बड़ होती गईं।

बेमुरव्वत खाने के कारण छोटे का पेट खराब हो गया। उसे पतले दस्त आने शुरू हुए। लाख मना करने पर भी वह खाता और गुसलखाने भागता। वहाँ से आता, फिर खाता और फिर भागता। दवा भी चल रही थी और पेट भी।

इसके ठीक उलटा गुड्डू की हालत थी। खाने में की दिलचस्पी ही खत्म हो गई थी। उसमें अद्भुत बदलाव आता जा रहा था। घर की वे सारी आदतें—धींगामुश्ती, मारपीट, उछल-कूद जैसे बचपन की बातें ही हो गई थीं। वह काफी गुमसुम रहने लगा था। न हॉल में खेलता और न बाहर खेलने जाता। वह या तो कमरे में बैठा कहानी की किताब पढ़ा करता या पत्रिकाओं की तस्वीरें देखा करता या सुबह और शाम के वक्त बरामदे में पड़ी किसी कुर्सी में बैठकर, गाल पर हाथ रखे सामने टुकुर-टुकुर ताका करता।

सानू ने तो नहीं, लेकिन रेखा ने एक दिन दीपू और स्वीटी की जमकर पिटाई की, क्योंकि उन्होंने गुड्डू और छोटे की वजह से 'साले', 'हरामी', 'बे' जैसी गालियाँ सीख ली थीं और उनके भीतर 'गँवारपन' बढ़ गया था।

पहले दिन के बाद से ही मेरे और पत्नी के बीच बोलचाल लगभग बन्द-सी हो गई थी। कूलर की हवा से उन्हें सर्दी लग गई थी। हलका-हलका बुखार रहता था और खाँसी भी आती थी। फिर भी हम हर जगह साथ जाते, घूमते, दावतें खाते और सिनेमा देखते। हमारा रिश्ता एक बड़ी मजेदार स्थिति में पहुँच गया था। हम सानू या रेखा के साथ खूब चहकते, दिल खोलकर बात करते, हँसते; लेकिन जब अपने कमरे में आते—चुप! किसी को आभास न था कि हमारे रिश्ते पर क्या गुजर

रही है। पत्नी अधिकतर बिस्तरे पर पड़ी-पड़ी छत की ओर देखा करतीं। इसी दौरान जो सबसे अच्छी बात हुई वह यह कि उन्होंने 'किस्मत' को कोसना बन्द कर दिया था, लेकिन इसकी जगह ले ली एक खास तरह की 'मुस्कराहट' ने, जो पहले कभी उनके चेहरे पर नहीं दिखाई पड़ती थी। मैं जब कभी किसी मसले पर उनसे बात करना भी चाहता तो वे मेरी ओर देखती रहतीं और धीरे-से बस मुस्करा देतीं। उदाहरण के लिए, जब मैंने उनसे पूछा कि 'सानू मुझसे छोटा है। उसने हमारे बच्चों के लिए सूट खरीदा है, कुछ हमें भी करना चाहिए। हम क्या करें-क्या कर सकते हैं?' या 'क्या हमारे पास इतने पैसे रह जाएँगे कि हम कोमल, जंगी, दाई, ड्राइवर वगैरह को टिप दे सकें?' तो वही मुस्कान उनके चेहरे पर नाच आई।

और एक बार तो वे मुस्कराईं नहीं, बड़ी चुभती बात कह गईं। सिलसिलेवार ढंग से तो वह प्रसंग नहीं याद है मगर इतना ध्यान आ रहा है कि मैं सानू की बढ़ियावाली जापानी पतलून पहने 'ड्राइंगरूम' में नायलॉन के कालीन पर लेटा था और कोई किताब पलट रहा था, वे आईं और देर तक खड़ी रहीं।

"पैण्ट अच्छा लग रहा है।" तीसरा या चौथा रोज था जब उनकी जबान अपने-आप खुली थी।

मैं मारे खुशी के बैठ गया, इसलिए कि बोलीं तो। मैंने टाँगें फैलाईं और पतलून को गौर से देखा-"है न?"

"और देखो, यह कालीन भी कितना अच्छा है!"

"मालूम है? नायलॉन का है। जरा चलकर देखो!"

और मजा यह कि वे सचमुच चलने लगीं और जाकर खिड़की के पास खड़ी हो गईं। लतरों में फूल आए थे और परदों से हिलमिल गए थे। उन्होंने एक फूल तोड़ा और बोलीं, "देखो यह फूल! कितना प्यारा है!"

"हाँ, इस लतर का नाम...देखो, अभी याद आ जाएगा।" मैं सोचने लगा।

"इसका मतलब," वे मेरी ओर घूमीं, "इसका मतलब यह है कि बेईमानी और घूसखोरी अच्छी लगती है लेकिन दूसरे की; चीजें पसन्द हैं मगर..."

मैं बमककर खड़ा हो गया-क्या मजेदार बात शुरू हुई थी, लेकिन इस औरत को देखो, इसका दिमाग खराब हो गया है।

"तुम! साली तुम!..." मैं गुस्से से काँपने लगा और जाने कैसे पत्नी के लिए मेरे मुँह से गाली निकल गई, "यही एक मुल्क है जिसमें झूठ, फरेब, बेईमानी, धूर्तता, घूसखोरी इतनी हसरत की नजर से देखी जाती हैं। समझीं? हसरत की नजर से!"

"यह तुम किससे कह रहे हो?" वे खिड़की के सहारे वैसे ही खड़ी रहीं।

''तुमसे! सबसे! और अपने-आपसे भी!''

''अगर तुम फिल्मों में होते तो बड़े अच्छे सम्वाद लिखते!... और इस तरह के कई पैण्ट भी पहनते!'' वे मुस्कराने लगीं।

मैं वापस आकर सोफे पर ढह गया, ''सोना, यहाँ आकर तुम्हें क्या हो गया? जो कुछ यहाँ देख-सुन रही हो, अगर इन्हीं कारणों से है तो इसे पहले भी तुम जानती थीं। यार, हम यहाँ बड़ी उम्मीद से आए थे, लेकिन तुम लगातार मुझ पर बरस रही हो—व्यंग्य कर रही हो! इससे अगर तुम्हें राहत मिलती हो तो ठीक है, करो।...''

''नहीं, मुझे गलत मत समझो। यह जरूर है कि यहाँ मेरा दिमाग उलट-पुलट हो गया है। अच्छे-बुरे और गलत-सही का कुछ पता नहीं चल रहा है। अजीब-सा घालमेल हो गया है सब। अपने पास जो नहीं था—ऊपर-ऊपर से भले कुछ कह दिया करूँ—लेकिन उसके लिए किसी से कोई शिकायत नहीं थी। शुरू में—इधर की नहीं, पहले की बात कर रही हूँ मैं—दूसरों को देखकर मुझमें हीनता जरूर पैदा होती थी लेकिन अपने को समझा लेती थी, बाद में तो मुझे उनसे चिढ़ होते-होते नफरत तक हो गई थी। और आज भी है यह।...और यह मैंने तुमसे जाना था, इसमें दो राय नहीं। तुम्हारी बातें सुन-सुनकर। तुम्हारे विचारों की जानकारी के कारण।...लेकिन जहाँ जिस तरह मैं तुम्हें उन सारी सुविधाओं की तरफ ललचाई आँखों से ताकते हुए देखती हूँ तो सोचती हूँ—बुरा न मानो मेरी बात का—सोचती हूँ कि कहीं इनके खिलाफ तुम इसलिए तो नहीं थे कि ये दूसरों के पास क्यों हैं, तुम्हारे पास क्यों नहीं?''

वे खिड़की से चलकर मेरे पास आ गई थीं और सामने की कुर्सी पर बैठ गई थीं। उनका स्वर सहज और गम्भीर था, ''एक बात का जवाब दोगे?...अगर बेईमानी बुरी चीज है तो ये चीजें क्यों अच्छी लग रही हैं और अगर ये सचमुच अच्छी हैं तो बेईमानी और घूसखोरी कैसे बुरी हैं?''

''डियर!'' मैं उठकर बैठ गया, ''मैं इतना बेवकूफ नहीं हूँ कि तुम्हारे सवाल को न समझूँ।''

वे शरारत से भरी हँसी हँस पड़ीं, ''यही पूछ रही थी मैं?''

''नहीं, तुम पूछ रही थीं कि मैं सानू को गालियाँ क्यों नहीं देता, उसका मजाक क्यों नहीं उड़ाता, उसके साथ मारपीट क्यों नहीं कर बैठता? और यह भी कि मैं यहाँ खुश क्यों हूँ, उसके ऐशो-आराम को देखकर रो क्यों नहीं रहा हूँ?...जबकि यह याद रखो कि यह रिश्ता मेरा नहीं, तुम्हारा है, बहन तुम्हारी है, यहाँ पर मैं तुम्हारी खातिर हूँ, वरना...वरना...'' मैंने झटके से दरवाजा खोला और बाहर आ गया।

बाहर पिछले दो रोज की तरह आसमान में बादल थे। उमस बढ़ गई थी। यह धूप और लू से तो अच्छा था। जून खत्म होने को आ रहा था और अब तक बारिश

नहीं हुई थी। सामने कच्ची सड़क थी जिस पर गाड़ी के पहियों के निशान थे और उसके आगे कई खाली और समतल प्लॉट थे जिनमें से अधिकांश में ईंटें गिराई गई थीं और एक ट्रक खड़ी-खड़ी देर से हुर्रर-हों-हुर्रर कर रही थी।

जैसे ही मैं सड़क के लिए मुड़ा, एक पेड़ के नीचे गुड्डू बैठा हुआ नजर आया।

उसके सामने कुछ दूर--जहाँ महापालिका का बमपुलिस और कूड़े-कचरे का ढेर था, उसकी बगल में कुछ बनजारे डेरा-डंडा डाले हुए थे और उनके बच्चे गोलियाँ खेल रहे थे। उनके पास ही रस्सी में बँधे बन्दरों के दो जोड़े थे और गुड्डू की निगाह बन्दरों पर जमी थी।

''तू? तू इस समय यहाँ क्या कर रहा है?''

वह चौंककर खड़ा हो गया।

''यहाँ क्यों बैठा है तू?''

''और क्या करूँ?'' वह बिना सिर उठाए धीरे-से बोला।

मैंने उसे गोद में उठा लिया, ''बेटे! तू बुजुर्गों की तरह क्यों बोल रहा है? ऐं?''

''पापा, आप बच्चों की तरह क्यों लड़ते है? ऐं?'' एकदम मेरी आवाज की टोन की नकल करते हुए और मुझे बिराते हुए गुड्डू बोला। पहले तो मैं सकपकाया, फिर उसे चूम लिया, ''बदमाश कहीं के!'' और हम दोनों एक साथ हँस पड़े-खिलखिलाकर!

''अच्छा, एक काम कर! घर जा अम्मा से कह दे कि पापा स्टेशन गए हैं बनारस के लिए टिकट लेने। हम परसों सुबह की गाड़ी से वापस निकल चलेंगे।''

मेरे कहते-कहते वह खरगोश की तरह मेरी बाँहों से सरका और घर की ओर भागा।

जब चार बजे स्टेशन से लौटा तो सानू और रेखा आ चुके थे।

''अचानक क्या हो गया आप लोगों को? कार्यक्रम तो अभी दस-पन्द्रह दिन का था? कोई तकलीफ तो नहीं थी यहाँ...क्यों डार्लिंग?'' सानू ने सिगरेट जलाते हुए रेखा को देखा।

रेखा पत्नी से बोली, ''नहीं, यह नहीं होगा दीदी! आपकी एक भी न सुनी जाएगी!''

वे जिस पोशाक में आए थे, उसी में 'डाइनिंग हॉल' में बैठे थे। उनके चेहरे पर चिन्ता और उदासी थी।

इसमें सन्देह नहीं कि वे अपना हर्ज करके भी हमारे लिए जितना कर सकते थे, कर रहे थे। रेखा मुवक्किलों से जितनी जल्दी छुट्टी पा सकती थी, पा लेती थी और

सारा समय मेरी पत्नी के साथ बिताती थी। जैसा कि पता चला, इसके पहले वह किचन में कभी नहीं जाती थी, लेकिन हमारी खातिर वह 'कुक' को निर्देश नहीं देती थी, एक–आध घंटा वहाँ मेहनत भी करती थी। 'डिशेज' के बारे में उसने इतनी जानकारी हासिल कर ली थी कि पत्नी को स्वयं अचम्भा होता था। एक बार तो उसने जबरन पत्नी को 'नाइटी' पहना दी और वे रात–भर सो नहीं सकीं। उन्हें लगता था कि वे ऊपर से लेकर नीचे तक नंगी हैं।

''दीदी जैसी थीं, वैसी ही रह गईं।'' उसने सुबह कहा और हम सारे लोग देर तक मजा लेते रहे।

सानू तो अकसर मेरे लिए अपना ऑफिस पहले ही छोड़ देता। रोज किसी–न–किसी के घर हम निमंत्रित होते–कभी 'ब्रेकफास्ट' पर, कभी 'लंच' पर, कभी 'डिनर' पर। 'प्रेजेंट्स' जो मिला करते, सो अलग। मैं साधारण आदमी नहीं, एक महत्त्वपूर्ण अफसर का साढ़ू भाई था। इन जगहों पर मैं अपने सूफियाना कपड़ों से काम चला ले जाता, लेकिन श्रीमती जी और बच्चों का काम रेखा की साड़ियों और दीपू के सूटों के बगैर न चलता। मेरी परेशानी यह थी कि रोज बीयर पीने और मुर्गा खाने के बावजूद मेरी सेहत ज्यों–की–त्यों थी। न वजन बढ़ रहा था, न चर्बी चढ़ रही थी।

''यह मनमानी है, मेरे रहते यह नहीं चलेगा। टिकट वापस करने के लिए कल आदमी भेज दूँगा।'' उसने मेरी बात बगैर सुने कहा।

मैंने तरह–तरह के बहाने बनाकर यह साबित कर दिया कि परसों शाम तक घर पहुँचना कितना जरूरी है। फिर भी वह अपनी जगह अड़ा रहा।

''खैर, फिलहाल आप लोग एक घंटे में तैयार हो जाएँ। बच्चे लोग भी। आज घाट की तरफ चलेंगे, वहाँ से क्लब, फिर मार्केट। और उधर ही आज चड्ढा के यहाँ डिनर है।'' वह खड़ा हुआ और अपने कमरे में चला गया।

मैं जैसे ही कपड़े बदलकर बरामदे में आया कि पता नहीं किस तरफ से एक अधेड़ आदमी आया और मेरे पैरों में गिर पड़ा। मैं चौंककर पीछे हटा। वह हाथ जोड़कर खड़ा हो गया। उसकी आँखें गीली थीं और वह मुस्कराने की कोशिश कर रहा था। उसके सामने के बाल उड़ गए थे। गाल की हड्डियाँ बेहद उभर आई थीं जिन पर जबरदस्त मुँहासों की घनी परछाइयाँ बनी हुई थीं। उसके नीचे के अगले चार दाँत नहीं थे और उनके बीच जीभ बड़े स्थिर भाव से पड़ी थी।

मैं ऐसे किसी आदमी से नहीं मिला था। मैंने याद करने की कोशिश की लेकिन बेकार!

''कौन हैं आप? किससे मिलना चाहते हैं?''

वह काँपते हुए बोला, ''आप ही से!''

"मुझसे?...कहाँ से आ रहे हैं आप?"

"साहब, धीरे-धीरे बोलिए।" वह घबड़ाया हुआ था, "तकलीफ न हो तो थोड़ा उधर चलें।"

मैं परेशान हुआ और सोचते हुए पोर्टिको से आगे बढ़ गया।

"हाँ, अब कहिए!"

"सर! किसी रामलाल की याद है आपको?"

"कौन रामलाल? क्या करता है?"

"साब! गौसपुर का रहनेवाला था और आपके साथ इंटर तक पढ़ा था।"

"ओह हो, वह रामलाल!...तो आप ही उसके चाचा हैं! लेकिन चाचाजी, उसकी पढ़ाई छुड़वाकर आपने अच्छा नहीं किया था। जीनियस था वह।...कहाँ है आजकल? पहले यह बताइए!"

उसे खुशी हुई कि मैं रामलाल को भूला नहीं हूँ। वह थोड़ा शरमाया, "साब, मैं ही रामलाल हूँ।..."

"ऐं? जरा फिर तो कहो!...कौने हो तुम? रामलाल! रामलाल मानीटर! वही जिसकी खूबसूरती पर भरत बाबू जान छिड़कते थे?" मैं चुप हो गया और उसे ध्यान से देखने लगा–पूरे चेहरे पर केवल आँखें बता रही थीं कि वह रामलाल रहा होगा। मैंने उसे खींचकर सीने से लगा लिया, "यार, तू ऐसा हो गया है? और यहीं है? इसी शहर में? क्या हो गया है तुझे?"

उसने जल्दी से अपने को छुड़ा लिया और सहमकर पीछे हट गया, "मेरा घर वह है–इसके पीछेवाला। मुझे रिश्ते का पता था और आपके यहाँ आनेवाला था। लेकिन जंगी से पता चला कि आप आनेवाले हैं। मैं आपको आने के रोज से ही देखता रहा हूँ।"

"तुम मिले क्यों नहीं?" मैंने उसका हाथ अपनी तरफ खींचा, "और पैर क्यों छुआ?"

"भैया, यह न पूछिए। आपसे एक जरूरी काम है–बेहद जरूरी!"

"कहो, क्या बात है? और यह भैया-बाबू छोड़ो! सीधे नाम लो–जद्दू!"

"यहाँ नहीं, उधर चलिए! उधर!" वह अकेले ही चल पड़ा।

"सुनो तो! अभी हमें एक जगह जाना है, दावत पर। इसलिए यहीं बताओ। बोलो!" मैंने उसका कन्धा पकड़ा और उसके साथ आगे बढ़ गया।

वह कुछ देर मुँह बाए मेरी ओर ताकता रहा, "भाईजान, आप चाहेंगे–अगर आप चाह देंगे तो सब ठीक हो जाएगा। साऽऽब!"

वह सानू के दरवाजे की ओर देखने लगा।

"अजीब अहमक आदमी हो यार, बात तो बताओ!" मैं झल्ला गया।

"भाईजान! बताऊँ मैं?...संक्षेप में यह कि साहब ने मुझे सस्पेंड कर दिया है। आप...आप विश्वास करें, मेरी कोई गलती नहीं थी।" वह पहले गिड़गिड़ाया, फिर रोने लगा।

मुझे काटो तो खून नहीं। थोड़ी देर खामोश रहा, कुछ कहते नहीं बना।

"क्यों? पहले आँसू पोंछो, और सुनो, ठीक से बात करो! सानू के ही ऑफिस में काम करते हो?"

उसने सिर हिलाया, "कागज अभी साहब के ही पास है, ऊपर नहीं भेजा है।"

"ऐसा क्यों किया उन्होंने?"

"आप यह मत कहिएगा कि मैंने आपको बताया है।"

"अरे, जो पहले पूछते हैं, वह बताओ।...ऐसा क्यों किया?"

"भाई साहब, मेरे पाँच बच्चे हैं। बीवी का पिछले साल ही इन्तकाल हो गया। छोटा भाई भी यहीं है, मेरे साथ। अभी किसी को नहीं बताया है। सब समझते हैं, छुट्टी पर चल रहा हूँ। गाँव पर भी चाचा को खबर नहीं दी है।...और मेरी कोई गलती नहीं, साहब ने सस्पेंड कर दिया है, बिला वजह। उधर चलिए। साहब का ड्राइवर देख रहा है। वह समझ गया होगा...।"

सानू का ड्राइवर सागा गाड़ी की बगल में ईंट पर बैठकर बीड़ी पी रहा था और कभी-कभी हमें देख लेता था।

मैं आगे बढ़ गया और पेड़ पर उभरी हुई जड़ पर बैठकर चिट लिखने लगा।

"तो जद्दू भैया, मैं घूसखोर हूँ...यही कहा साहब ने, लेकिन कौन घूसखोर नहीं है? क्या मैंने नया लिया था? वे नहीं जानते थे? मैं उनका अर्दली था—उनसे भेंट कराने या मिलवाने के लिए पाँच रुपये या दस रुपये! जैसा असामी हो! बस! वे मजे में जानते थे। मेरी गलती ही है कि मैंने उनके भानजे से ले लिया। मुझे क्या मालूम कि कौन भानजा है, कौन मामा? बस, सस्पेंड! मैंने माफी माँगी, गिड़गिड़ाया, कसमें खाईं...।"

वह जब तक बोलता रहा, मैंने सानू के नाम कागज लिख लिया, 'बहुत जरूरी काम से अचानक शहर जाना पड़ रहा है, एक दोस्त के पास। अगर रात में न आ सकूँ तो बुरा न मानना। हाँ, मेरी इस हरकत के लिए माफ करना और सोना तथा बच्चों को बता देना।'

मैंने ड्राइवर को चिट दी और रामलाल के साथ हो लिया।

मैं रात नहीं लौटा।

दिन में नहीं लौटा।

लौटा शाम आठ बजे। और इस बात का मुझे कोई दुख नहीं था। दुख क्या बल्कि खुशी थी। इसलिए कि कल हमें शहर छोड़ देना था और यह इस शहर की आखिरी शाम थी।

आसमान में जो पहले तीन दिनों से बादल छाए थे, आज दोपहर के बाद से ही बरसने शुरू हो गए थे। शुरू में एक घंटा जमकर बारिश हुई थी–मौसम की पहली बारिश और इस समय झींसियाँ पड़ रही थीं।

मैं पूरी तरह भीग गया था बल्कि कहिए कि बुरी तरह–लेकिन मजा आ रहा था। दिमाग चिन्ता से भले भरा रहा हो, लेकिन हर अंग में गुदगुदी हो रही थी। आते समय अपने को बचा सकता था, लेकिन फिसलकर गिरने की जब-जब नौबत आई, गिर जाने दिया। यह अच्छा ही लगा।

बरामदे में ही सागा ने बता दिया कि साहब ने मेरे लिए आज छुट्टी ले रखी थी। वह पूरे दिन घर पर रहे और सुबह से मेरा इन्तजार करते रहे।...मैंने आहिस्ते-से दरवाजा खोला और अन्दर दाखिल हो गया।

मैं भीगे कपड़ों में लथपथ अपने कमरे में पहुँचा और किवाड़ के पास थम गया। फर्श पर कार्पेट थी। मेरी चप्पल–यही नहीं कि कीचड़ में सन गई थी बल्कि टूट भी गई थी। मैं थोड़ी देर वहीं खड़ा रहा–इतनी दूरी रखते हुए कि कहीं कपड़ों और शरीर से टपकने वाले पानी से कार्पेट खराब न हो जाए।

बच्चे सो गए थे। पत्नी की पीठ दरवाजे की तरफ थी। कमरा साफ-सुथरा और सलीके का लग रहा था। वे सारे सामान जो बिखरे पड़े थे, शायद सूटकेसों में रखे जा चुके थे और मेरी लुंगी तकिया पर तह करके रख दी गई थी।

मैंने चैन की साँस ली कि लोग सो गए हैं।

"कल से कहाँ गायब हो?" भारी आवाज में पत्नी बोलीं।

मैंने चुपके-से चप्पल खिसकाई, पंजे के बल पलंग के पास पहुँचा, लुंगी ली और अपनी जगह आ गया।

पत्नी उतान हुईं और उन्होंने मेरी ओर देखा–बड़ी-सी निर्जीव और मरी आँखों से। मैं काँप उठा–उनकी पलकें सूजी थीं, अन्दर के कोए लाल थे। इसका मतलब था कि वे दिन में काफी रो चुकी थीं।

"तुम्हारी तबीयत तो ठीक है?"

"तुम थे कहाँ कल से?" उन्होंने जोर देकर दुहराया।

"बस, इतना ही कह सकता हूँ कि" कहने के पहले मैंने उनकी ओर देखा, "कि रण्डीबाजी नहीं कर रहा था।"

उन्होंने मुझे देखा और फफक पड़ीं। वे उठ बैठीं और घुटनों के बीच मुँह छिपा लिया, फिर पेट के बल फैल गईं। बहुत जब्त करने के बावजूद उनके गले से

हिचकी फूट पड़ी और पीठ रह–रहकर हिलने लगी। मैंने तो मजाक किया था जिसे वे भी समझती थीं।

मैं उनके पास सरक गया।

"इस तरह मुझे अकेले छोड़कर तुम कहाँ चले गए थे?"

"क्या बात करती हो?...मैं रहकर भी क्या कर रहा था...सिवा झगड़े के!"

उन्होंने बच्चे की तरह मेरे सीने पर दो–तीन मुक्के मारे और गोद में सिर रखकर रोने लगीं, "यहाँ से ले चलो!...अभी चलो...एक–एक पल पहाड़ जैसा लग रहा है, दम घुट रहा है मेरा। मैं यहाँ किस तरह रही हूँ इसे मैं ही जानती हूँ, लेकिन अब नहीं।...नहीं..."

"अरे धीरे–धीरे बोलो! धीरे–धीरे!...लेकिन बात क्या हुई?"

"बात कुछ नहीं है! बात क्या हो सकती है?...लेकिन तुम मुझसे अच्छी तरह समझ सकते हो। समझ रहे हो तुम!"

"हूँ!" मैं थोड़ा गम्भीर हो गया और उनके सिर पर हाथ फेरता रहा।

इस बीच पत्नी की आवाज सुनकर गुड्डू बैठ गया था। उसे खाँसी आनी शुरू हुई थी और खाँसते–खाँसते उठ बैठा था। वह आँखें मिचमिचाए हुए कभी मुझे देखता, कभी माँ को।

"क्या है बेटे! सो जा!" मैंने पुचकारा।

पत्नी अलग हट गई थीं और चेहरा दूसरी ओर घुमा लिया था।

"पापा, आज मैंने दीपू को दो बार पटका था। धायँ–धायँ। वह देखने में ही लम्बा और मोटा है। दम नहीं है उसमें।" वह बड़े उत्साह में था।

"ठीक है! ठीक है! बहादुर हो तुम...सो जा!" मैंने उसके सिर को दबाकर तकिए पर रख दिया। उसने भी आँखें बन्द कर लीं।

"आज सबेरे से ही घर की याद आ रही है।" वे फिर हिचकियाँ लेने लगीं, "छत से पानी टपकता होगा, नीचे वाले कमरे में। पिछली बार मीटर उड़ गया था। हम यहाँ हैं। कौन जाने मीटर उड़ गया हो और करेंट दीवार में उतर आया हो! आशा, कुसुम, गीता बड़ी बदमाश हैं, उनमें से किसी को कुछ हो गया तो! मैं गरमी–भर चिल्लाती रही कि बारिश के पहले मरम्मत करवा दो, मरम्मत करवा दो, लेकिन कौन सुनता है मेरी?...आते समय दाल खत्म हो रही थी। गेहूँ तो अभी दो–चार रोज के लिए होगा।...पता नहीं, अब भी इन सबों का एडमिशन उसमें होगा या नहीं। कहा था, महीने–भर के लिए ही सही, ट्यूटर तो लगवा दो। यह किया नहीं...तुम मास्टरी छोड़ क्यों नहीं देते? आज सुबह डॉली बता रही थी सानू के क्लर्क के बारे में। उसके बेटे सेंट स्टीफेंस में पढ़ते हैं और...और..."

"च् च् च्, यह तो बहुत बुरा हुआ! लगता है, मेरी एक दिन की गैरहाजिरी में ढेर सारी परेशानियों और समस्याओं ने तुम पर धावा बोल दिया।...देखें तो कहाँ-कहाँ चोटें आई हैं तुम्हें?" दुखी स्वर में मुँह बनाकर मैं उनका आँचल हटाने लगा।

"अरे! यह क्या कर रहे हो? हर समय मजाक!" वे दूर खिसक गईं।

हवा के झोंके आ रहे थे और खिड़की के शीशों पर पानी की बूँदें सरक रही थीं। 'ड्राइंगरूम' से रेडियो सीलोन से पुरानी फिल्मों के कुछ गीत आ रहे थे और घर में खामोशी थी। रेखा पड़ोस में कहीं अपने सीनियर वकील के यहाँ गई थी...सलाह-मशविरा करने। हॉल में दीपू और स्वीटी 'वर्ड-बिल्डिंग' का खेल खेल रहे थे, लिहाजा बीच-बीच में अंग्रेजी का कोई हर्फ उछलकर रोशनदान से हमारे कमरे में आ गिरता।

"देखो डियर! अपनी भाषा में पिछले दिनों एक भवभूति हो गए हैं जिनका नाम अज्ञेय है। उन्होंने बड़ी तपस्या के बाद जीने का एक नुस्खा ईजाद किया कि दुख हो, परेशानी हो, चिन्ता हो, चाहे जैसी हाय-हाय हो... उसके आगे समर्पण कर दो, घुटने टेक दो। जब तक लड़ोगे, परेशान और दुखी होते चले जाओगे; इसलिए हे प्रिये! कुछ सोचो मत! चारों खाने चित्त हो जाओ; यह जरूरी है कि अभी नौ ही बज रहा है, लेकिन बच्चे सो गए हैं और इस कमरे में कोई नहीं आनेवाला है!"

पत्नी उखड़कर खड़ी हो गईं—जाहिर था कि मेरा मजाक उन्हें नागवार लगा है।

"सुनो, भड़को मत! दूसरों के सुख से अपने को सुखी मत करो, वरना सारी जिन्दगी रोते गुजरेगी मेरी जान! हमारे सोचने की चीज यह नहीं है कि किसका लड़का विलायत पढ़ रहा है, बल्कि दूसरी है। देखो...हम घर पर खुश नहीं थे। नहीं थे न! एक ही जगह, एक ही जैसे दिन और रातें, रोज-रोज का लड़ाई-झगड़ा, असन्तोष और ऊब और डाँट-डपट!...तो हम लोगों ने सोचा कि कुछ दिनों के लिए इस जिन्दगी को बदलें—नई करें—थोड़ा हँसें—गाएँ। आधी से ज्यादा जिन्दगी इसी रोने-कलपने में चली गई, लेकिन अब जो थोड़ी-सी रह गई है इसे मूँछों पर ताव देते हुए बिताएँ। न किसी का लेना और न किसी का देना। दुनिया फोद पर चढ़े!...रह गए ये अपने लौंडे और लड़कियाँ, सालों के बाप का कर्ज नहीं खाया है। जितना होगा, करेंगे; नहीं होगा, नहीं करेंगे। जितना करेंगे, उसके आधार पर रास्ता खुद चुनें! मैं गलत तो नहीं कह रहा हूँ? और जब सारा जमाना ही परेशान है तो ये भी परेशान हों—हुआ करें।...लेकिन नहीं हुआ ऐसा! वही चिन्ता, वही समस्याएँ, वही आटा-दाल, वही बरसात और छत—सब हमसे पहले ही इस कमरे में पहुँच आए। और लगता यह है कि आगे भी जहाँ-जहाँ जाएँगे, ये हमसे पहले नहीं, तो हमारे साथ-साथ चलेंगे।...तो ऐसा क्यों है? क्यों हो रहा है—हमें सोचना यह है!"

इस लम्बे बयान पर–'प्रतिभा के इस भयानक विस्फोट' पर–मैं चकित हुआ; लगा कि घोर अँधेरे में मैंने जो तीली जलाई थी, वह बढ़ते-बढ़ते मशाल हो गई है और वह मशाल अब मैंने पत्नी के हाथ में दे दी और वे उसे लेकर भादों की रात भी खे सकती हैं। लेकिन उन्होंने मुझे ऐसे देखा जैसे मैं यह बकवास किसी नशे में कर रहा हूँ और अगर नशे में नहीं हूँ तब तो और भी बुरा है।...इतना तो साफ लगा कि अब उनकी सारी उम्मीदें ढह गई हैं और भगवान ही मालिक है इस परिवार का।

''अरे भाई साहब! क्या कर रहे हैं इतनी देर से? आएँगे भी?'' दूर से सानू की आवाज सुनाई पड़ी।

मैं जब लुंगी पर कमीज पहनने लगा तो वे माथे को हाथों में लेकर बैठ गईं।

अमलतास और खजूर और गुलमुहर और पपीते के नन्हे-नन्हे दरख्तों से घिरी छाती-भर ऊँचाई की चारदीवारी और उसके अन्दर आधे हिस्से में यह दुमंजिली इमारत और आधे में पलस्तर किया हुआ टेनिस कोर्ट। इस कोर्ट के बीच में दो स्टील की कुर्सियाँ हैं। इनके आगे शीशा मढ़ी हुई दिल के आकार की एक मेज। मेज पर बीयर की–गोवा की मशहूर बीयर आर्लेम की–चार बोतलें रखी हैं और एक खाली गिलास। दूसरा गिलास सानू के हाथ में है।

पूरा टेनिस कोर्ट मर्करी की रोशनी में है और उस रोशनी में हवा के चौतरफे झोंके में उड़ती हुई हवा की फुहियाँ पतंगों जैसी लग रही हैं।

''हाय! बरखुदार, आपका जवाब नहीं। खैर, आइए!'' उसने उठकर हाथ बढ़ाया।

वह भीग चुका था। उसके बाल माथे पर चिपक गए थे और उनसे पानी की बूँदें टपक रही थीं।

''तो आज घर पर ही पिएँगे, खाएँगे और रात भर! अगर इसी तरह बारिश होती रही तो रात भर!...और आसमान देखिए, जरूर होगी।'' उसका मूड बदला हुआ था और वह काफी खुश था।

मुझे डर था कि वह नाराज होगा और शिकायतों के साथ मिलेगा, लेकिन जिस सहज भाव से मिला, मुझे सन्तोष हुआ और मैं सामने वाली कुर्सी पर बैठ गया।

''ऐसे आपको फाँसी की सजा भी दे दी जाए तो उसे कम समझिए। पता है, आपने किस हद तक बोर किया है हमें?'' उसने गिलास मेरे हाथ में पकड़ाया और अपना गिलास उठाकर चिल्लाया–''चीयर्स!''

''ठीक है, मैं पिऊँगा, लेकिन एक शर्त पर!''

''ओए भाई साहब! आपकी सारी शर्तें मंजूर! और सारी क्या, एक ही तो शर्त रखी आपने और लीजिए, वह भी मंजूर! कल से रामलाल ऑफिस आएगा, बस न?...लेकिन हाँ, उससे दो बातें कह दें। नम्बर एक–रिश्वत की भी एक मर्यादा होती है। एक रुपये...दो रुपये, यह रिश्वत है? बदनाम भी होओ और कोई बात भी न बने। नम्बर दो–ऐसा करते समय आदमी पहचानो। मौका-बेमौका भी देखो–सिर्फ पैसा ही नहीं। समझा? वरना तुम्हारा तो कुछ न होगा, अपना कबाड़ा हो जाएगा!''

इस तरह पीने का यह मेरा पहला मौका था, जबकि किसी की चोरी नहीं–खुलेआम बारिश में भीगते हुए बीयर पी जा रही थी और हमारे चारों ओर पत्तियों पर बूँदों की रिमझिम का संगीत बज रहा था।

''अरे सागा!...कोई सुन रहा है? उसे इधर भेजो।...तो भाई साहब! हमारे ऑफिस पर इन दिनों जाँच-कमीशन बैठा है। एक बहुत बड़े नेताजी हैं। उन्होंने मुझसे गलत काम लेना चाहा था और वह भी मुफ्त। मैंने इनकार किया और उन्होंने कमीशन बिठवा दिया।...अब यही देखिए, मैंने क्यों इनकार किया? सेठ और नेता–एक फर्क है इनमें। सेठ पैसा देता और काम लेता है और कभी जबान नहीं खोलता। नेता लोग काम भी गलत करवाते हैं–अपनी नेतागिरी के रोब में। कभी-कभी पैसा भी देते हैं, लेकिन हल्ला ऊपर से कि देश में घूसखोरी बढ़ रही है, बेईमानी और भ्रष्टाचार बढ़ रहा है, जब तक इन्हें न रोका जाएगा, देश की तरक्की नहीं हो सकेगी। क्यों? क्यों ऐसा करते हैं ये? क्योंकि इन्हें चुनाव भी लड़ना पड़ता है।...विश्वास कीजिए, सेठ इनसे लाख दरजे अच्छे होते हैं।''

सानू ने दूसरी बोतल खोली, गिलास भरे और आगे कहा, ''और एक बात बताएँ आपको! एक अफसर पर नेता का नाराज होना अच्छा है। जनता की नजर में इसका अर्थ होता है कि अफसर जरूर ईमानदार होगा–सख्त होगा!...और ये जाँच-कमीशन...खानापूरी है यह! एक तो जो सज्जन जाँच करने आए हैं वे भी अफसर रहे हैं और सारे अफसरों की नेताओं के बारे में एक जैसी राय होती है। वे जानते हैं कि जाँच क्यों करवाई जा रही है। दूसरे, इन पधारे हुए सज्जन को मालूम हो गया कि ये अपने यहाँ जिस अफसर के हलके में आते हैं, उनके इनकम टैक्स का मामला देखनेवाला शख्स मेरे बैच का है–यही नहीं, गहरा दोस्त भी है।...देखा न, चीजें इस कदर एक में एक उलझी हुई हैं कि अगर आप तोप भी लगा दें तो...या तो ऐन मौके पर गोला नहीं छूटेगा या ट्रिगर में खराबी आ जाएगी। रुकिए जरा...''

इस बीच सागा आ गया था। सानू ने उचककर पतलून की पिछली जेब में हाथ डाला और पर्स बाहर निकाला, ''ये लो, इससे एक पेटी आर्लेम।...और यह और लो, 'शीशमहल' चले जाना और मैनेजर से मेरा नाम बोल देना। उसे फोन कर दिया था। नान, चिकन, चीज पकौड़ा–जो कुछ दे, ले आना। अपने साथ कोमल को भी ले लो।''

उसने उसे सौ-सौ के कुछ नोट दिए और पर्स जेब में ठूँस लिया।

यह अजीब तरह का मौसम! झींसियाँ उड़ रही थीं, हम पानी से तर-ब-तर थे। बीच-बीच में बिजली कौंध रही थी और हम पर धीरे-धीरे नशा छा रहा था।

''तो भाई साहब! आप जानते नहीं और जितना जानते हैं, वह नाकाफी है। मसलन, आप मेरे बारे में क्या जानते हैं? आप समझते होंगे कि मैं भी बेईमान हूँ क्योंकि अफसर हूँ। लेकिन इस पूरे जिले में, जिले में ही क्यों, प्रान्त में किसी से भी मेरे बारे में पूछ देखिए। लोग रूह से काँपते हैं। मेरी सख्ती और ईमानदारी का डंका पिट चुका है। लेकिन मैं जानता हूँ कि क्या हूँ? अभी परसों मेरा नाम छपा था, और उस अखबार में जो हिन्दी का सबसे लोकप्रिय और सबसे अधिक पढ़ा जाने वाला अखबार है—उसमें। कई बार फोटो छप चुकी है। आपने खुद अपनी आँखों से देखा है।...क्या कहिएगा इस मुल्क को भाई साहब! जिस अखबार के मालिक से अब तक एक लाख ऐंठ चुका हूँ—दस-बीस हजार नहीं, पूरे एक लाख—वही बार-बार अपने अखबार में मेरी ईमानदारी, सेवा, निष्ठा, त्याग और कर्तव्यभावना की तारीफों के पुल बाँधता है। बताने की जरूरत नहीं कि वह क्यों बाँधता है।...और इससे भी मजेदार बात यह है कि उसे एक ईमानदार और निर्भीक पत्रकार के रूप में पद्मश्री भी मिल चुकी है, अभी पिछले साल। जी हाँ, यह मैं नशे में नहीं बोल रहा हूँ। गलत मत समझिएगा। यह जरूर है कि पहली बार बोल रहा हूँ और वह भी आपसे। क्योंकि आपसे मुझे कोई खतरा नहीं है। क्यों नहीं है? एक मिनट...''

वह कोर्ट के कोने में चला गया और थोड़ी देर बाद लौट आया।

सानू मेरे आगे पहली बार खुला था और यह मेरे लिए नया अनुभव था। आते ही उसने अगली बोतल उठाई—''भाई साहब, बीयर से उम्दा कोई चीज नहीं। पीजिए और पेशाब कीजिए। बात खतम, पेट खाली।...तो मैंने कहा कि आपसे कोई खतरा नहीं है। इसलिए नहीं कि आप रिश्तेदार हैं बल्कि इसलिए कि आप कवि हैं, लेखक हैं। कागज-कलम उठाते हैं, लिखते हैं और सोचते हैं कि तहलका मच जाएगा। लिखते हैं कि ज्यादा लोग गरीब हैं, थोड़े लोग अमीर हैं। वे अमीर इसलिए हैं कि ज्यादा लोग गरीब हैं या लोग गरीब इसलिए हैं कि थोड़े लोग अमीर हैं। ऐसा ही कुछ। और यह भी कि देश के अफसर निकम्मे हैं, भ्रष्ट हैं। नेता बेईमान और अनैतिक हैं। और कहते किससे हैं—हमसे थोड़े बड़े अफसर से, उससे जिसका सारा ठाट-बाट हमारी रिश्वत पर खड़ा है।...थोड़े बड़े नेता या मंत्री से, जो दस गैरकानूनी और नाजायज काम हमसे करवा चुका है। आप उससे कहते हैं जो सत्ता में है जिसके पास अधिकार है और जिसने आपको ऐसा कहने और लिखने का अधिकार दिया है।...लेकिन मैं आपसे पूछूँ कि क्या आपने भी उसे सुनने का अधिकार दिया है? आप कहाँ से देंगे? आपके पास देने को है ही क्या?

यह तो हुई एक बात। दूसरी यह कि मुझसे पूछिए तो आपके ऐसा लिखने का कोई अर्थ ही नहीं होता। जब तक आप प्वाइंट आउट न करें कि यह शख्स भ्रष्ट है। क्यों? क्योंकि 'थोड़े' और 'ज्यादा' का कोई अर्थ नहीं होता। 'सामान्य' का कोई मतलब नहीं होता। है न! फिर भी, चलिए, मान लिया कि आपने एक ऐसा वक्तव्य जारी किया।

''अब देखिए! आपके इस वक्तव्य के बाद किसी भी अफसर...किसी भी नेता को पकड़ लिया जाए और कहा जाए कि चूँकि ऐसा लिखा है और तुम भी एक अफसर हो, इसलिए बेईमान हो अतः नौकरी से सस्पेंड। अब चलिए कचहरी। आपके पास क्या सबूत कि उसने बेईमानी की है? सबूत आपके–मैं कहता हूँ कि आपके बस की बात है ही नहीं। आप क्या खाकर सबूत दे सकते हैं?...अरे, औरों को छोड़िए...मुझे आप सबसे अधिक जानते हैं–मुझे ही लीजिए। आप कहाँ से सिद्ध करेंगे? सिवा इसके कि आप घर के अन्दर के सामान देखें और समझें कि यह बेईमानी है। खैर, आगे चलिए अब! अब वह कचहरी से छूट गया! और छूटेगा भी क्यों नहीं? आखिर कानून भी तो उसी ने बनाया है जिसे आप बेईमान और अनैतिक कह चुके हैं! आप समझते हैं कि वह इतनी आसानी से अपना गला आपके पंजे में देने का कानून बनाएगा! अपने से अपने पैर में कुल्हाड़ा मारेगा!...तो कचहरी से छूट गया और बाइज्जत। मैं कहता हूँ कि बाइज्जत। इसका नतीजा क्या हो सकता है, जानते हैं आप? इसका अर्थ हुआ कि आप झूठे हैं, फरेबी हैं, आपने एक शरीफ आदमी की इज्जत पर कीचड़ उछाला है, उसका अपमान किया है, क्यों न आप पर मानहानि का मुकदमा दायर कर दिया जाए?

''और मुकदमा हो गया। आप हार गए और आप पर पाँच हजार का जुर्माना हो गया। आप कहाँ जाएँगे?...और मान लीजिए, उसकी इज्जत की कीमत कहीं पचास हजार से ज्यादा हुई तब? तब तो जेल में सड़िए या कुर्की–नीलामी कराइए।...''

इसी दौरान बीयर की पेटी के साथ सागा और खाने का सामान लिए कोमल आ गए। सानू ने बोतलें फ्रिज में रखवाईं और उसने 'अम्ब्रेला' लाने को कहा। जब रंग-बिरंगा अम्ब्रेला हमारे ऊपर लगा दिया गया तो उसने खाने के पैकेट खोले, ''भाई साहब, आज रतजगा होगा। रात भर पिएँगे मगर धीरे–धीरे। लेकिन हाँ, मैं बीयर के सिवा और कुछ नहीं लेता। कल छुट्टी भी है। न होती तब भी छुट्टी लेता आपके लिए। मुझे लग रहा है कि आप बोर हो रहे थे और दीदी भी उखड़ी–उखड़ी सी थीं..तो आज रात–भर चलेगा–एक–एक घूँट, चलाते चलिए।...ऐसे आप चाहें तो मेरे पास स्कॉच भी है। लेकिन पहले कुछ खा लें!...''

उसने पहले तो मुर्गे को देखकर मुँह बनाया, लेकिन तुरन्त ही उसके सफेद दाँत चमक उठे, ''अबे कोमल! जनाना लोग क्या कर रहा है? इसमें से आधा उठा

ले जा! बोल दे कि आज साब लोग उधर में नहीं खाएगा, यहीं पिकनिक मनाएगा।''

''तो भाई साहब! मैं कह रहा था कि आप इतना लिखते हैं, आप ही क्यों–आप जैसे सैकड़ों लोग लिखते हैं, लेकिन कोई पत्ता हिलता है?...कुछ हिलाया है आप लोगों ने?'' उसने सिगरेट की राख झाड़ी और मेरी आँखों में देखा।

फुहियाँ तेज और मद्धिम हो रही थीं। हवा थम गई थी। रेखा दिन भर की थकी-हारी होने के कारण सोने चली गई थी और पत्नी दरवाजे के पास खड़ी हुई थीं। वे हमें देख रही थीं। मैंने जाकर उन्हें सोने का इशारा किया लेकिन वे खड़ी रहीं।

हम लोग भी खा चुके थे और हड्डियाँ मेज पर बिखरी थीं। सागा तीन-चार और बोतलें लाकर मेज के निचले खाने में रख गया था। मुझ पर अच्छा-खासा नशा था। सानू ने बताया था कि अगर क्रॉस न करें तो रातभर इसी तरह बैठे रह सकते हैं...कहीं कुछ नहीं होगा। वह बोले जा रहा था और उसकी कुछ बातें मेरे कानों में पड़ रही थीं...कभी-कभी समझ में बिलकुल नहीं आ रही थीं। इसके बावजूद एक बात मेरी समझ में आ रही थी कि इतनी बोतलें पीने के बाद भी वह अनर्गल और निरर्थक नहीं हो रहा था। उसके सारे बयानों में एक सिलसिला था और वह कहीं से नहीं टूट रहा था।

''खैर, मैं अपने बारे में बात कर रहा था,'' उसने गिलास उठाया और एक छोटा घूँट लिया, ''रेखा वकालत करती है। क्यों करती है, जानते हैं आप? इसके दुहरे कारण हैं। गौर से सुनिए! एक तो मेरी वजह से उसे क्लायंट मिल जाते हैं और आमदनी होती है। दूसरे, वह बाहरी आमदनी के लिए आड़ का काम करती है, क्योंकि उसकी वकालत से कोई भी समझ सकता है कि घर में जो कुछ है, अकेले मेरी कमाई का नहीं है। देखा चमत्कार आपने! इसका अर्थ है कि वह दो स्रोतों से आमदनी करती है–उसे छिपाकर भी और बाहर से लाकर भी। यानी एक ही क्लायंट से मैं भी लेता हूँ और वह भी लेती हैं। मैं आयकर की चोरी का इल्जाम लगाकर लेता हूँ और वह उस इल्जाम से बरी कराकर लेती है।...तो सारा कुछ बड़ा पेचीदा है भाई साहब! आप लोग यूँ (गिलास हिलाकर) हिलाते रहिए!''

''यह चलता रहेगा, आप जाइए! सो रहिए!'' मैंने पत्नी से कहा, जोर से।

सानू ने ध्यान से दरवाजे की ओर देखा, ''अरे दीदी! आप जग रही हैं? ऐसे, आप माफ करेंगी। सिर्फ रात भर हम दोनों साथ हैं और सच कहिए तो मुद्दत के बाद आवारा होने की तबीयत हो आई है।''

"मैं कुछ कह रही हूँ क्या?" पत्नी बोलीं, "इन्हें भी जितना पीना हो पी लें, इसके बाद तो मिलने से रही।"

"ऐसा न कहिए। न कहिए ऐसा वरना, मैं भाई साहब के लिए गाड़ी में कई पीपे शराब लदवा सकता हूँ।" सानू मुझे देखकर हँसने लगा। और उसके बाद अचानक जैसे कोई बात याद आ गई हो, उसने जो हँसना शुरू किया तो फिर हँसता ही रहा, यहाँ तक कि उसकी आँखों से पानी गिरने लगा।

"हैरत है मुझे। दुख भी कम नहीं है। कभी-कभी मैं सोचना शुरू करता हूँ भाई साहब, तो लगता है, माथा फट जाएगा। मैं इसलिए कह रहा हूँ कि आप आ तो गए हैं, आकर फँस भी गए हैं और मैं जानता हूँ कि दुबारा आप मेरे यहाँ न आएँगे।..."

"नहीं, यह तो गलत कह रहे हो तुम!" मैंने गिलास खाली करते हुए कहा।

"गलत मैं नहीं, आप कह रहे हैं। और इसे गलत नहीं, झूठ कहना चाहिए। और जनाब, शराब का एक दस्तूर है और आप उसका पालन नहीं कर पा रहे हैं। पीनेवाला शख्स बढ़ा-चढ़ाकर भले बोले लेकिन झूठ नहीं बोलता और आप बोल रहे हैं। इसका मतलब है कि या तो यह शराब नहीं है या आप आदमी नहीं हैं! बहरहाल, आप आदमी हों या न हों, यह शराब है।" वह जोर से हँसा–"अगर आप झूठ नहीं बोल रहे हैं तो बताइए कृपया कि आते-ही-आते आपने वापसी का टिकट क्यों खरीदा? दो दिन से गायब क्यों रहे? दीदी गुमसुम क्यों है? हमारा घर बच्चों को रास क्यों नहीं आ रहा है?...जबकि हमने–मैं बहुत ईमानदारी से कहता हूँ भाई साहब कि हमने अपनी ओर से आप लोगों के लिए कुछ उठा नहीं रखा। मैंने ऑफिस से छुट्टियाँ लीं। अकसर समय से पहले काम निपटाया और भाग आया। रेखा–जो कभी किचन में पैर नहीं रखती थी–खाने पकाती रही है और वह भी सानू के लिए नहीं, आपके लिए, दीदी के लिए। फिर भी आप लोगों का मुँह टेढ़ा ही है!...

"सुनिए! पहले मेरी बात तो पूरी हो लेने दीजिए। मैं निवेदन करूँ कि इन बातों को आप सिर्फ अपने सन्दर्भ में मत सोचिए। मैं एक बड़ी बात कह रहा हूँ–मुमकिन है आपको घटिया लगे। आप बाहर के आदमी हैं–बाहर से मेरा मतलब–उतने निकट नहीं, जितने कुछ दूसरे हैं। उदाहरण के लिए मेरे पिता को लीजिए। उन्होंने मुझे पढ़ाया-लिखाया और इस लायक बनाया कि एक अफसर बनूँ। हालाँकि सारा श्रेय वे खुद लेते हैं, गोया इस होने में मेरी बुद्धि, मेहनत और वजीफों की कोई कीमत नहीं। फिर भी वे कहते हैं और मैं मान लेता हूँ।...तो पढ़ा-लिखाकर, अफसर बनाकर मुझसे क्या चाहते थे? सीधी-सी बात है कि चाहते थे–मैं सुखी होऊँ, रुपये-पैसे कमाऊँ, किसी बात के लिए दूसरों के आगे हाथ न पसारूँ, उनकी और घर की इज्जत-आबरू बढ़ाऊँ, उन्हें और माँ और भाइयों को आराम और

सुविधाएँ दूँ! यही न? सुन रहे हैं न मेरी बात? मैं जब इस लायक हुआ तो बोला–पिताजी, अब चले आइए। आराम से अपने दिन काटिए। मैंने उनके कमरे में पंखा लगवाया, मसहरी लगवाई, डनलप का गद्दा बिछवाया, कोने में ठाकुरजी की मूर्ति रखवा दी, नौकर को हिदायत दी कि उन्हें कोई तकलीफ न हो। ड्राइवर से कहा–अगर वे शाम को घूमना चाहें तो पूछकर जहाँ कहें, वहाँ घुमा लाओ! मैं खुद दस-पन्द्रह मिनट के लिए रोज उनके पास बैठ लेता था। लगता भी था मुझे कि वे बड़े खुश और सन्तुष्ट हैं। लेकिन दस-पन्द्रह दिन बाद मैं एक दिन ऑफिस से लौटा तो पता चला कि बिना किसी से कहे अपना दंड-कमंडल उठाकर गाँव चले गए। जाहिर था कि मुझे बुरा लगता और लगा भी। खैर, मैंने सोचा कि बूढ़े हुए, कोई बात नहीं। बहुत बुलाने पर एक बार माँ आई। चार-पाँच दिन बाद वह भी कहने लगी–मुझे गाँव पहुँचा दो। मैंने पूछा कि यहाँ क्या तकलीफ है? तो कुछ नहीं, बस आराम-ही-आराम है। यहाँ की तारीफ क़रते हुए इतनी खुश हुई कि रोने लगी। फिर एक-एक कर भाई आए...और भाई साहब, आकर जो गए, इनमें से दुबारा कोई नहीं आया। यह नहीं कि आने का मौका नहीं मिलता, बस यह कि कोई आना नहीं चाहता! आप बता सकते हैं कि वे क्यों नहीं आना चाहते? मैं यह हरगिज नहीं मान सकता कि उन्हें मेरे सुख से चिढ़ है, क्योंकि वे मुझसे यही चाहते थे।...

‘‘हाँ, बीच में एक बात और रह गई। रुकिए जरा।'' उसने अपना और मेरा गिलास भरा और आधा गिलास खत्म करने के बाद एक लम्बी डकार ली–‘‘पिताजी से मैंने अनुमान लगाया कि शायद मैं इन लोगों से ढंग से बात नहीं कर पाता हूँ–शायद ये लोग अधिक-से-अधिक मेरा साथ चाहते हैं, मुझसे बतियाना चाहते हैं। आप समझ सकते हैं कि यह कितना मुश्किल काम है! आप किस चीज के बारे में उनसे बात करेंगे? रूस और अमेरिका के बारे में? विदेशी-नीति के बारे में? साहित्य या राजनीति के बारे में, फिल्मों के बारे में? दुनिया या देश की किसी समस्या के बारे में आप उनसे बात कर सकते हैं? लेकिन शायद वे ऐसा चाहते रहे हों। क्यों? क्योंकि मेरे यहाँ आधे घंटे या पैंतालीस मिनट के लिए कोई आता था तो मैं उससे हँस-हँसकर मस्ती से बात करता था। मगर भाई साहब, आधे घंटे के लिए तो आप हँस सकते हैं लेकिन चौबीस घंटे और वह भी उनके साथ जो आपसे छोटे या बड़े हों? खैर, यह भी चले–मैंने अपने में आदत डाली लेकिन कोई नतीजा नहीं! अब यही देखिए, आपसे तो मैं खूब बातें करता रहा हूँ और वह भी हर टॉपिक पर! मगर आप चले जाएँगे और फिर दुबारा आने का नाम न लेंगे!...ऐसा क्यों है? आप समझाइए मुझे! मैं अपने दिल से–देखिए, यहाँ से–कहता हूँ कि इस चीज को समझना चाहता हूँ। बस, अब बोलेंगे...आप बोलेंगे और मैं सुनूँगा...।''

‘‘तुम समझना नहीं चाहते हो। समझाया भी जाए तो नहीं समझ सकते।''

"क्या बात करते हैं भाई साहब! वाह रे वाह! आप जनता को समझाने का दावा करते हैं और मुझे नहीं समझा सकते!" उसने तुरन्त अपनी भौंहें चिटकी से मसलीं–"नहीं, मेरे कहने का मतलब यह था कि जनता आपकी बात समझ सकती है और मैं नहीं?"

"हाँ, जनता इसलिए समझ सकती है कि वह समझना चाहती है।" मैंने जोर दिया।

"कविजी, माई रेस्पेक्टेड कविजी, आप सीधे-सीधे यह क्यों नहीं कहते कि मैं इसलिए नहीं समझ सकता कि आप समझा ही नहीं सकते! आपके पास घिसे-पिटे कुछ पारिभाषिक शब्द हैं। आप कहेंगे कि मेरा वर्ग-चरित्र बदल गया है। यही न? आप डेढ़ हजार रुपये पाते हैं और पाई-पाई को दाँत से पकड़ते हैं और आपका वर्ग नहीं बदला और हजार रुपये मासिक पाने वाले मुझ गरीब का वर्ग बदल गया? अगर मैं किसी भी हिकमत से ऐशो-आराम की जिन्दगी जीना चाह रहा हूँ तो इसमें किसी के बाप का क्या? और कौन नहीं चाह रहा है? क्या मैं सौ रुपये की शराब पी रहा हूँ और आप अठन्नी के चोट्टा का रस पी रहे हैं?"

"सानू, बेहतर हो, चुप हो जाओ! बातें बन्द!" मैंने गिलास उलटकर रख दिया।

"सॉरी भाई साहब!" उसने झुककर मेरा गिलास खड़ा कर दिया–"बातें बन्द नहीं होंगी। और देखिए, अब तो फुहियाँ भी पड़ने लगीं। कोई कविता ही सुनाते आप। अब मैं नहीं बोलूँगा, आप सुनाइए। लेकिन उठा-पटकवाली नहीं, कोई दिलदार कविता। हाय-हाय, क्या कहने! कविता-ए-दिलदार नगर!"

"कवि और कविता-ए-दिलदार नगर!" वह फुहियों की तरफ अपना चेहरा करके कुछ देर तक चुप रहा। "भाई साहब! अब मेरा दोष नहीं। मैंने आपको मौका दिया और आप चुप रहे। हालाँकि जो आदमी दूसरों को सिर्फ सुनता रहे और खुद चुप रहे, वह खतरनाक होता है। क्योंकि वह क्या सोच रहा है, यह पता नहीं चलता, लेकिन कोई बात नहीं। मैं कुछ कहना चाहता हूँ–आप मुझे आज्ञा दें।...आपको मालूम है, हम अफसरों में कवि का क्या मतलब है? कवि का अर्थ फटीचर, चूतिया, कामचोर, निठल्ला, चिरकुट...बुरा न मानेंगे आप! आपके लिए दिल में बेहद इज्जत है और यह भी है कि यह अर्थ आप पर नहीं लागू होता। लेकिन जो मैंने कहा, वह सच है। इसके सिवा किसी दूसरे रूप में मैं कवि को नहीं जानता। आप जानते हैं कि साल में एक-दो बार सम्मेलन मैं खुद करवाता हूँ–ऑफिसर्स क्लब की ओर से। इसके सिवा शहर में जो भी आयोजन होते हैं, उनमें बुलाया जाता हूँ और पाँच ही मिनट के लिए सही–जाता जरूर हूँ। मैं सुनता हूँ उन्हें। वे कहते रहते हैं–

तोड़ दो, फोड़ दो, उलट दो, आग लगा दो, जला दो, आसमान को नोच डालो, धरती को फोड़ डालो। हमारे क्लब में वे अच्छे-से-अच्छा खाना खाते हैं, बढ़िया-से-बढ़िया शराब पीते हैं, लेकिन काफी नाराज दिखाई पड़ते हैं। इस दुनिया से, इस व्यवस्था से। हम पर उनकी बातों का असर तो नहीं पड़ता, लेकिन मजा जरूर आता है। कुछ देर के लिए जायका बदल जाता है। उनकी उत्तेजना हमें बड़ी दिलचस्प लगती है—उन्हें गम्भीरता से लेने की कभी हमें जरूरत नहीं महसूस होती। कभी-कभी लगता है कि वे अच्छे मनोवैज्ञानिक केस हो सकते हैं।...खैर, इन बातों को छोड़िए—शहर में गोष्ठी के नाम पर, पत्र-पत्रिका के नाम पर, संस्था के नाम पर, दवा-दारू के नाम पर, अपील छपवाने के नाम पर कवि लोग चन्दे के लिए आते रहते हैं—बड़े साहस के साथ, इस अहाते में घुसते समय बड़ी हिम्मत से काम लेते हैं। और मैं आपसे झूठ नहीं बोलूँगा—उन्हें चन्दे देता हूँ, क्योंकि उन्हें चन्दे देना मुझे अच्छा लगता है, क्योंकि इससे मुझे अपने बड़प्पन का अहसास होता है। सेठों के सम्मान से कवियों द्वारा सम्मान कहीं बड़ी चीज है—हर हालत में बड़ी...आप यकीन कीजिए भाई साहब, शुरू में चन्दा देने से पहले मैं बेमतलब के काम करने के लिए उन्हें ऐसे डाँटता हूँ जैसे अपनी धोबिन को, जैसे सब्जीवाले को, यहाँ तक कि रहमत अली को। फिर भी वे मेरी इज्जत करते हैं और इतनी जितनी आपकी भी नहीं करते। माफ करिएगा, विश्वास न हो तो चलिए, किसी भी गोष्ठी में चलिए। देखिए, लोग आपके स्वागत के लिए दौड़ते हैं या मेरे!''...

मैंने अपना गिलास उठाया और उठाते समय मुझे ऐसा लगा जैसे गिलास मेरे हाथ से छूटकर गिर जाएगा। सँभालते-सँभालते आधा गिलास बीयर मेरे घुटने पर गिर गई। मैं शर्म से मुस्कराया और गिलास मेज पर रख दिया!

''रुकिए! रुकिए भाई साहब, उठाइए गिलास! उसे हाथ में लीजिए!'' उसने कहते-कहते जबरदस्ती गिलास मेरे हाथ में पकड़ा दिया।

''हाँ, गिलास कैसे टूटता है? मालूम है आपको?'' उसने बड़े रौब से मुझे देखा। ''ऐसे'' और उसने बीयर से भरा अपना गिलास दूर से फर्श पर पटक दिया। शीशे के टुकड़े उछले और घिसटते हुए फैल गए।

''अब बताइए आप! गिलास कैसे टूटता है?...आपके हाथ में है वह! हाँ...कैसे?'' वह क्षण-भर मेरी ओर देखता रहा।

''आप हद कर रहे हैं। गिलास की तरफ मत देखिए...और न उसकी खूबसूरती पर जाइए! ऐसे गिलास आते-जाते रहेंगे...बस, तोड़िए! एक, दो, तीन!''

उसने झल्लाकर गिलास छीन लिया और पूरी ताकत से उसे ऊपर उछाल दिया।

''हाँ, तो अभी-अभी एक का घंटा बजा है और हम यह नई तारीख नए गिलास से शुरू करेंगे!...सागा! ओ सागा!''

सागा दो गिलासों के साथ हाजिर हो गया। लगा कि गिलास के टूटने की आवाज के साथ ही उसने गिलास निकाल रखे थे।

"हाँ, तो नए गिलास और नई तारीख और रहमत अली! आपने पूछा नहीं कि यह रहमत अली क्या चीज है?...यह रहमत अली मेरा अर्दली है और शायर भी है! मेरे मन में आया था कि आपको बता दूँ। फिर सोचा, बताना ठीक नहीं है। पता नहीं, आप क्या सोचेंगे? यह परसों की बात है–लंच से थोड़ा पहले की। मेरे दफ्तर के आगे गैलरी में थोड़ा शोरगुल जैसा हुआ।...जब कोई ऐसा आदमी आता है जो रहमत को टिप नहीं दे पाता तो वह साहब से–यानी मुझसे–नहीं मिलने देता। लाख चाहने पर भी नहीं मिलने देता। जब थोड़ी देर तक बहस–मुबाहिसा चलता रहा तो मैंने घंटी बजाई। 'क्या बात है?' मैंने पूछा। उसने बताया कि सड़ियल-सा आदमी आया है जो आपसे मिलने की जिद कर रहा है। कहता है कि साहब के घर एक लेखक आए हुए हैं कुछ जादू-फादू करके, उनसे मिलना है। मैंने कह दिया कि साहब के यहाँ ऐसे आलतू-फालतू लोग नहीं आते लेकिन वह अड़ा है।

" 'बुलाओ, बुलाओ उसको!' मैंने उसे डाँटा और भेजा तो पता चला कि वह रहमत को गालियाँ देता हुआ चला गया है।...हालाँकि देर तक मैं सोचता रहा कि कवि या लेखक वह भी रहा होगा और रहमत भी है, फिर उसने ऐसा क्यों किया? और देर तक सोचने के बाद मैं इसी नतीजे पर पहुँचा भाई साहब! कि पैसा बड़ी चीज है। लोभ या लाभ अपने भाई को नहीं पहचानता–जाति तो दीगर चीज है!"

पानी बन्द हो गया था। उसने आसमान के अँधेरे में देखा, जैसे उसकी समझ में न आ रहा हो कि यह साला क्यों बन्द हो गया?

"खैर छोड़िए! तो भाई साहब, रहमत अली शायर है और मेरा अर्दली है। फिर क्या तर्कशास्त्र का सहारा लेते हुए मैं यह नतीजा नहीं निकाल सकता था कि जो भी शायर या कवि है, मेरा अर्दली है?"

मैंने जब अपना सिर उठाया तो उसे अपनी ओर घूरते हुए पाया। वह झुका था और सीधे मेरी आँखों में झाँक रहा था।

"क्या कहा आपने?" थोड़े इन्तजार के बाद वह मुस्कराकर बोला–"जी हाँ, कुछ कहा आपने?"

"नहीं तो! कुछ भी नहीं!" मैं चौंक-सा गया। सिर को झटका देकर गर्दन सीधी की–"आपको वहम हो गया है।"

"रामलाल मॉनीटर! यही कहा आपने! क्या नहीं कहा था?" वह शरारत से अपना गिलास मेज पर रखते हुए बोला।

मैं उखड़ गया। सचमुच, जहाँ तक मुझे याद है, मैंने ऐसा कुछ भी नहीं कहा था–"जी नहीं। यह मैं कह ही नहीं सकता–बिलकुल नहीं।"

उसने जोर से ठहाका लगाया, झुककर मेरे बाल झकझोरे और हिलता हुआ खड़ा हो गया। उसके सिर के लम्बे बाल थिरक रहे थे और उनसे झड़नेवाली फुहियाँ मेज पर रखे गिलासों में पड़ रही थीं–"सागा, माचिस!" वह चिल्लाया!

उसने मेज के निचले खाने से डिब्बी उठाई और ओठों के बीच सिगरेट लगा लिया।

मैंने खाने में रखी माचिस उसकी ओर बढ़ा दी।

"रख दीजिए उसे...वह आता होगा! अबे सागा के बच्चे!" वह दुबारा और ऊँचे स्वर में चिल्लाया।

सागा आँखें मलता दौड़ा हुआ आया और उसने सिगरेट सुलगा दी।

"साले, तेरा बाप रतजगा करेगा और तू सोएगा? ऐं?" सानू ने सागा के चूतड़ पर हँसते हुए एक लात जमाई–"गेट आउट! अपनी इस गेट वे ऑफ इंडिया के साथ–समझा? इंडिया के साथ गेट आउट!"

सागा के जाने के बाद सानू मेरी ओर देखकर हँसा, मेज हटाई और घुटनों के बल मेरे आगे बैठ गया–"मेरे मिस्टर साढ़ू भाई! सचमुच आपने कुछ नहीं कहा। कुछ कहा ही नहीं आपने, लेकिन बहुत कुछ कह दिया। आपके शरीर से एक आवाज हुई–विस्फोट! क्या कहते हैं साहित्यिक हिन्दी में? ध्वनि! लेकिन नहीं, उस ध्वनि के लिए सही शब्द विस्फोट ही रहेगा! 'घुमड़ घमण्ड घटा घन की घनेरे आवै, गरजि गई तो फेरि गरजन लागी री!' किसका कवित्त है यह? मैंने भी हिन्दी पढ़ी है कविजी, थोड़ी-बहुत जानता हूँ और शौक भी रखता हूँ!...हाँ, तो विस्फोट! सभ्य समाज में इसे लोग अशिष्टता समझते हैं, अशोभन समझते हैं, यहाँ तक कि बदतमीजी...गुस्ताखी...जी हाँ...बदतमीजी! ऐसी आवाज सुनकर शरमाते हैं लोग! हँसते हैं। लेकिन क्यों हँसते हैं? यह समझ में नहीं आता। क्यों? क्योंकि शास्त्रों में कहा गया है–देखिए बरखुरदार, यह आप नहीं कह सकते कि शास्त्र आप ही ने पढ़ा है। मेरा भी एक पेपर था संस्कृत। कुमारसम्भव!...तो कहा गया है–'शरीरमाद्यम् खलु धर्मसाधनम्!' यह शरीर ही सारे धर्मों का साधन है। और चूँकि विस्फोट भी एक धर्म है–अहा, फिर तर्कशास्त्र–इसलिए शरीर उसका भी साधन है।...मगर लोग हँसते क्यों हैं?"

"अच्छा तो बस! अब चुप हो जाओ, होश में नहीं हो तुम!" मैं खड़ा हो गया और दो-चार कदम चलकर मेज के सहारे रुक गया।

वहीं से बैठे-बैठे सिगरेट का धुआँ उसने मेरे मुँह पर फेंका जैसे वह धुआँ नहीं बीयर हो–"जनाब, होश में वह नहीं रहता जिसे पीने को कभी-कभी मिलती है..."

"शटअप!" मैं जोर से चीखा और गिलास, बोतल, सिगरेट, प्लेट और दूसरे सारे सामानों को लिये-लिये मेज के साथ फर्श पर लुढ़क गया—मुँह के बल।

हवा चल रही थी, फुहारें पड़ रही थीं और पत्तियाँ ऐसे बज रही थीं जैसे कोई सितार छेड़े चला जा रहा हो कि इसी बीच कहीं पास में जोरदार धमाका हो गया। मेरी तन्द्रा टूटी तो पास से कुछ जनानी आवाजें आती सुनाई पड़ीं। मैं शायद सो नहीं सका था लेकिन जगा हुआ भी नहीं था। मेरे कपड़े सूखे हुए थे और टटोलकर मैंने जान लिया था कि मैं अपने कमरे में हूँ।

ऊपर मद्धिम स्वर में बजता हुआ पंखा चल रहा था।

"चोट बड़ी मामूली है। मेरा खयाल है, दाग नहीं पड़ेगा!" यह रेखा की आवाज थी।

दूसरी ओर से कोई टिप्पणी नहीं।

"और अगर पड़ भी जाए तो लड़की थोड़े है कि शादी करने में झमेला होगा!" रेखा ने कहा और हँसने लगी।

मुझे लग गया कि मेरे शरीर में कहीं चोट आई है, लेकिन पूरे बदन में होनेवाले मीठे-मीठे दर्द ने असल जगह का पता नहीं चलने दिया। मैंने अपने चेहरे को जब गद्दे में धँसाया तो ठोड़ी में टीस मालूम हुई। लगा कि वहाँ रूई भी है जिसे एक-दूसरे को काटती हुई पट्टियों से चिपका दिया गया है।

मेरी साली रेखा! मी लॉर्ड! यह वही ठोड़ी है जो तुम्हें बहुत अच्छी लगती थी और जिसे तुमने जाने कितनी बार चूमा है! अब हँस रही हो तो हँस लो! लेकिन मैं तुम्हें अच्छी तरह जानता हूँ और यह भी जानता हूँ कि तुम्हारे नाइट गाउन और मैक्सी और अंग्रेजी और पैंटीज और तमाम आव-काव के बावजूद मेरी पत्नी तुमसे खूबसूरत और स्वस्थ है।

"दीदी, तुम्हें याद है न? हम जब कॉलेज में पढ़ते थे तो एक कवि और लेखक की साली होने का मुझमें कितना अधिक क्रेज था। उफ, मैंने कॉलेज की सारी लड़कियों से—यहाँ तक कि मैडम लोगों तक से ढिंढोरा पीटकर कहा था कि ये मेरे जीजा हैं...जिन पर तुम सब लोग जान छिड़कती हो, जिनके सपने देखती हो—वो किसी दूसरे के नहीं, मेरे अपने खास जीजा हैं। याद है न तुम्हें, मैं पागल रहा करती थी। जरा सोचो तो, कवियों, लेखकों, विद्वानों के बारे में कितने ऊँचे खयालात थे हमारे!...और जीजा हैं कि इन्होंने कै कर-करके जो कालीन खराब की सो अलग, मेज के शीशे तोड़े सो अलग, गिलासों, तश्तरियों और बोतलों की तो बात ही छोड़ो। लेकिन दीदी, अफसोस इन सब चीजों के बरबाद होने का नहीं है, अफसोस तो इनके घुटने और ठोड़ी के फूटने का है।"

''हूँ, मैं तुम्हारी तकलीफ समझ रही हूँ!'' धीरे-से पत्नी बोलीं।

''लेकिन इससे भी कहीं ज्यादा तकलीफ तब होती है जब मैं तुम्हारे बारे में सोचती हूँ। कभी-कभी तो आँखों से आँसू तक निकल आते हैं। मैं जानती हूँ कि तुम भावुक हो, शुरू से ही इंट्रोवर्ट भी रही हो। अपनी पीड़ा किसी के आगे खोलकर रखना तुम्हारी आदत नहीं है। लेकिन जो है, उसे कभी छिपाया नहीं जा सकता है। अपनी शक्ल तो देखो! मुझसे केवल पाँच साल बड़ी हो, लेकिन आईने में देखो तो खुद को! बाल सफेद होने लगे हैं, चेहरा जाने कैसा हो रहा है! न ढंग के कपड़े, न लत्ते, न खाना...नहीं, वहाँ मेज पर नहीं, इधर लाओ और वह दीदी को दे दो!''...

कोमल या कोई चाय लेकर आया था। पीछे चिड़ियाँ चहचहाने लगी थीं। मुझे लगा—शायद भोर हो रही है!

''जीजा को जगाएँ?'' रेखा ने पूछा, ''वह भी चाय पी लें, थोड़ा हलके हो जाएँगे!''

पत्नी बोलीं—''नहीं!''

''तो मैं कह रही थी कि एक ओर शादी के पहले के तुम्हारे सपने और दूसरी ओर यह हाल! भला इन्होंने तुम्हारे लिए कोई नौकर या नौकरानी तो रख ली होती। न इतना काम करना पड़ता और न यह हाल होता। ये एक और काम कर सकते थे। इन्होंने तुम्हें बी.ए. के आगे पढ़ाया होता और कोई नौकरी ही दिला दी होती। ज्यादा नहीं तो तीन-चार सौ रुपये महीने में कम नहीं होते!...अब मेरा ही देखो, मुझे नौकरी या काम की कोई जरूरत नहीं थी, लेकिन सानू के कहने पर वकालत पास किया और अब हाईकोर्ट से ज्यादा नहीं तो चार हजार मिल जाते हैं—प्रतिमास। और कहीं हमारे सीनियर ओझा बाबू इस सरकार में कानून मंत्री हो गए तो जज होना मेरा निश्चित है।...चाय ठंडी हो रही है, उसे पियो तो!''

''मेरी चिन्ता मत करो, कहे जाओ!''

''चिन्ता क्यों न करूँ भला! अब यही देखो, ये बच्चे हैं। इसी उम्र में जो बनना होता है, बन जाते हैं! लेकिन कोई ध्यान नहीं दे रहा है। पालिका के स्कूल में पढ़कर उज्जड़ और गँवार हो गए हैं। गन्दी-गन्दी गालियाँ बकते हैं। न किसी का डर, न लिहाज। वे तो इसी साल उन्हें हॉस्टल में डालने जा रहे थे लेकिन मेरे बहुत कहने पर किसी तरह राजी हुए।''

''पापा, यह उज्जड़ क्या होता है?'' छोटे ने मेरी पीठ में कोंचा।

मैं चुपचाप बिना हिले-डुले पड़ा रहा।

''अम्मा! मौसी क्या बोल रही हैं?''

''सो जा बेटे, कुछ नहीं।''

रेखा ने चुचकारा–"हाँ! सो जा! अच्छे बेटे बड़ों का कहना मानते है! ऐं!...अरे कोमल, सुबह हो गई है, जरा मानसवाले रेकॉर्ड तो लगाना!...हाँ दीदी, जरा यह बताओ कि मकान वही है या कहीं और जमीन ली है?"

"वही है!"

"उसे तुम छोड़ क्यों नहीं देतीं? झोंपड़ी जैसा वह मकान! ऐसा क्या है कि उससे चिपकी हुई हो! अब यही देखो, हमने जमीन इस शहर में भी ले रखी है, इलाहाबाद में भी और बॉम्बे भी। बॉम्बे में लिया तो नहीं है अभी, लेकिन इनका तबादला हुआ नहीं कि ले लेंगे। हमारे बीच झगड़ा सिर्फ इस बात को लेकर है कि पहले मकान कहाँ बने? मैं प्रैक्टिस छोड़ना नहीं चाहती और पता नहीं क्यों, इन्हें इलाहाबाद बहुत अधिक पसन्द है। जाने क्यों, इन्हें नदी और समुद्र का किनारा इतना अच्छा क्यों लगता है!...अरे हाँ, सानू ने यह बताया कि नहीं कि हम सितम्बर में तीन महीने के लिए स्टेट्स जा रहे हैं, सरकार की ओर से! जा तो वही रहे हैं लेकिन साथ में मुझे भी चलने के लिए कह रहे हैं। मेरे सामने सवाल है बच्चों का! देहरादून चले गए तब तो कोई बात ही नहीं, वरना सोच रहे हैं, क्यों न तीन महीने के लिए बाबूजी के यहाँ रख दें! कम-से-कम एक बार ननिहाल तो देख लें! फिर बड़े होने पर किसे फुर्सत मिलती है? क्या राय है तुम्हारी?"

"यही मैं कहने जा रही थी रेखा कि हमें आए छह-सात रोज हो रहे हैं, आज चले भी जाएँगे, तुमने दुनिया-भर की बातें कीं, लेकिन एक बार भी नहीं पूछा कि बाबूजी कैसे हैं?" थोड़ा रुककर पत्नी ने कहा।

"अरे हाँ? सॉरी दीदी! मैं तो भूल ही गई थी, अच्छा–बोलो, कैसे हैं, बाबूजी?"

"अच्छे हैं।" लगा कि पत्नी हँसी हैं।

"उनसे कहना कि रेखा ने बुलाया है। एक बार यहाँ भी आएँ!...भूलना नहीं, प्लीज! यह भी कहना कि हम उनसे बहुत नाराज हैं।"

"कह दूँगी।"

"और कहना कि इधर नहीं, सितम्बर में आएँ और अपने नातियों को लिवा जाएँ!"

"यह भी कह दूँगी, मगर वे कैसे लिवा जाएँगे?" पत्नी थोड़ी देर के लिए रुकीं–"रेखा, तुम्हें मालूम है कि उन्हें गुजरे हुए आज सात महीने हो रहे हैं!"

"व्हाट...? इज इट सो? नहीं, यह सच नहीं है दीदी!" रेखा का स्वर आश्चर्य से रुआँसा हो उठा–"दादा या किसी ने खबर क्यों नहीं दी हमें?"

"तुम्हें तार दिया था मैंने! खुद मैंने!"

रेखा के सिसकने की आवाज सुनाई पड़ी।

"अरे कोमल! तार का एक फॉर्म तो ले आना।...अभी मैं दादा को संवेदना का तार दे रही हूँ!"

"दादा ने भी एक पत्र लिखा था!"

"यह घर है कि मजाक? तार न मिलता तो चिट्ठी मिलती। चिट्ठी नहीं तो तार मिलता। कुछ भी तो नहीं मिला। सच कहती हूँ दीदी, इतनी चिट्ठियाँ आती हैं–इतनी कि जरूरी-गैरजरूरी का कोई ध्यान ही नहीं रखता। मैं अकेले क्या करूँ? खैर, दादा को अलग से एक पत्र डालूँगी और साफ-साफ लिखूँगी कि इस तरह सम्बन्ध नहीं निभ सकता। बताओ भला, यह कोई ढंग है?"

"दादा पाँच महीने से जेल में हैं! इमरजेन्सी के विरोध में उन्होंने प्रदर्शन किया था।"

"यह सब क्या हो रहा है–मेरी तो कुछ समझ में नहीं आता...क्या जरूरत थी प्रदर्शन करने की! बड़े नेता बनने चले हैं! कोमल! देख, साहब जग गए या नहीं? पता नहीं, उन्हें यह सब मालूम भी है कि नहीं?"

"अम्मा", यह छोटे की आवाज थी, "पापा की दाढ़ी में क्या हुआ है?"

"जाकर उन्हीं से पूछो!" पत्नी ने उसे ठेलकर परे किया।

"गुड मॉर्निंग मॉम! गुड मॉर्निंग मौसीजी। अरे मौसाजी की दाढ़ी..." दीपू और स्वीटी कमरे में आए और हँसने लगे।

"अरे मम्मी! मौसाजी की दाढ़ी में तो फूल खिल रहा है!" स्वीटी ने जैसे ही कहा, रेखा ठहाका मारकर हँस पड़ी–"व्हाट ए पीस ऑफ पोएम। वंडरफुल! कवि जी, यह जुमला सुनने के बाद आपको उछलकर बैठ जाना चाहिए था!...अरे ओ जीजाजी!"

लेकिन मैं न तो उछलकर बैठा, न रोया और न हँसा–उस वक्त मन-ही-मन मैं अपनी मृत्यु के घोषणापत्र का पहला पैराग्राफ तैयार कर रहा था–आँसू और गुस्से और ग्लानि का मिला-जुला ऐसा रसायन कि पढ़ने वाले वाह-वाह कर उठें। और अगर कहीं फड़क भी उठें तो क्या बात है!

इसको क्या कहेंगे? इसको कहेंगे–'आम के आम, गुठलियों के दाम!' हाँ, मुहावरे में यही कहेंगे! मुहावरा याद आते ही मुझे लगा कि बनारस में इस समय लँगड़े का भाव ढाई-तीन रुपये किलो पर आ गया होगा!

खैर, पहले पैराग्राफ दुरुस्त कर लेना जरूरी है...

> 'ऐ मेरी माँ! प्राणों से प्यारी माँ! मैं तुम्हारी उन सन्तानों में से हूँ जो भरपेट तुझे प्यार करना चाहते हैं–तेरा प्यार पाना चाहते हैं, लेकिन तू हरजाई है। तू कभी सेठों की छाती से जा लगी, कभी नेताओं की जाँघों से जा चिपकी, कभी अफसरों के तलवों से खेलने लगी और मैं...
>
> छोटी-छोटी लालचों और उम्मीदों, तिरस्कारों और खुशामदों, हें-हें और ही-हियों से बना यह मैं–अपने होने को बेहतर और आरामदेह बनाने के लिए,

लोगों के बीच इज्जत पाने के लिए–यह जानते हुए कि इज्जत कम-से-कम काम और अधिक आराम का नाम है–अपने और अपने रिश्तों को खुश रखने के लिए शहीदाना जिम्मेदारियों के साथ तीस सालों से लावा की तरह धधकता रहा हूँ और...और...

लगा कि वाक्य कुछ बड़ा हो रहा है, उसे कुछ छोटा होना चाहिए लेकिन इस खयाल के साथ ही मुझे हँसी आ गई–'साले चूतिया नहीं तो! जरा-सी ठोढ़ी में चोट लगी और मृत्यु का घोषणापत्र और वसीयतनामा लिखने लगे और वह भी झूठ! सरासर झूठ!'

मैंने करवट बदली गोया करवट बदलने से विचार भी बदल जाएँगे और वह भारीपन जो मेरे शरीर और मन पर छाया है, दूर हो जाएगा और मैं सारी चीजों को दूसरे ढंग से सोचने लगूँगा और सचमुच यही होने लगा। मेरे मन में खयाल आया कि जब उठूँगा और सानू सामने आ पड़ेगा तो कैसे क्या होगा? वह अपने नाइट गाउन में मुस्कराता हुआ हॉल में आएगा और माथे पर गिरे बालों को झटककर ऊपर करते हुए बोलेगा–'हाय बरखुरदार! यू ग्रेट सन ऑफ ग्रेट इंडियन स्वायल! रात कैसी नींद आई?'

कैसे क्या होगा?

मैं ठोड़ी पर रूई चिपकाए लँगड़ते हुए क्या जवाब दूँगा?

और मुझे लगा कि मैं मुँह चुरा रहा हूँ और वह जबरदस्ती मेरे चेहरे को अपनी ओर करना चाह रहा है, मैं आँखें बन्द रखना चाहता हूँ और वह उनमें झाँकना चाहता है–अपनी मूँछों के नीचे मुस्कराते हुए! जैसे-जैसे उसके पतले ओठ फैलते गए, मूँछें काले कोड़े की तरह तनती चली गईं–कोड़ा पीछा कर रहा है और मैं भाग रहा हूँ–भागना चाह रहा हूँ और पाँव जहाँ के तहाँ हैं; मदद के लिए चिल्ला रहा हूँ लेकिन कंठ से आवाज नहीं फूट रही है...

'रेखा!' पत्नी बड़े ठंडे स्वर में बोल रही हैं–'मेरी छोटी बहन! यह आदमी–मेरा पति–मेरे पाँच बच्चों का बाप–जो घायल भेड़िये की तरह तुम्हारे डनलप के गद्दे पर बेतरतीब पसरा हुआ है, जिसे थोड़ी देर पहले तुमने काफी खरी-खोटी सुनाई है, जिस पर किसी जमाने में तुम मरती थीं–नहीं, मुझे कह लेने दो, मुझे सब मालूम है और तुम बहुत कुछ कह चुकी हो–और जिस पर आज भी मरनेवालों की कमी नहीं है–यह आदमी मुझे अचरज है कि रात-भर–इस सारी रात अपमान सहता हुआ कैसे चुप रहा है? जिस आदमी ने सब कुछ बर्दाश्त किया है लेकिन अपमान नहीं–यह क्यों चुप रह गया–मुझे आश्चर्य है। आज तक किसी से नहीं कहा मैंने, लेकिन तुमसे कह रही हूँ कि शादी के बाद जब मैं इसके घर गई तो पहली ही शाम–मैं अपने बच्चों की कसम खाकर कहती हूँ कि पहली शाम इसने

मुझसे बीस रुपये माँगे थे—बीस रुपये और वह भी उधार। दोस्तों की जिद पर उन्हें सिनेमा दिखाने के लिए। मेरे मुँह से निकला—'अगर इतने ही कंगाल थे तो मुझे क्यों ले आए?...' हे बच्चो, तुम लोग बाहर जाओ! जाओ बेटा! बाहर खेलो...हाँ! तो मुझे कहना नहीं चाहिए था लेकिन मुँह से निकल गया तो निकल गया और इधर देखो! मेरे बाएँ गाल पर आज भी उँगली का निशान है और यह भी बताऊँ कि जिसे 'सुहागरात' कहते हैं, उसे मैंने ब्याह के तीन महीने बाद जाना।...और तब से मैं बराबर देखती रही हूँ कि इसने कभी किसी का रौब नहीं सहा, किसी के आगे हाथ नहीं फैलाया, किसी की खुशामद नहीं की, किसी का ताना नहीं सहा—और आज वही आदमी यहाँ लाश की तरह पड़ा हुआ है? क्यों हुआ ऐसा?'

'देखो दीदी, अब बस करो! सुनाने के लिए मैं भी बहुत कुछ सुना सकती हूँ!'

'अब इससे अधिक क्या सुनाओगी तुम? तुम्हारे पास बचा ही क्या है सुनाने के लिए? मैं तो, रेखा, इसलिए कह रही हूँ कि रात-भर रोती रही हूँ...सारी रात...मेरी ये पलकें देखो। और रात ही क्यों, जब से आई हूँ तब से रोती रही हूँ। मैंने इस मर्द के साथ सोलह साल गुजारे हैं...सारी जवानी गुजरी है इसके साथ और मैंने किसी नशे का असर नहीं देखा इस पर—चाहे शराब हो, चाहे गाँजा, चाहे भाँग, चाहे दौलत! हाँ, दौलत! यह धनी-से-धनी और दबंग-से-दबंग आदमी के साथ ऐसे पेश आता रहा है जैसे वह कौड़ी का तीन हो! मेरे कहने का यह अर्थ कतई मत लेना कि मैं इसके या अपने अपमान का बदला ले रही हूँ। न, ऐसा मत सोचना। बदला मैं तुमसे क्या लूँगी जिसे यही नहीं मालूम कि उसके बाप को गुजरे कै महीने हो गए और भाई घर पर है या जेल में? नहीं, पहले पूरी बात तो सुनो! मेरी मुश्किल यह है सिर्फ कि इसने खुद अपनी ठोड़ी क्यों फोड़ ली? जान-बूझकर क्यों फोड़ी? क्या इसलिए कि यह सानू का कुछ नहीं कर सकता था? क्या इसलिए कि वह मेरा रिश्तेदार और तुम्हारा पति था? क्या इसलिए कि शुरू से ही तरह-तरह की फरमाइशें करके, यह माँग के, वह माँग के, दूसरों की देखा-देखी अपने भीतर सपने जगा के, औरों के आगे इसे नाचीज ठहरा के मैंने इसे कुन्द बना दिया? इसकी धार भोथरी कर दी?...वरना तुम तो तुम, ये इत्ते से बच्चे तक इसकी दाढ़ी पर फूल खिलाकर चले जाएँ और यह...यह...'

'मेम साब! फोन आया है साहब का!' कोमल किचन या सानू के कमरे से चिल्लाया!

सोना सिसक रही थी और उसकी आवाज मानस की चौपाइयों और सुबह की हवा और बेला की गन्ध के साथ हिलती-डुलती रही—मुझे लगता रहा कि मैं जो क्षितिज के किनारे बड़ी देर से थके बादल के टुकड़े की तरह ठहरा हुआ था—अब आसमान में धीरे-धीरे तैर चला हूँ—मेरी प्यारी पत्नी! मैं विश्वामित्र के समान छाती पर लहराती हुई सफेद दाढ़ी के साथ दोनों हाथ फैलाए जैसे उठ खड़ा हुआ—'माँ ले! जो भी तुझे

माँगना हो, माँग ले! मैं यह सारी दुनिया फूलों की तरह–देखो! यूँ अँजुलियों में उठाकर फूलों की तरह तुम पर बरसा सकता हूँ। हाँ, फूलों की तरह यह सारी दुनिया! मगर एक काम करना, घर की गली के सामने उतरते समय यह न कहना कि बच्चों के लिए कहीं से डेढ़ किलो इमरती ले लो! फिर भी–हालाँकि जेब खाली हो चुकी है फिर भी प्रिये, प्राणों की प्राण! मुझमें इतनी शक्ति है कि तुझे सीने से लगा लूँ, बाँहों में उठा लूँ, उस हिस्से को चूम लूँ जहाँ मेरी उँगली का दाग है'...

''अरे! साहब का फोन आया है–क्या मतलब? सानू कहीं बाहर गया है क्या?'' मैं मारे खुशी के उठकर बैठ गया।

पत्नी ने कोई जवाब नहीं दिया।

''यार, अब यह मर्सिया पढ़ना बन्द करो! तैयार हो जाओ जल्दी से। फटाफट! अगर वह नहीं है तो अभी निकल चलते हैं!'' मैंने फर्श पर खड़ा होने की कोशिश की, लेकिन जोड़ के दर्द ने रोक लिया।

पत्नी ने मुझे देखा और देखती रहीं। वे इस तरह देखती रहीं जैसे अभी-अभी ब्याई हुई गाय अपने बाछे को देखती है! इस तरह देखती रहीं जैसे हम सोलह साल बाद मिले हों! मैं उनके आगे पहली बार शरमाया और कुछ ऐसा शरमाया कि उठकर अपना मुँह उनके आँचल के अन्दर कर लिया। वह चुपचाप मेरे बालों में उँगलियों से कंघी करती रहीं!

''भारत माता!'' मैं व्यंग्य से मुस्कराते हुए खड़ा हो गया–''आज्ञा दीजिए!''

उनकी ठोड़ी की नोक पर आँसुओं की बूँदें दोनों गालों से सरककर जमा हो रही थीं और टपकने की रफ्तार थोड़ी तेज हो गई थी।

''दर्द ज्यादा तो नहीं है?'' वे बिना सिर उठाए बोलीं।

''क्या कहा ज्यादा?...है ही नहीं।''

वे चुप हो गईं और कुछ देर तक सोचती रहीं।

''जाओ, रिक्शा ले आओ! चल तो सकते हो न?'' उनकी आवाज बेहद ठंडी और शान्त थी।

''अरे जीजाजी!'' रेखा कमरे में घुसते ही चौंक गई–''आप तो...अरे वाह! गाड़ी साढ़े बारह बजे जाती है आपकी। तब तक आप चंगे हो जाएँगे!''

''डार्लिंग! आज सात ही बजे जाएगी, तुम्हें मालूम नहीं!'' मैं उसे देखकर हँसा और सोना की ओर मुड़ा–''ऐसा करो कि इनके सारे सामान निकालकर अलग रख दो, इनका कुछ नहीं ले जाना है! मैं रिक्शा लेकर आ रहा हूँ।''

''नहीं, यह क्या कर रहे हैं आप लोग? बारह बजे खन्ना की जीप आएगी। और अभी सानू ने फोन किया था कि कमिश्नर साहब के यहाँ से कि हम सीधे बारह बजे स्टेशन पर मिलेंगे।...अभी किसी ने मुँह हाथ नहीं धोया है, नाश्ता नहीं किया है''...

''रेखा!'' पत्नी ने रेखा के हाथ पकड़ लिए–''हम नाराज नहीं हैं मेरी छोटी बहन! हम बड़े खुश हैं। तुम लोगों की खातिरदारी से हम बड़े सन्तुष्ट और खुश हैं, लेकिन हम पर तरस खाओ! हमें जाने दो; ईश्वर के लिए! प्लीज, अब मत रोको!...हम फिर आएँगे, कहोगी तो फिर आएँगे और बहुत दिन रहेंगे, लेकिन अबकी जाने दो! मेरी बात मानो, हम सचमुच खुश हैं!''

दाहिनी टाँग घसीटते हुए मैं दरवाजे के बाहर आया और बरामदे में खड़ा हो गया–आसमान साफ था, धरती सूखी थी और सामने से ठंडी हवा आ रही थी। मैदान का आधा हिस्सा छाया में था और आधा धूप में–मैदान के पास धूपवाले हिस्से में दो-तीन रिक्शे खड़े थे जिन तक आवाज पहुँच भी सकती थी या नहीं, मुझे सन्देह था।

मैंने शहर के पूर्वी किनारे पर बादल के एक छोटे-से टुकड़े के साथ जूझते सूरज को देखा। वह जैसे ही पल-भर के लिए बादल से बाहर आया, मैं पूरी ताकत से चिल्लाया :

''गुड मॉर्निंग सर!''

मेरी आवाज रिक्शे तक नहीं पहुँच सकती थी–मुझे लगा।

मैं मुस्कराया और मैदान के बीच से भचकते हुए चल पड़ा–सीना ताने और गरदन उठाए गोया इतने से मेरा भचकना छिप जाएगा!

चकरघिन्नी

मृदुला गर्ग

विनीता ने जीवन में अपनी भूमिकाएँ तय कर रखी थीं—आदर्श पत्नी और आदर्श माँ की। आदर्श का स्वरूप तय करने में उसे दिक्कत नहीं हुई थी। उसका एक ही मापदंड था—अपनी माँ जैसा न होना। उसकी माँ डॉक्टर थीं। लेडी डॉक्टर नहीं। उस शब्द से उन्हें खास चिढ़ थी, इतनी कि बरसों तक विनीता 'लेडी' का अर्थ कोई भद्दी गाली समझती रही थी। स्कूल में मायने बतलाए जाने पर भी वह यही सोचती रही थी कि डॉक्टर के साथ जोड़े जाने पर मतलब बदल जाता होगा जैसे 'हराम' के साथ 'जादा' लगाने से। साहब के साथ लगाने में हर्ज नहीं था। पापा उसे साहबजादे ही तो कहकर पुकारते थे। माँ माथे पर बल डालकर कहती जरूर थीं, "वह लड़की है और मुझे उसके लड़की होने पर गर्व है" पर पापा बाज नहीं आते थे, हँस देते थे। पापा के लिए हँसना साँस लेने की तरह था। माँ उन्हें प्यार से विदूषक कहती थीं। वैसे वे भी डॉक्टर थे। माँ की तरह हृदय रोग विशेषज्ञ नहीं, बच्चों के डॉक्टर। माँ उससे खुश थीं। वे विनीता की देखभाल अच्छी तरह कर सकते थे। वे घर से ही अपना दवाखाना चलाते थे। इसलिए माँ को दिल्ली शहर के नामी, पंत अस्पताल में, चीफ की ड्यूटी निभाने जाते हुए यह नहीं सोचना पड़ता था कि विनीता को किसके जिम्मे छोड़ें।

वे आदर्श पत्नी और माँ क्यों नहीं थीं, यह विनीता नहीं जानती थी। नहीं थी, यह जरूर जानती थी। सभी जो कहते थे। उसकी सहेलियों की माँ-दादी जिस छवि का वक्त-बेवक्त बखान करती थीं, वह उसकी माँ की नहीं थी। कभी खाना बना परोसकर इसरार करके पति-पुत्री को खिलाया नहीं, कभी सज-सँवर कर इन्तजार में शाम नहीं बिताई, कभी आने-जाने वालों के सामने घर के

लिए अपनी प्रतिभा होम करने का रोना नहीं रोया। कभी भूले से घर जल्दी लौट आतीं और पापा विनीता को लेकर घूमने निकले होते तो लौटने पर खा-पीकर सोई हुई मिलतीं। पापा कहते, ''धीरे बोलो, शोर मत करो। माँ को सोने दो। आओ साहबजादे, हम चुपचाप खाना निकालें और खाएँ।'' गुपचुप, जैसे चोरी करने घर में घुसे हों।

बड़े होने तक विनीता यह भी जान गई थी कि आदर्श पत्नी-माँ की जो छवि फिल्मों और किताबों में मिलती थी, वह भी उसकी माँ की तस्वीर से भिन्न थी। उसने सुन रखा था कि माँ ने उसे ज्यादा दिन अपना दूध नहीं पिलाया था। पहले ही महीने में अस्पताल में एक बेढब केस आ निकला था और माँ उसे आया के हवाले कर, पूरे चौबीस घंटों को गायब हो गई थीं। लौटने पर उन्होंने अपना दूध सुखा दिया था। वे अपने मरीजों का नुकसान नहीं कर सकती थीं। नुकसान विनीता का भी नहीं हुआ था। वह खासी तन्दुरुस्त थी और बनी रही थी। सुन उसने यह भी रखा था कि उसकी आया उसका दूध चुराकर पी जाती थी। पकड़े जाने पर माँ ने उसे निकाल दिया था और दूसरी आया के आने पर, दूध बनाने की जिम्मेदारी पापा पर डाल दी थी। इससे भी उसका कोई नुकसान नहीं हुआ था। आखिर उसके पिता बाल विशेषज्ञ थे।

वे विनीता को लेकर आश्वस्त थीं कि बड़ी होकर वह भी उनकी तरह हृदय रोग विशेषज्ञ बनेगी। जब वह आठ बरस की होने को आई तो उन्हें यह चिन्ता सताने लगी थी कि दूसरा बच्चा न होने पर, पति के बाद क्लीनिक का क्या होगा?

''विनीता हार्ट स्पेशलिस्ट बन जाएगी तो तुम्हारे क्लीनिक का क्या होगा, विदूषक? हमें एक बच्चा और पैदा करना चाहिए।'' वे जब तब कहती थीं।

वे 'हा-हा' कर हँस पड़ते थे, ''भई, मैं कर सकता तो जरूर करता, पर तुम नहीं। तुम्हारे मरीज हमेशा कूच की हड़बड़ी में रहते हैं। कहीं बीच डिलीवरी किसी का बुलावा आ गया तो बच्चा बेचारा अधर में लटका रह जाएगा।''

''जैसे विनीता लटकी पड़ी है।''

''आठ साल पहले दिल के दौरे कम पड़ते थे या तुम्हारा नाम सब दिल वालों तक पहुँचा नहीं था। अब मुश्किल बढ़ गई है।''

''पर तुम्हारा क्लिनिक?''

''उसकी फिक्र मत करो, दोस्त। यहाँ इतने बच्चे इलाज के लिए आते हैं, इनमें से कई डॉक्टर बनेंगे। किसी एक को पकड़कर दवाखाना सौंप दूँगा। साहबजादे चाहें तो जरूर दिल के डॉक्टर बनें।''

''वह लड़की है...''

''और मुझे उसके लड़की होने पर गर्व है, है न दोस्त?''

वे फिर 'हा-हा' कर हँस देते और कहते, ''हँसना सीखो दोस्त, हँसना! मेरे पास जितने दिल के मरीज आते हैं, उनसे मैं कहता हूँ, हँसना सीखो, हँसना।''

''तुम्हारे पास दिल के मरीज आते हैं?''

''हाँ, मेरे बच्चों के बाप भी सीने में दिल रखते है। सब आपकी तरह नहीं होते, दोस्त।''

माँ हँस पड़तीं और उनके सीने से लग जातीं।

कभी-कभी विनीता को माँ के असफल पत्नी होने पर संदेह होने लगता था। वह सोचती, पापा तो जरा भी दुखी या असन्तुष्ट नहीं दीखते। माँ उनसे लड़तीं भी नहीं। फिर वे असफल पत्नी क्यों हैं? पर धीरे-धीरे सन्देह कमजोर पड़ता गया। बाहरी संसार से मेल-जोल बढ़ने के साथ उसे विश्वास हो गया कि उसकी माँ आदर्श पत्नी और माँ नहीं थीं। क्यों नहीं थी, जानना जरूरी नहीं था। नहीं थी, जानना काफी था।

विनीता सोचती, वह बड़ी होकर डॉक्टर नहीं बनेगी। कभी-कभी पापा से कह भी देती। पापा शान्त भाव से कहते, ''अभी कुछ तय मत करो। बड़े हो जाओ, जो चाहो करना।'' मजाक के मूड में होते तो आँखें तरेरकर कहते, ''क्यों, मुझमें क्या खराबी है? राक्षस दीखता हूँ?'' दोनों सूरतों में बात आगे बढ़ती नहीं। माँ और विनीता के बीच इस विषय पर कभी बात नहीं हुई। दोनों अपनी-अपनी जगह संशयहीन थीं। माँ जानती थीं, विनीता पढ़ाई-लिखाई में होशियार है, मेडिकल में दाखिला मिल जाएगा। इसलिए बात क्यों करतीं? दाखिला लेने में उसे आपत्ति हो सकती है, यह खयाल उनके जेहन में आया नहीं था।

विनीता जानती थी माँ क्या सोचे बैठी थीं, पर चूँकि डॉक्टर और हार्ट स्पेशलिस्ट बनना, न बनना उसके अपने हाथ में था, उसने उनसे बात करने की जरूरत महसूस नहीं की थी।

स्कूल की बारहवीं कक्षा में आने तक संवाद टला रहा। फिर निर्णायक क्षण आ ही गया।

एक दिन माँ ने मेडिकल की परीक्षा के फॉर्म वगैरह उसकी मेज पर रखकर कहा, ''उन्हें भरकर भेज दे और तैयारी शुरू कर दे।''

''कैसी तैयारी?'' विनीता ने पूछा।

''मेडिकल का इम्तिहान काफी सख्त होता है। बिना तैयारी कोई पास नहीं हो सकता।'' उन्होंने कहा और कमरे से बाहर जाने लगीं।

''मैं डॉक्टर नहीं बनूँगी।'' विनीता ने कहा पर माँ बाहर जा चुकी थीं, सुन नहीं पाईं। अपनी बात दोहराने, उसको उनके पीछे बाहर बरामदे में आना पड़ा, जहाँ पापा पौधों को पानी दे रहे थे।

''मैं मेडिकल में नहीं बैठूँगी।'' उसने करीब-करीब चिल्लाकर कहा।

''क्या?'' माँ मुड़ीं, ''क्या कह रही हो? मैं जल्दी में हूँ।''

''मुझे डॉक्टर नहीं बनना, इसलिए मेडिकल में नहीं बैठूँगी।'' वह जोर से चिल्लाई। माँ ठिठक गईं, ''डॉक्टर नहीं बनना! फिर क्या करोगी?''

''शादी।''

''शादी!'' माँ हँस पड़ीं, ''डॉक्टर शादी नहीं करते क्या? क्यों विदूषक, बेटी को क्या सिखला दिया? हम शादीशुदा नहीं हैं? अब सँभालो इसे। मुझे देर हो रही है।''

माँ के हँसने पर भी पापा नहीं हँसे। इस अनहोनी ने विनीता को बेसब्र बना दिया।

''उस तरह नहीं, मैं अच्छी पत्नी बनना चाहती हूँ।'' उसने तल्खी से कहा। हठात् माँ की हँसी गायब हो गई। उनके चेहरे पर एक आहत भाव उभर आया जो विनीता ने पहले कभी नहीं देखा था। वे कुछ बोलीं नहीं। एक बार उसकी तरफ देखकर सिर यूँ झुका दिया, जैसे शर्मिन्दा हों। नाराज हुए पापा, माँ नहीं।

''मतलब क्या है तुम्हारा?'' डपटकर उन्होंने कहा, ''डॉक्टर अच्छी पत्नी नहीं होती! तुम्हारी माँ अच्छी पत्नी नहीं है!'' विनीता दो कदम पीछे हट गई। इससे पहले उसने पापा को कभी गुस्सा होते नहीं देखा था। उसकी आँखें डबडबा आईं।

''आप ही ने कहा था, जो चाहो करना।''

''ठीक है,'' वे संयत हुए, ''क्या करना चाहती हो तुम?''

''मैं डॉक्टर नहीं बनना चाहती।''

''तो यह कहो। उलट-सुलट क्यों बोल रही हो?''

''उसे कहने दो,'' माँ की आवाज धीमी पर दृढ़ थी, ''तुम्हारे खयाल से डॉक्टर अच्छी पत्नी नहीं बन सकती, है न?''

वह चुप रही।

''कोई डॉक्टर या सिर्फ मैं?''

''लेखा!'' पहली बार विनीता ने पापा को दोस्त के अलावा माँ को कुछ पुकारते सुना।

''तुम बीच में मत आओ। बोलो विनीता, और क्या सोचती हो तुम?''

तब तक विनीता ने अपने विस्मय और डर पर काबू पा लिया था।

''मैं शादी करके घर-बार चलाना चाहती हूँ। अच्छी पत्नी और माँ बनना चाहती हूँ। इसमें इतना अजीब क्या है जो आप लोग इस तरह जिरह कर रहे हैं?'' उसने कहा।

''तुमने लड़का देख लिया?'' माँ ने अचरज से कहा, ''पर तुम तो कुल सत्रह वर्ष की हो।''

''अभी नहीं देखा। बी.ए. खत्म होने तक देख लूँगी।''

''बी.ए. करोगी?''

''जी हाँ। मैं सिर्फ इसलिए डॉक्टर नहीं बन सकती क्योंकि आप चाहती हैं। आपने कभी यह जानने की कोशिश की है, मैं क्या चाहती हूँ, क्या पढ़ती हूँ, क्या करती हूँ, जिन्दगी में मेरी ख्वाहिशें क्या हैं?''

माँ कुछ देर तक उसकी तरफ ताकती रहीं, फिर बुदबुद करके बोलीं, ''तुमने पहले कभी कुछ नहीं कहा...तुमसे कहा था?'' वे पापा से मुखातिब हुईं।

''हाँ।''

''तुमने मुझसे नहीं कहा?''

''मैं तुम दोनों से हमेशा कहता रहा, अभी से कुछ तय मत करो। समय आने पर विनीता चाहे तो...'' वे चुप हो गए।

''ओह, गलती मेरी थी। ठीक है विनीता, जो चाहो करो।'' थके-हारे भाव से, गाड़ी का दरवाजा खोल, वे भीतर बैठ गईं।

पापा फिर गुस्से में आ गए, ''इतना याद रखना, आदर्श पत्नी और माँ बनने का डॉक्टर होने न होने से कोई ताल्लुक नहीं है। तुम्हारी माँ से अच्छी पत्नी की मुझे कभी चाह नहीं थी, समझीं?''

''हाँ, पर...''

''पर इससे अच्छी माँ भी तुम्हें नहीं मिल सकती थीं और न तुम बन पाओगी।''

''अगर मेरा डॉक्टर बनना आपके लिए इतना जरूरी है तो आप हमेशा यह क्यों कहते रहे कि मैं जो चाहूँ करूँ?''

''अब भी कह रहा हूँ, जो चाहो करो, पर जो तुम चाहो, वह नहीं, जो दूसरे कहते हैं, तुम्हें चाहना चाहिए। वह नहीं, जो तुम अपने पर थोप रही हो। लो, पौधों को पानी दो। स्कूल बस तो निकल गई।'' पानी का पाइप उसे पकड़ाकर उन्होंने बहस खत्म कर दी और अपने क्लीनिक में चले गए।

विनीता ने बी.ए. कर लिया। विवाह भी हो गया। पति का नाम था—अमित गोयल। वह सेंट्रल बैंक में मैनेजर था; और बैंक के खाते की तरह चाक-चौबन्द।

उसके रोजनामचे में सब कुछ तयशुदा था। न वह कभी सुबह जल्दी घर से भागता था, न देर करके लौटता था। न खामख्वाह हँसता था, न जमीन छोड़ हवा में

उड़ता था। वह रोज सुबह सात बजे उठता था, चाय के साथ अखबार देखता था, नहाकर नाश्ता करता था और नौ बजे दोपहर का भोजन साथ ले, मोटरसाइकिल पर बैंक रवाना हो जाता था। पाँच का गजर बजते ही वह फाइलें समेटकर कमरे में ताला मारता और घर लौट आता था। छह बजे हाथ-मुँह धोकर, चाय के साथ पत्नी के हाथ का बना कोई सुस्वादु नमकीन खाता, फिर टी.वी. देखता और साढ़े दस बजे सो जाता था। शनिवार की शाम किसी दोस्त के यहाँ सपत्नीक खाना खाने जाता था या किसी कामयाब परिचित को सपत्नीक अपने यहाँ खाने के लिए बुलाता था। रविवार को स्पेशल नाश्ता खाने से पहले तैरने जाता था, फिर दिन भर टी.वी. देखने में पत्नी को साथ रखता था। (विनीता सुबह-सुबह पूरे दिन का खाना बनाकर रख देती थी) महीने में एक बार विनीता के साथ पिक्चर, नाटक या कोई और उत्सव देखने जाता था। एक बार विनीता के माँ-बाप से मिलने, जहाँ ज्यादातर केवल बाप से मुलाकात होती थी। और दो बार अपने माँ-बाप से, जहाँ पूरा परिवार जुटा रहता था। खाना एकदम दावती होता था और उसके दौरान, विनीता और सास में पाक-शास्त्रार्थ चला करता था।

शादी के बाद, विनीता जब बैंक के लॉकर में अपना जेवर रखने गई तो उसे यह सोचकर बहुत सुकून मिला कि उसका पति ठीक उस लॉकर की तरह था—भरोसेमन्द और अपनी हदों में चकबन्द। पाँच साल के अन्दर, अमित का तबादला बैंक की प्रमुख शाखा में हो गया। मोटरसाइकिल के बजाय मोटरगाड़ी आ गई और विनीता दो बच्चों की घी-खाई माँ बन गई। चर्बी दोनों के बदन में एक अनुपात में चढ़ी। पाँच साल पहले की तरह वे 'एक दूसरे के लिए बने' लगते रहे। इस बीच विनीता कई बार लॉकर खोल चुकी थी। हर बार उसे वही एहसास होता था कि उसका पति ठीक उसकी तरह काबिले एतबार था। फिर जेवर अदल-बदलकर, लॉकर बन्द करते हुए, उसके मुँह से लम्बी साँस क्यों निकल जाती थी, वह नहीं जानती थी। जानती थी तो सिर्फ इतना कि घर पहुँचने पर उसे सब कुछ ठीक वैसा ही मिलेगा, जैसा वह छोड़कर आई थी। अगर कभी उसके मन में ख्वाहिश उठ आती कि वह घर लौटने के बजाय पापा के पास चली जाए और बेमतलब ठहाके लगाए तो वह उसे अपने और अमित के अयोग्य ठहराकर उस दिन का इन्तजार करती थी, जब उनका वहाँ जाना तय था। या उस दिन का, जब नाया और अजय का डॉक्टरी मुआयना कराने की दरकार होगी। आखिर उसके पिता बाल विशेषज्ञ थे और वह बच्चों की सेहत के प्रति सजग माँ थी। बच्चों के बहाने पापा से मिलना बराबर होता रहा। अजीब थे पापा भी। कभी जो किसी चीज को गम्भीरता से लिया हो! बस, बच्चों को लतीफे सुनाना और बात-बेबात हँसना। अमित भी एक लतीफा था उनके लिए। जरा चर्बी क्या चढ़ी बदन पर, पापा जब उससे मिलते, विनीता के कान में

फुसफुसाते, "रहने दो, माँ के पास वैसे भी कम मरीज नहीं हैं। क्रेडिट कम करो, इसके खाते में और अपने में भी।"

कुछ दिन विनीता टालती रही। फिर सुबह की सैर अपनी दिनचर्या में शामिल कर ली। एक बार शुरू हुई तो अमित बिना नागा सैर को जाने लगा। विनीता कभी जा पाती, कभी नहीं। आदर्श माँ कहती, माया को स्कूल भेजो और अजय को अपने हाथ से दूध पिलाओ। आदर्श पत्नी कहती, पति के साथ चर्बी घटाने जाओ। कभी पत्नी जीतती, कभी माँ और अमित था कि नियमित सैर के बावजूद वजन जरा न घटा। मुश्किल यह थी कि विनीता जितनी बढ़िया माँ और पत्नी थी, उतनी ही उम्दा बावर्ची भी थी। पाक कला उसने बाकायदा कुकिंग स्कूल में सीखी थी। पत्र-पत्रिकाओं से निरन्तर अपने ज्ञान में वृद्धि की थी। रही-सही कसर सास से शास्त्रार्थ ने पूरी कर दी थी। क्या उसकी डॉक्टर माँ ने स्वाध्याय किया होगा जो विनीता ने किया था। इतनी तैयारी के बाद जो खाना वह बनाती थी, फेंका तो जा नहीं सकता था। इसलिए अमित रोज सुबह घूमता था, दिन भर खाता था और रात में खर्राटे भरता तोंद हिलाता था।

ऐसा नहीं था कि विनीता उसकी सेहत के प्रति उदासीन थी। पापा के कहने पर उसने चर्बी घटाने में मुफीद खाना भी बनाना शुरू कर दिया था। पर आदर्श माँ और पत्नी की रस्साकशी फिर शुरू हो गई थी। बढ़ती वय के बच्चों को पौष्टिक आहार देना जरूरी था। इसलिए खाली वक्त में, जिसकी उसके पास कमी नहीं थी, वह दूसरी तरह का खाना भी बना डालती थी। तब अजय भी स्कूल जाने लगा था और आदर्श माँ की भूमिका अदा करने में, उसका ज्यादा वक्त नहीं लगता था। पर खाने के मामले में होता यह था कि अमित और वह चर्बी घटाने वाले खाने के साथ, चर्बी चढ़ाने वाला भोजन भी कर जाया करते थे। जुबान का स्वाद भी कोई शै है, आखिर! पति खुश होकर लजीज खाने की तारीफ करे तो कौन पत्नी खुद उसे चखने और पति को और देने से रुक सकती है! कम से कम वह नहीं, जो महीने में चार बम्बइया फिल्में टी.वी. पर और एक सिनेमाघर में देखती हो।

पापा को अच्छा लतीफा मिला, अमित के दूसरे-तीसरे संस्करण निकलते रहे। तिनीता को वह लॉकर के बजाय पूरे बैंक की याद दिलाने लगा। अपनी सुरक्षित और योजनाबद्ध जिन्दगी पर भरसक सन्तुष्ट होती, वह पापा के पास पहुँचती और उनकी नई असिस्टेंट डॉक्टर को देखकर जल-भुन जाती। पापा के पास असिस्टेंट का होना जरूरी था, पर उसका औरत होना तो लाजिमी नहीं था; वह भी जवान, पतली और दो तन्दुरुस्त, चपल और मेधावी बच्चों की माँ। उसके बच्चे विनीता के बच्चों के साथ एक ही स्कूल में पढ़ते थे और हमेशा उनसे ज्यादा अंकों से पास होते थे। पापा जब उसे मोटापा घटाने के नुस्खे बतलाते तो वह मन्द-मन्द मुस्कराकर

उनका अनुमोदन करती थी। कहना न होगा कि उसका पति एकदम दुबला-पतला था। खाने को नहीं मिलता होगा बेचारे को! पर बेचारा टेनिस और स्क्वॉश का बढ़िया खिलाड़ी था, दिल्ली का चैंपियन, कुछ तो खाता ही होगा।

विनीता ने पाया कि वह जब तब ठंडी आहें भरने लगी है, कभी पापा के क्लीनिक में, कभी अमित के तोंदल खर्राटे सुनते हुए और कभी अन्य आदर्श गृहिणियों की मंडलियों में ख्वाहमख्वाह। घर के कोने बार-बार चमकाते या रसोईघर में तांबेजड़ित स्टील के नए बर्तन सजाते, उसके हाथ रुक जाते और बिना बुलाए मेहमान की तरह, माँ का थका गर्व से चमकता चेहरा, आखों के सामने हाजिर होता। उस दिन बच्चों के स्कूल से लौटने पर, उन्हें इतना जमकर पढ़ाती कि होमवर्क खत्म होने पर भी पढ़ते रहने की बोरियत को कम करने, वे आपस में लड़ पड़ते। नौबत मारा-मारी तक पहुँच जाती। उनके मुँह से 'बास्टर्ड' और 'बिच' जैसी गालियाँ सुनकर, वह अचरज करती कि कैसे उनकी उम्र तक, वह 'लेडी' डॉक्टर को गाली समझती रही थी और माँ के डर से शब्द मुँह पर नहीं ला पाई थी। तब उसे अपने आदर्श माँ होने पर शक होने लगता और उसकी आहें कुछ और ठंडी और लम्बी हो जातीं।

फिर तीन-चार घटनाएँ जल्दी-जल्दी घटीं। दोपहर के खाने पर विनीता ने बारह वर्षीय माया को खाने के साथ कॉमिक पढ़ने पर टोका तो उसने तड़पकर कहा, "तुम हर वक्त घर पर क्यों बैठी रहती हो? कोई जॉब क्यों नहीं करतीं? मेरी सब सहेलियों की मम्मी काम करती हैं।" और वापस कॉमिक पढ़ने में तल्लीन हो गई।

शाम को अजय बाहर जाने लगा तो आदतन विनीता के मुँह से निकल गया, "पूरी बाँहों का स्वेटर पहनकर जाओ।" उसने क्रिकेट का बल्ला जमीन पर पटकते हुए हिकारत के साथ कहा, "ओफ्फोह, तुम कुछ जानती भी हो! रवि की मम्मी डॉक्टर हैं। वे कहती हैं, खेलते समय भारी ऊनी कपड़े नहीं पहनने चाहिए।"

अमित ने बैंक से लौटकर बतलाया कि उसके पास की असिस्टेंट का पति उसके ऑफिसर्स क्लब में स्क्वॉश सिखलाने आता है, हफ्ते में दो दिन। सब उसके शरीर की गठन देखकर रश्क करते हैं। कहते हैं उसे मिस्टर इंडिया प्रतियोगिता में हिस्सा लेना चाहिए।

"तुम उसकी बीवी से सन्तुलित खुराक के बारे में पूछो न, पता नहीं क्या खिलाती है उसे?"

"वह क्या खिलाएगी? उसे डॉक्टरी से छुट्टी मिले तब न? खुद बनाता होगा।"

कुछ देर अमित इस सकील तमखीने को पचाता, चुप बैठा रहा। फिर बोला, "तुम भी...पूछकर तो देखो।"

अगले दो सप्ताह विनीता जान-बूझकर पापा से मिलने नहीं गई। फिर माया को खाँसी-जुकाम हो गया। उस मामूली मौसमी गड़बड़ी के लिए उसने दवाखाने जाने

से साफ इनकार कर दिया। लिहाजा, उसके स्कूल जाने पर विनीता को अकेले पापा के क्लीनिक जाना पड़ा।

उनके कमरे में घुसी तो भौचक खड़ी रह गई। डॉक्टरी की कुर्सी पर असिस्टेंट डटी हुई थी, पापा माँ का हाथ पकड़े सोफे पर बैठे थे और दोनों मजे लेकर हँस रहे थे।

न रविवार था, न शनिवार।

''आओ विनीता,'' माँ ने हँसना बन्द करके कहा।

''आप यहाँ क्या कर रही हैं?'' उसने कहा।

''क्यों, मेरा घर है।''

''पर इस वक्त सुबह दस बजे...अस्पताल नहीं गईं?''

''मैं रिटायर हो गई हूँ।''

रिटायर! माँ!! तो वे भी उसकी तरह अब घर पर रहा करेंगी! पर माँ कुछ और कह रही थीं।

''हफ्ते में मुश्किल से छह-सात घंटे मेडिकल कॉलेज में पढ़ाना होगा, बस!'' तब तक विनीता सँभल चुकी थी।

''बाकी वक्त प्राइवेट प्रैक्टिस?'' उसने कहा।

''कंसलटेंसी,'' पापा ने कहा, ''इज्जत से बात करो।''

''इसी क्लीनिक से प्रैक्टिस करेंगी?'' विनीता ने उन पर ध्यान नहीं दिया।

''नहीं भाई, विदूषक मजाक नहीं कर रहे। प्रैक्टिस करने के लिए मुझे अस्पताल का ताम-झाम चाहिए। हाँ, कंसलटेंसी ऑफिस यहाँ जरूर रहेगा। कोई बुलाएगा तो कंसलटेंट की हैसियत से ऑपरेशन में मदद करने चली जाऊँगी।''

''कोई बुलाएगा,'' पापा बोले, ''रोज दस बुलावे न आएँ तो कहना। अपाइंटमेंट नोट करने के लिए ही दो सेक्रेटरी रखने पड़ेंगे, दोस्त।''

''उसके लिए आपको डॉक्टर चाहिए होंगे,'' विनीता ने हताश भाव से कहा।

''नहीं, मैं डॉक्टरों का क्या करूँगी? उनका जिम्मा अस्पताल वाले लेंगे। यहाँ भी मुझे एक-दो रिसेप्शनिस्ट चाहिए होंगी।''

विनीता जाकर सोफे के हत्थे पर बैठ गई, माँ से एकदम सटकर। व्यग्र स्वर में उसने कहा, ''माँ, आप मुझे रिसेप्शनिस्ट रख लीजिए, सुबह की शिफ्ट के लिए। मैं अमित को कैसे भी मना लूँगी, प्लीज।''

''तुम...!'' माँ तैयारी के साथ कुछ कहने जा रही थीं कि पापा बीच में आ गए। ''एक शर्त पर,'' उन्होंने कहा, ''तुम खाना यहीं खाओगी और खुद कुछ नहीं बनाओगी।''

''च्च, विदूषक'', माँ ने टोका, पर विनीता हँस दी।

"ठीक है," उसने कहा, "मैं आज ही अमित से बात करूँगी। शाम को उनके घर रहते तो असम्भव है पर सुबह के लिए मैं, किसी भी तरह, उन्हें राजी कर लूँगी।"

उस शाम विनीता ने खाने की एक-एक चीज अमित की पसन्द की बनाई। मेथी, उड़द की दाल, मक्खनी मुर्ग, पुदीने का परांठा, लाल मूली कद्दू रायता और गाजर का हलवा। पूरा दिन लग गया। हमारे खाने की यह खासियत है, जिस चीज को बनाने में जितनी ज्यादा देर लगे, वह उतनी ही जायकेदार मानी जाती है। खाना बनाने के साथ, वह अपने सम्वादों का भी अभ्यास करती रही। उसने तय किया कि असल बात वह गाजर के हलवे के साथ परोसेगी। तब तक अमित तृप्ति से उनींदा हो चुका होगा। गाजर के हलवे के तरावट के साथ कुछ कड़ियल लुक्मे भी गले के नीचे फिसलाए जा सकेंगे। तो, हलवे के दो निवालों के बीच वह कहेगी...तुम्हारी और बच्चों की देखभाल में कोई कमी नहीं होगी। मैं दोपहर का खाना बनाकर जाऊँगी और लौटकर घर का बाकी काम निबटा लूँगी। तुम्हें पता भी नहीं चलेगा, मैं कब गई, कब आई। माँ और पापा, दोनों बूढ़े हो गए हैं। मैं उनकी अकेली औलाद हूँ। उन्हें मेरी जरूरत है, वरना मैं तो ऐसे ही खुश हूँ। मेरे जीवन का एक ही मकसद है, तुम्हारी सेवा...और जो माया बोल उठी, शिट! तो? ऐसा करे, खा-पीकर बिस्तर पर जाने पर कहे। नहीं, वह नहीं। अमित लेटते ही नाक बजाने लगता है या फिर ऊँची-ऊँची डकारें मारता पाचन बटी तलाशता रहता है। गाजर के हलवे का विकल्प नहीं है। अपना डायलॉग कुछ कम फिल्मी कर लेगी। और माया हँसी तो एक तमाचा जड़ देगी उसके मुँह पर आज, सच।

खाने की मेज पर, विनीता ने खूब लाड़-मनुहार के साथ प्लेटों में हर चीज अपने हाथ से परोसी पर रंग कुछ जमा नहीं। जाने क्यों, अमित आधा हुआ पड़ा था। हर पदार्थ को आँखों से लीलते रहकर भी, लेते समय, आधा कह जाता था। दो परांठों के बजाय आधा-आधा करके चार बार लिया। प्लेट में परोसे मक्खनी मुर्ग में से आधा माया की प्लेट में खिसका दिया। उड़द, सो साफ इनकार कर गया। रायता ज्यादा मिकदार में खाया पर नजर आधी उड़द और आधी मुर्ग पर टिकी रही। आखिर उड़द की आधी करछुल प्लेट में डाल ली पर घी की कटोरी से घी नहीं उड़ेला।

"इतना कम क्यों खा रहे हो? ठीक नहीं बना क्या?" विनीता ने पूछा तो माया ने माथे पर हाथ मारकर कहा, "नॉट अगेन।" और मेज छोड़ गई।

चलो, पीछा छूटा। विनीता ने नए उत्साह के साथ गाजर का हलवा प्लेटों में परोसना शुरू किया। अब जो कहना है, बेहिचक कह पाएगी। हलवे की प्लेट अमित के सामने रखने झुकी तो वह बोल पड़ा, "तुमसे कुछ जरूरी बात करनी है।"

''कहो,'' उसने हलवे जैसे स्वर में कहा।

''कल मैं तुम्हारी माँ के पास गया था। मेरा कोलेस्टरॉल बढ़ा हुआ है, ब्लडप्रेशर भी। उन्होंने परहेज से खाने को कहा।''

घबराकर विनीता ने हलवे की प्लेट उसके सामने से उठा ली।

''आधा कर दो,'' अमित ने कहा। उसने आधे से भी आधा कर दिया। ''मैं रोज शाम को क्लब में स्कवॉश खेलना चाहता हूँ,'' अमित कहता गया, ''मेरी सेहत के लिए जरूरी है। तुम्हें अकेले न रहना पड़े इसलिए सोचता हूँ कि तुम पापा के क्लीनिक में रिसेप्शनिस्ट का काम ले लो।''

''शाम को भी?'' उसने घुटी आवाज में कहा।

तब तक हलवे का कौर अमित के मुँह में पहुँच चुका था। वह परमानन्द की स्थिति में था। निगल चुकने पर ही आगे बोल पाया, ''वे तैयार हैं, मैं बात कर चुका हूँ।''

''कब?''

''कल ही,'' हलवे के दूसरे लुक्मे के साथ वह गुनगुनाया और दोबारा परोसने के लिए प्लेट उसके आगे कर दी।

''नहीं, पापा!'' अजय ने कहा।

''क्या? तुम नहीं चाहते मैं काम करूँ?'' विनीता ने उबरकर पूछा।

''मैं हलवे के लिए कह रहा हूँ, पापा को और मत दो।'' खीजकर उसने कहा।

''बस, एक चम्मच।'' अमित ने कहा।

''आधा,'' अजय ने कहा। विनीता ने पूरा चम्मच प्लेट में डाल दिया। दोबारा पता नहीं कब बने।

तीसरा और आखिर कौर, रसिक की तरह देर तक चुभलाते रहकर, अमित ने पूछा, ''तो...तुम क्या कहती हो?''

विनीता का जवाब तैयार था।

''जैसी आपकी इच्छा।'' उसने आदर्श पत्नी की तरह कहा।

बोलने वाली औरत

ममता कालिया

"यह झाड़ू सीधी किसने खड़ी की?" बीजी ने त्योरी चढ़ाकर विकट मुद्रा में पूछा।

जवाब न मिलने पर उन्होंने मीरा को धमकाया, "इस तरह फिर कभी झाड़ू खड़ी की तो..."

वे कहना चाहती थीं कि मीरा को काम से निकाल देंगी पर उन्हें पता था नौकरानी कितनी मुश्किल से मिलती है। फिर मीरा तो वैसे भी हमेशा 'छोड़ूँ–छोड़ूँ' की मुद्रा में रहती थी।

"मैंने नहीं रखी," मीरा ने ऐंठकर जवाब दिया।

"मैंने रखी थी बीजी", शिखा ने आँगन में आते हुए कहा।

"क्यों रखी थी! तुझे इतना नहीं मालूम कि झाड़ू खड़ी रखने से घर में दलिदर आता है, कर्ज बढ़ता है, रोग जड़ पकड़ लेता है।"

"यह तो मैंने कभी नहीं सुना।"

"जाने कौन गाँव की है तू! माँ के घर से कुछ भी सीखकर नहीं आई। काके का काम वैसे ही ढीला चल रहा है। तू और झाड़ू खड़ी रख, यही सीख है तेरी।"

"मेरा खयाल है, झाड़ू गुसलखाने के बीचोबीच भीगती हुई, पसरी हुई छोड़ देने से दलिदर आ सकता है। तीलियाँ गल जाती हैं, रस्सी ढीली पड़ जाती है और गन्दी भी कितनी लगती है।"

"आज तो मैंने माफ कर दिया, फिर कभी झाड़ू खड़ी न मिले, समझी?"

"इस बात में कोई तुक नहीं है बीजी, झाड़ू कैसे भी रखी जा सकती है।"

बीजी झुँझला गईं। कैसी जाहिल और जिद्दी लड़की ले आया है काका! लाख बार कहा था इस कुदेसिन से ब्याह न कर, पर नहीं, उसके सिर पर तो भूत सवार था।

शिखा को हँसी आ गई। बीजी अपने को बहुत सही और समझदार मानती हैं, जबकि अकसर उनकी बातों में कोई तर्क नहीं होता।

उसे हँसते देखकर बीजी का खून खौल गया।

"इसे तो बिलकुल अकल नहीं है।" उन्होंने मीरा से कहा।

"बीजी, चाय पिएँगी?" शिखा ने पूछा।

बीजी उसकी तरफ पीठ करके बैठी रहीं। शिखा की बात का जवाब देना वे जरूरी नहीं समझतीं। वैसे भी उनका खयाल था कि शिखा के स्वर में खुशामद की कमी रहती है।

शिखा ने चाय का गिलास उनके आगे रखा तो वे भड़क गईं, "वैसे ही मेरा कब्ज के मारे बुरा हाल है, तू चाय पिला-पिलाकर मुझे मार डालना चाहती है।" शिखा ने और बहस करना स्थगित किया और अपना चाय का गिलास लेकर कमरे में चली गई।

शिखा का शौहर, कपिल अपने घरवालों से इन अर्थों में भिन्न था, कि आमतौर पर उसका सोचने का एक मौलिक तरीका था। शादी के खयाल से जब उसने अपने आसपास देखा तो कॉलेज में उसे अपने से दो साल जूनियर बी.एस-सी. में पढ़ती शिखा अच्छी लगी थी। सबसे पहली बात तो यह थी कि वह उन सब औरतों से एकदम अलग थी जो उसने अपने परिवार और अपने परिवेश में देखी थीं। शिखा का पूरा नाम दीपशिखा था लेकिन कोई नाम पूछता तो वह महज नाम नहीं बताती, "मेरे माता-पिता ने मेरा नाम गलत रखा है। मैं दीपशिखा नहीं, अग्निशिखा हूँ।" वह कहती।

अग्निशिखा की तरह ही वह हमेशा प्रज्वलित रहती, कभी किसी बात पर, कभी किसी सवाल पर। तब उसकी तेजी देखने लायक होती। उसकी वक्तृता से प्रभावित होकर कपिल ने सोचा था कि वह शिखा को पाकर रहेगा। पढ़ाई के साथ-साथ वह पिता के व्यवसाय में भी लगा था, इसलिए शादी से पहले नौकरी ढूँढ़ने की उसे कोई जरूरत नहीं थी। बिना किसी आडंबर, दहेज या नखरे के एक सादे समारोह में वे विवाह-सूत्र में बँध गए। शिखा उसकी आत्मनिर्भरता, खूबसूरती और स्वतंत्र सोच से प्रभावित हुई। तब उसे यह नहीं पता थ कि प्रेम और विवाह दो अलग-अलग संसार हैं। एक में भावना और दूसरे में व्यवहार की जरूरत होती है। दुनिया भर में विवाहित औरतों का केवल एक स्वरूप होता है। उन्हें सहमति-प्रधान जीवन जीना होता है। वे अपने घर की कारा में कैद रहती हैं। हर एक की दिनचर्या में अपनी-अपनी तरह की समरसता रहती है। हरेक के चेहरे पर अपनी-अपनी तरह की ऊब। हर घर का एक ढर्रा है जिसमें आपको फिट होना ही होना है। कुछ औरतें इस ऊब

पर शृंगार का मुलम्मा चढ़ा लेती हैं पर उनके शृंगार में भी एकरसता होती है। शिखा अन्दाजा लगाती, सामनेवाली घर की नीता ने आज कौन–सी साड़ी पहनी होगी और प्रायः उसका अन्दाजा ठीक निकलता। यही हाल लिपस्टिक के रंग और बालों के स्टाइल का था। दुख की बात यह थी कि अधिकांश औरतों को इस ऊब और कैद की कोई चेतना नहीं थी। वे रोज सुबह साढ़े नौ बजे सासों, नौकरों, नौकरानियों, बच्चों, माली और कुत्तों के संग घरों में छोड़ दी जातीं, अपना दिन तमाम करने के लिए। वही लंच पर पति का इन्तजार, टी.वी. पर बेमतलब कार्यक्रमों का देखना और घर–घर के नाश्ता, खाना, नखरों की नोक पलक सँवारना, चिकनी पत्रिकाओं के पन्ने पलटना, दोपहर को सोना, सजे हुए घर को कुछ और सजाना, सास की जी-हुजूरी करना और अन्त में रात को एक जड़ नींद में लुढ़क जाना।

कपिल के घर आते ही बीजी ने उसके सामने शिकायत दर्ज की, ''तेरी बीवी तो अपने को बड़ी चतुर समझती है। अपने आगे किसी की चलने नहीं देती। खड़ी-खड़ी जवाब टिकाती है।''

कपिल को गुस्सा आया। शिखा को एक अच्छी पत्नी की तरह चुप रहना चाहिए, खासतौर पर माँ के आगे। इसने घर को कॉलेज का डिबेटिंग मंच समझ रखा है और माँ को प्रतिपक्ष का वक्ता। उसने कहा, ''मैं उसे समझा दूँगा, आगे से बहस नहीं करेगी।''

''उलटी खोपड़ी की है बिलकुल। वह समझ ही नहीं सकती'' माँ ने मुँह बिचकाया। रात उसने कमरे में शिखा से कहा, ''तुम माँ से क्यों उलझती रहती हो दिन भर?''

''इस बात का विलोम भी उतना ही सच है।''

''हम विलोम–अनुलोम में बात नहीं कर रहे हैं, एक सम्बन्ध है जिसकी इज्जत तुम्हें करनी होगी।''

''गलत बातों की भी?''

''माँ की कोई बात गलत नहीं होती।''

''कोई भी इनसान परफेक्ट नहीं हो सकता।''

कपिल तैश में आ गया, ''तुमने माँ को इम्परफेक्ट कहा? तुम्हें शर्म आनी चाहिए। तुम हमेशा ज्यादा बोल जाती हो और गलत भी।''

''तुम मेरी आवाज बन्द करना चाहते हो?''

''मैं एक शान्त और सुरुचिपूर्ण जीवन जीना चाहता हूँ।''

शिखा अन्दर तक जल गई इस उत्तर से, क्योंकि यह उत्तर हजार नए प्रश्नों को जन्म दे रहा था। उसने प्रश्नों को होंठों के क्लिप से दबाया और सोचा, अब वह बिलकुल नहीं बोलेगी, यहाँ तक कि ये सब उसकी आवाज को तरस जाएँगे।

लेकिन यह निश्चय उससे निभ न पाता। बहुत जल्द कोई न कोई ऐसा प्रसंग उपस्थिति हो जाता कि वह ज्वालामुखी की तरह फट पड़ती और एक बार फिर बदतमीजी और बदजुबान कहलाई जाती। तब शिखा बेहद तनाव में आ जाती। उसे लगता, घर में जैसे टॉयलेट होता है ऐसा टॉकलेट भी होना चाहिए जहाँ खड़े होकर वह अपना गुबार निकाल ले, जंजीर खींचकर बातें बहा दे और एक सभ्य शान्त मुद्रा में बाहर आ जाए। उसे यह भी बड़ा अजीब लगता कि वह लगातार ऐसे लोगों से मुखातिब है जिन्हें उसके इस भारी-भरकम शब्दकोश की जरूरत ही नहीं है। घर को सुचारु रूप से चलाने के लिए सिर्फ दो शब्दों की दरकार थी–'जी' और 'हाँ जी'।

''कल छोले बनेंगे?''

''जी, छोले बनेंगे।''

''पाजामों के नाड़े बदले जाने चाहिए।''

''हाँ जी, पाजामों के नाड़े बदले जाने चाहिए।''

उसने अपने जैसी कई स्त्रियों से बात करके देखा, सबमें अपने घर-बार के लिए बेहद सन्तोष और गर्व था।

'हमारे तो ये ऐसे हैं।' 'हमारे तो ये वैसे हैं जैसा कोई नहीं हो सकता।' हमारे बच्चे तो बिलकुल लव-कुश की जोड़ी हैं।' 'हमारा बेटा तो पढ़ने में इतना तेज है कि पूछो ही मत।' शिखा को लगता, उसी में शायद कोई कमी है जो वह इस तरह सन्तोष से लबालब भरकर 'मेरा परिवार महान' राग नहीं अलाप सकती।

रातों को बिस्तर में पड़े-पड़े वह देर तक सोती नहीं, सोचती रहती, उसकी नियति क्या है। न जाने कब, कैसे वह एक फुलटाइम गृहिणी बनती गई जबकि उसने जिन्दगी की एक बिलकुल अलग तस्वीर देखी थी। कितना अजीब होता है कि दो लोग बिलकुल अनोखे, अकेले अन्दाज में इसलिए करीब आएँ कि वे एक-दूसरे की मौलिकता की कद्र करते हों, और महज इसलिए टकराएँ क्योंकि अब उन्हें मौलिकता बरदाश्त नहीं। दरअसल, वे दोनों अपने-अपने खलनायक के हाथों मार खा रहे थे। यह खलनायक था रूटीन, जो जीवन की खूबसूरती को दीमक की तरह चाट रहा था। कपिल चाहता था कि शिखा एक अनुकूल पत्नी की तरह रूटीन का बड़ा हिस्सा अपने ऊपर ओढ़ ले और उसे अपने मौलिक सोच-विचार के लिए स्वतंत्र छोड़ दे। शिखा को भी यही उम्मीद थी। जिन्दगी का रूटीन या ढर्रा उनसे कहीं ज्यादा शक्तिशाली था। अलस्सवेरे वह कॉलबेल की पहली कर्कश ध्वनि के साथ जग जाता और रात बारह के टन-टन घंटे के साथ सोता। बीजी घर में इस रूटीन की चौकीदार तैनात थीं। घर की दिनचर्या में जरा-सी भी देर-सवेर उन्हें बर्दाश्त नहीं थी। शिखा जैसे-तैसे रोज के काम निपटाती और जब समस्त घर सो जाता, हाथ-मुँह धो, कपड़े बदल एक बार फिर अपना दिन शुरू करने की कोशिश

करती। उसे सोने में काफी देर हो जाती और अगली सुबह उठने में भी। उसके सभी आगामी काम थोड़े पिछड़ जाते। बीजी का हिदायतनामा शुरू हो जाता, "यह आधी-आधी रात तक बत्ती जलाकर क्या करती रहती है तू? ऐसे कहीं घर चलता है!" ससुर 1940 में पढ़ा हुआ मुहावरा टिका देते, 'अर्ली टु बेड एंड अर्ली टु राइज, वगैरह-वगैरह।' हिदायतें सही होतीं पर शिखा को बुरी लगतीं। वह बेमन से झाड़ू-झाड़न-पोचे का रोजनामचा हाथ में उठा लेती जबकि उसका दिमाग किताब, कागज और कलम की माँग करता रहता। कभी-कभी छुट्टी के दिन कपिल घर के कामों में उसकी मदद करता। बीजी उसे टोक देतीं, "ये औरतों वाले काम करता तू अच्छा लगता है? तू तो बिलकुल जोरू का गुलाम हो गया है।"

घर में एक सहज और सघन सम्बन्ध को लगातार ठोक-पीटकर यांत्रिक बनाया जा रहा था। रात में एकान्त में जो भी तन्मयता पति-पत्नी के बीच जन्म लेती, दिन के उजाले में उसकी गर्दन मरोड़ दी जाती। बीजी को सन्तोष था कि वे परिवार का संचालन बढ़िया कर रही हैं। वे बेटे से कहतीं, "तू फिकर मत कर। थोड़े दिनों में मैं इसे ऐन पटरी पर ले जाऊँगी।"

पटरी पर शिखा तब भी नहीं आई जब दो बच्चों की माँ हो गई। बस, इतना भर हुआ कि उसने अपने सभी सवालों का रुख अन्य लोगों से हटाकर कपिल और बच्चों की तरफ कर लिया। बच्चे अभी कई सवालों का जवाब देने लायक समझदार नहीं हुए थे, बल्कि लाड़-प्यार में दोनों के अन्दर एक तर्कातीत तुनकमिजाजी आ बैठी थी। स्कूल से आकर वे दिन-भर वीडियो देखते, गाते सुनते, आपस में मारपीट करते और जैसे-तैसे अपना होमवर्क पार लगाकार सो जाते। कपिल अपने व्यवसाय से बचा हुआ समय अखबारों, पत्रिकाओं और दोस्तों में बिताता। अकेले शिखा घर की कारा में कैद घटनाहीन दिन बिताती रहती। वह जीवन के पिछले दस सालों और अगले बीसों सालों पर नजर डालती और घबरा जाती। क्या उसे वापस अग्निशिखा की बजाय दीपशिखा बनकर ही रहना होगा, मद्धिम और मधुर-मधुर जलना होगा? वह क्या करे अगर उसके अन्दर तेल की जगह लावा भरा पड़ा है।

उसे रोज लगता कि उन्हें अपना जीवन नए सिरे से शुरू करना चाहिए। इसी उद्देश्य से उसने कपिल से कहा, "क्यों नहीं हम दो-चार दिन को कहीं घूमने चलें?"

"कहाँ?"

"कहीं भी। जैसे जयपुर या आगरा?"

"वहाँ हमें कौन जानता है? फिजूल में एक नई जगह जाकर फँसना।"

"वहाँ देखने को बहुत कुछ है। हम घूमेंगे, कुछ नई और नायाब चीजें खरीदेंगे, देखना एकदम फ्रेश हो जाएँगे।"

''ऐसी सब चीजें यहाँ भी मिलती हैं, सारी दुनिया का दर्शन जब टी.वी. पर हो जाता है तो वहाँ जाने में क्या तुक है?''

''तुक के सहारे दिन कब तक बिताएँगे?''

बच्चों ने इस बात का मजाक बना लिया।

''कल को तुम कहोगी, अंडमान चलो, घूमेंगे।''

''इसका मतलब अब हम नहीं जाएँगे, यहीं पड़े-पड़े एक दिन दरख्त बन जाएँगे।''

''तुम अपने दिमाग का इलाज कराओ। मुझे लगता है, तुम्हारे हॉरमोन बदल रहे हैं।''

''मुझे लगता है, तुम्हारे भी हॉरमोन बदल रहे हैं।''

''तुम्हारे अन्दर बराबरी का बोलना एक रोग बनता जा रहा है। इन ऊल-जलूल बातों में क्या रखा है?''

शिखा याद करती वे प्यार के दिन जब उसकी कोई बात बेतुकी नहीं थी। एक इनसान को प्रेमी की तरह जानना और पति की तरह पाना कितना अलग था। जिसे उसने निराला समझा, वही कितना औसत निकला। वह नहीं चाहता जीवन के ढर्रे में कोई नयापन या प्रयोग। उसे एक परम्परा चाहिए जी-हुजूरी की। उसे एक गांधारी चाहिए जो जान-बूझकर न सिर्फ अन्धी बनी रहे बल्कि गूँगी और बहरी भी।

बच्चों ने बात दादी तक पहुँचा दी। बीजी एकदम भड़क गईं, ''अपना काम-धन्धा छोड़ अब काका जयपुर जाएगा? क्यों, बीवी को सैर कराने? एक हम थे, कभी घर से बाहर पैर नहीं रखा।''

''और अब जो आप तीर्थ के बहाने घूमने जाती हैं, वह?'' शिखा से नहीं रहा गया।

''तीरथ को तू घूमना कहती है? इतनी खराब जुबान पाई है तूने, कैसे गुजारा होगा तेरी गृहस्थी का?''

'काश, गोदरेज कम्पनी का कोई ताला होता मुँह पर लगानेवाला, तो ये लोग उसे मेरे मुँह पर जड़कर चाभी सेफ में डाल देते', शिखा ने सोचा, 'सच, ऐसे कब तक चलेगा जीवन!'

बच्चे शहजादों की तरह बर्ताव करते। नाश्ता करने के बाद जूठी प्लेटें कमरे में पड़ी रहतीं मेज पर। शिखा चिल्लाती, ''यहाँ कोई रूम सर्विस नहीं चल रही है। जाओ, अपने जूठे बर्तन रसोई में रखकर आओ।''

''नहीं रखेंगे, क्या कर लोगी?'' बड़ा बेटा हिमाकत से कहता।

न चाहते हुए भी शिखा मार बैठती उसे।

एक दिन बेटे ने पलटकर उसे मार दिया। हल्के हाथ से नहीं, भरपूर घूँसा मुँह पर। होंठ के अन्दर एक तरफ का माँस बिलकुल चिथड़ा हो गया। शिखा सन्न रह

गई ! न केवल उसके शब्द बन्द हो गए, जबड़ा भी जाम हो गया। बर्तन बेटे ने फिर भी नहीं उठाए, वे दोपहर तक कमरे में पड़े रहे। घर भर में किसी ने बेटे को गलत नहीं कहा।

बीजी एक दर्शक की तरह वारदात देखती रहीं। उन्होंने कहा, "हमेशा गलत बात बोलती हो, इसी से दूसरे का खून खौलता है। शुरू से जैसी तूने ट्रेनिंग दी, वैसा वह बना है। ये तो बचपन से सिखाने वाली बातें हैं। फिर तू बर्तन उठा देती तो तेरा क्या घिस जाता?"

उन्हीं के शब्द शिखा के मुँह से निकल गए, "अगर यह रख देता तो इसका क्या घिस जाता?"

"बदतमीज कहीं की, बड़ों से बात करने तक की अकल नहीं है।" बीजी ने कहा।

ससुर ने सारी घटना सुनकर फिर 1940 का एक मुहावरा टिका दिया, "एज यू सो, सो शैल यू रीप।"

कपिल ने कहा, "पहले सिर्फ मुझे सताती थीं, अब बच्चों का भी शिकार कर रही हो?"

"शिकार तो मैं हूँ, तुम सब शिकारी हो", शिखा कहना चाहती थी पर जबड़ा एकदम जाम था। होंठ अब तक सूज गया था। शिखा ने पाया, परिवार में परिवार की शर्तों पर रहते-रहते न सिर्फ वह अपनी शक्ल खो बैठी है, वरन् अभिव्यक्ति भी। उसे लगा, वह ठूँस ले अपने मुँह में कपड़ा या सी डाले इसे लोहे के तार से। उसके शरीर से कहीं कोई आवाज न निकले। बस, उसके हाथ-पाँव परिवार के काम आते रहें। न निकलें इस वक्त मुँह से बोल लेकिन शब्द उसके अन्दर खलबलाते रहेंगे। घर के लोग उसके समस्त रन्ध्र बन्द कर दें फिर भी ये शब्द अन्दर पड़े रहेंगे, खौलते और खदकते। जब मृत्यु के बाद उसकी चीर-फाड़ होगी, तो ये शब्द निकल भागेंगे शरीर से और हस्तक्षेप की जीती-जागती इबारत बन जाएँगे। उसके फेफड़ों से, गले की नली से, अंतड़ियों से चिपके हुए ये शब्द बाहर आकर तीखे, नुकीले, कँटीले, जहरीले असहमति के अग्रलेख बनकर छा जाएँगे घर भर पर। अगर वह इन्हें लिख दे तो एक बहुत तेज एसिड का आविष्कार हो जाए। फिलहाल उसका मुँह सूजा हुआ है, पर मुँह बन्द रखना चुप रहने की शर्त नहीं है। ये शब्द उसकी लड़ाई लड़ते रहेंगे।

कलम हुए हाथ

बलराम

बापू ने शंकर को आवाज दी तो अम्मा उठ गईं। दरअसल, आवाज अम्मा को ही दी गई थी। रात के चार–साढ़े चार बजे मुर्गा बोलने पर शंकर का नाम लेकर दी गई बापू की हल्की–सी आवाज अम्मा के लिए ही होती है, इस बात को अम्मा अच्छी तरह से जानती हैं और शंकर भी। कभी–कभी बापू की इस आवाज से शंकर की भी आँख खुल जाती है, लेकिन वह न तो उठता है, न ही बोलता है। चुपचाप पड़ा रहता है। आज भी बापू की आवाज पर शंकर की आँख खुल गई।

आवाज का जवाब देते हुए अपनी रजाई से निकलकर अम्मा ने सलूका पहन लिया और बखारी से थोड़ा–सा भूसा लेकर बरामदे में आ गईं। बिरौसिया को खखोरकर राख में दबी हुई आग निकाली, अँगूठे से उसे खूँथा और भूसा रख दिया। लौटकर कोठरी में आईं और आले में रखे चिराग को उठा लिया। चिराग लेकर बिरौसिया के पास पहुँचीं तो भूसा धुँधुवा रहा था। बैठकर उसे फूँकने लगीं, लेकिन उनका पोपला मुँह उसे जला नहीं पाया। सुलगते हुए भूसे का धुआँ कोटरों में धँसी उनकी आँखों में घुस गया तो आँसू चुचुवा आए। भूसा शायद भीगा हुआ था, इसलिए नहीं जला। अम्मा की परेशानी समझकर तब तक माचिस लेकर शंकर कोठरी से बाहर निकल आया। उसने माचिस घिसी और रोशनी कर दी।

अम्मा से उसने लाख बार कहा कि कम–से–कम रात में तो चिराग को माचिस से जला लिया करो, पर अम्मा न जाने किस मिट्टी की बनी हैं कि माचिस को छूती तक नहीं। बिरौसिया में गड़ी कंडे की आग और भूसे का ही इस्तेमाल करती हैं। उन्होंने शायद ही कभी माचिस छुई हो। दरअसल, बिरौसिया की आग और भूसे ने उन्हें कभी माचिस का मोहताज नहीं किया। माचिस रहने पर भी वे

कभी उसका इस्तेमाल नहीं करतीं। यह अम्मा की कंजूसी नहीं, आदत है। जिन्दगी में उन्होंने कभी हाथ खोलकर खर्च नहीं किया। उनका हाथ हरदम बँधा ही रहा। उन्होंने बहुत ऊँच-नीच देखे हैं और अपनी जिन्दगी सादगी से गुजारी है। उन्हें वे दिन भी याद हैं, जब बड़के पैदा हुए थे और घर में भूँजी भाँग तक नहीं थी। लगान न दे पाने की वजह से जमीन बेदखल हो गई थी। गरीबी और संकेती के उन दिनों से लेकर हजारों रुपये के आलू बिकने के खुशहाल दिनों तक में भी अम्मा की जिन्दगी का ढर्रा एक-सा रहा है। थोड़ा-बहुत रफा-दफा कर दें तो उसमें कभी कोई खास परिवर्तन नहीं हुआ। अम्मा के पैरों में चाँदी के खड़वे थे, जब वे शादी के बाद पहली बार यहाँ आई थीं, उनके पैरों में वही खड़वे अब भी हैं। हाथों में कड़े भी वहीं हैं और कानों में हैं वही पचास साल पुराने कर्णफूल। फर्क सिर्फ इतना है कि अब सब कुछ घिस-घिसाकर श्रीहीन हो गया है। मोटी किनारी वाली धोती वे तब भी पहनती थीं और अब भी। पहले हरे या लाल रंग से रँग लेती थीं, लेकिन पिछले कई सालों से सफेद ही पहनती हैं। बाप के पास तमाम-तमाम रुपये आने की बात वे सुनती भर रही है, लेन-देन से उन्हें कभी कोई मतलब नहीं रहा। अम्मा ने कभी कुछ खरीदा नहीं, कभी कुछ बेचा नहीं। सारी की सारी खरीद-फरोख्त बापू ही करते रहे हैं। खाने-पहनने के लिए उन्होंने जो कुछ ला दिया, अम्मा ने बनाकर खिला दिया, खा लिया। पहना दिया, पहन लिया। कभी कोई शिकवा नहीं, शिकायत नहीं। बापू ने ही जरूर, जब कभी बड़के-मँझले में झाँय-झाँय हुई तो अम्मा को ताना-सा दिया कि तुम्हीं जिन्दगी भर रोती रहीं कि खेत चले गए, खेत चले गए। जब खेत वापस मिल गए तो रेढ़ना शुरू किया कि घर अच्छा नहीं है, घर बनवाओ। खेतों और घर के चक्कर में जिन्दगी भर न ढंग से खा सके, न पहने सके। सोचा था, बुढ़ापे में लड़के-बच्चे रोटी तो ढंग से देंगे ही, पर रोटी तो दूर, यहाँ बात सुनने की किसी को फुर्सत नहीं है। कोई साला पानी तक को तो पूछता नहीं है। यह सब तुम्हारे ही कारण हुआ। मेरी चलती तो खेत-घर, कुछ न करता। रुपया बैंक में जमा कर देता। पास में रुपया होता तो आज सब साले आगे-पीछे घूमते-फिरते–''तौ फिरि काहे सबका बाँटि-चूँटि कै दइ दीन्हिव, न देतेव। न बाँटि-चूँटि कै देतेव, न इया हालत होति।'' स्थिति की सारी वजह बँटवारे को करार देती अम्मा छोटा-सा जवाब देकर चुप हो जाती हैं तो फिर बापू भी कुछ नहीं कहते। लगता है कि अम्मा की दलील से वे असहमत नहीं हैं, लेकिन तब वे इसके सिवा कर भी क्या सकते थे, सोचते-सोचते उनकी आँखें सामने वाली अधूरी दीवार पर टिक गईं और वे आगे वाले कमरों-बरामदों के बारे में सोचने लगे–वही तो घर की रौनक होते हैं और उनकी आँखें उसी रौनक की तलाश में भटक जाती हैं।

जलता हुआ चिराग लेकर अम्मा कोठरी में आईं और बापू के पास बैठ गईं। उन्हें सहारा देकर उठाया। खूँटे पर टँगे कुरते को उतारा और उनका हाथ उठाकर

पहना दिया। बापू का बायाँ हाथ बेकार हो गया है। वे उससे कुछ कर नहीं पाते। कुछ करना तो दूर, उनका वह हाथ उठता तक नहीं है। उसे दाएँ हाथ से उठाकर इधर-उधर करते हैं। कुरते के बाद अम्मा ने खूँटी से बंडी उतार ली। सफेद बंडी को मैल की काली-काली परतों ने चितकबरा-सा कर दिया है। वैसे तो शंकर ही कभी धो देता या अम्मा ही, पर बंडी रुइया है, बेचारी को रेह या साबुन तो दूर, कभी पानी तक नसीब नहीं हुआ। यों उपयोग करते समय बापू उसकी हिफाजत का पूरा-पूरा ध्यान रखते हैं। तभी तो अभी तक उसका एक भी तागा टस-से-मस नहीं हुआ। हाथ उठाकर अम्मा ने उन्हें बंडी पहनाई और सहारा देकर जमीन पर खड़ा कर दिया। कोने में रखी लाठी पकड़ा दी और बाहर ले चली।

बापू नित्य-कर्म से निबटना चाह रहे थे। उनमें अब इतनी भी ताकत नहीं बची है कि आधा-एक किलोमीटर दूर गाँव से बाहर दिसा-मैदान को जा सकें। इसलिए चार बजे उठने का नियम-सा बना लिया है। उधर इब्राहीम के नीम पर बैठा मुर्गा बाँग देता है और इधर शंकर का नाम लेकर वे अम्मा को गुहारते हैं और शंकर नहीं उठता, अम्मा ही उठती हैं। टोले-पड़ोस के लोगों के उठने से पहले ही बापू नित्य-कर्म से निबटकर फिर अपने बिस्तर में दुबक रहते हैं। बापू से निबटकर अम्मा ने कुठिला से एक डेलवा गेहूँ निकाले और चकिया ओइर दी। चकिया चल पड़ी तो शंकर पढ़ने बैठ गया।

चकिया का काम खत्म होते ही अम्मा घर से बाहर निकलकर छप्पर के नीचे आ गईं। बड़के और मँझले ने अपना-अपना बैल निकालकर लिड़ौरी पर बाँध दिया था। शंकर की भैंस छप्पर के नीचे ही रह गई थी। उसे निकालकर अम्मा ने नाँद पर बाँध दिया। बँटवारे में एक बैल बड़के को मिला और एक मँझले को। शंकर और बापू के हिस्से में भैंस आई। घर का उत्तरी हिस्सा बड़के को और दक्षिणी मँझले को मिला। पश्चिमी हिस्सा बापू और शंकर के पल्ले पड़ा। बड़के और मँझले अपने-अपने हिस्सों में चले गए। शंकर के साथ रह गए अम्मा और बापू। अपने लिए बापू ने कुछ नहीं रखा। सब कुछ बाँट-बूँटकर दे दिया। अपनी रोटी के लिए तीन बीघे का चक रख लिया, बस।

अम्मा की आवाज ने शंकर का ध्यान भंग किया तो उसने अपनी किताबें समेटीं और बाहर निकल आया। खली-चूनी वाली बाल्टी देखी—अम्मा पानी से भर गई थीं और उसको आवाज देकर स्कूल वाले कुएँ से पानी भरने चली गई थीं। शंकर ने एक नजर बखरी में लगे हैंड-पम्प पर डाली। पानी सब लोग भरते हैं, लेकिन जब बनता-बिगड़ता है तो बापू ही ठीक करवाते हैं। इस बार बापू की हालत ऐसी है कि

चाहकर भी ठीक नहीं करवा सके तो कई रोज से बिगड़ा पड़ा है। सब लोग स्कूल वाले कुएँ से पानी भर लाते हैं, लेकिन बिगड़े हुए पम्प को ठीक कोई नहीं करवाता, मानो हर बना-बिगड़ी को ठीक करवाने का ठेका बापू ने ही ले रखा है। बड़के सोचते हैं कि मँझले ठीक करवाएँ और मँझले सोचते हैं कि बड़के। ठीक होने में कुछ रुपये लगेंगे और कोई भी अपनी टेंट खोलना नहीं चाहता।

शंकर बाहर निकला तो एक काँख में कलसिया दबाए और दूसरे हाथ में भरी बाल्टी लटकाए अम्मा अन्दर आ गईं। वह झबई लेकर बखारी में चला गया। तब तक अम्मा ने कोठरी से पड़िया छोड़ दी तो वह बाल्टी ले आया। पड़िया हूँथा मार-मारकर पी रही थी। भैंस के थनों में दूध अभी उतरा नहीं था। पड़िया की पीठ पर हाथ रख शंकर बैठ गया और दूसरे हाथ से भैंस के थन भिलगाने लगा। थोड़ी देर में ही भैंस ने दूध उतारना शुरू कर दिया तो मुलायम थन कड़े हो गए। भैंस पल्हा आई तो शंकर ने पड़िया को खींचकर बाँध दिया और थन धोकर दुहने लगा। दूध की पहली धार बाल्टी की पेंदी पर पड़ी तो वह टनकार उठी। थोड़ी देर बाद जब पेंदी में कुछ दूध आ गया तो वह टनकार गरगराहट में बदल गई, संगीत की सुरलहरी के आरोह-अवरोह की मानिन्द--गर-गर-गर, गर-गर्र-गर्र। बाल्टी की पेंदी में दूध की मोटी धारें पड़ीं तो ढेर सारा फेन उठने लगा और शंकर के दुहने की गति तेज हो गई। भैंस दुहकर वह अन्दर आया तो रजाई में दुबके बापू ने उसका नाम लेकर गुहार लगाई।

आवाज सुनकर वह उनके पास पहुँच गया। इस बार शंकर का नाम लेकर लगाई गई बापू की गुहार उसके लिए ही थी, अम्मा के लिए नहीं और उनके पास पहुँचा भी वही। आले में रखी दवा की बोतल उसने उठाई और चम्मच में डालकर बापू को दे दी। वह उसे गटाक् से पी गए। होंठों पर अँगुलियाँ फेरीं और रजाई हटाने लगे। शंकर समझ गया कि अब वे बाहर धूप में जाना चाहते हैं। उसने उन्हें सहारा देकर खड़ा कर दिया और लाठी पकड़ा दी। लाठी और उसके सहारे बापू आ गए।

बड़के और मँझले अपना-अपना बैल लेकर खेतों पर चले गए थे। बड़के की दोस्ती बिन्दा से है और बिन्दा के पास भी एक ही बैल है। वह भी अपने भाई पुत्ती लाल से अलग हो गया है। इस तरह एक बैल बड़के का और एक बैल बिन्दा का मिलाकर गोईं बनती है और साझेदारी में बारी-बारी से वे अपने-अपने खेत जोत-बो रहे हैं। इसी तरह मँझले और पुत्ती लाल ने भी जुट्टी बना ली है।

राजा ठाकुर गाँव के प्रधान हैं। आजकल शंकर और बापू का काफी खयाल रखते हैं। शायद बापू की बीमारी और शंकर की असहाय स्थिति को देखकर या शायद

इसकी वजह यह है कि राजा ठाकुर का लड़का शंकर के साथ ग्यारहवीं में पढ़ता है और पढ़ने-लिखने में भोंदू है, जबकि शंकर हरदम अव्वल रहता है। राजा ठाकुर ने कुछ रुपये प्रतिमाह पर शंकर को इस बात के लिए राजी कर लिया कि वह उनके लड़के के साथ बैठकर दो घंटे पढ़ा करे और उसे भी अपने साथ पढ़ाया करे। बापू की बीमारी के इलाज के लिए सारा पैसा राजा ठाकुर ने दिया है। शंकर के हिस्से के खेत अपने ट्रैक्टर से जुतवाकर अपने ही नौकरों से बुआ भी दिए हैं। बापू के हिस्से का तीन बीघे वाला चक रह गया है। एक-दो बार बापू ने कहा, पर ठाकुर के बैल और ट्रैक्टर तब खाली नहीं थे।

नकद पैसे देकर अन्य किसी से जोतवाने और बुआने का माद्दा उनमें रह नहीं गया है। उधार-व्यौहार जैसे भी, ठाकुर से ही काम चल रहा है। बड़के अपने खेत जोतने-बोने में लगे हैं। मँझले भी आपाधापी में हैं। फुर्सत में भी होते तो क्या बापू के हिस्से के खेत जोत देते, क्या बापू उनसे कहते, कह पाते, किस मुँह और विश्वास से कहते! जो लड़के बँटवारे के बाद बाप से बोलते तक नहीं, उसके मरने-जीने का हाल तक नहीं पूछते, बाप उनसे क्या उम्मीद कर सकता है!

शंकर ने बताया कि चक की ओइँठि खरा रही है, एक-दो दिन में जोताई न हुई तो ओइँठि चली जाएगी। ओइँठि चली जाने की बात सुनकर बापू की आँखें भर आई थीं। उनको लगा कि उनका घर बिखर गया है। बिखरकर कई टुकड़ों में बँट गया है। एक में होता तो सँभाला भी जा सकता था, पर टुकड़ों में बँटे घर को सँभाल पाना किसी के भी बूते की बात नहीं रह गई है।

सूरज ऊपर चढ़ आया तो बापू ने शंकर से खेतों तक चलने की इच्छा जाहिर की। शंकर ने मना किया, "आपकी तबीयत ठीक नहीं है, उतनी दूर चलोगे तो थक जाओगे, वैसे ही साँस फूलती है।" शंकर ने मना जरूर किया, लेकिन बापू माने नहीं। शंकर के कन्धे और अपनी लाठी के सहारे डगरते हुए वे बड़े चक तक पहुँच गए। इस चक को पाँच-पाँच बीघे के तीन टुकड़ों में बाँटा गया है : बड़के, मँझले और शंकर के लिए। शंकर के हिस्से के खेत तो खैर जोतकर बो दिए गए है, लेकिन बड़के और मँझले अभी तक हाथ-पाँव मार रहे हैं। यह पहला मौका है, जब दीवाली आ जाने पर भी खेत बिना जुते-बुए पड़े हैं, नहीं तो जब तक बँटवारा नहीं हुआ था, सारे के सारे खेत दीवाली तक जोत और बो दिए जाते थे। बापू को मेड़ पर बिठाकर शंकर अपना चक देखने चला गया। बापू मेड़ पर बैठे-बैठे बड़के और मँझले के खेतों में चलते बैलों को टुकुर-टुकुर देखते रहे। अपने खेतों में घूम-फिरकर शंकर लौट आया तो बापू अपने हिस्से के तीन बीघे वाले चक की तरफ डगर चले।

बड़े चक और माधौ बापू के हिस्से के छोटे चक के बीच राजा ठाकुर का चक पड़ता है। ठाकुर के चक के कुछ खेत पहले बापू के थे, लेकिन अच्छे और उपजाऊ

होने के कारण चकबन्दी में राजा ठाकुर ने उन्हें अपने चक में मिलवा लिया और माधौ बापू का चक ऊसर की तरफ खिसक गया। ठाकुर के पास बहुत खेती है, उनके अपने ट्रैक्टर हैं, थ्रेसर हैं, ट्यूबवेल है, किसिम-किसिम के हल और औजार हैं, जिनसे राजा ठाकुर के काम फटाफट हो जाते हैं। माधौ बापू ठाकुर के ट्यूबवेल के पास पहुँचे तो उन्हें सुपारी कतरते देखा। बापू को देखते ही ठाकुर बोले, "आव-आव माधौ भाई, बहुत दिन मा दिखानेव?"

"हाँ ठाकुर, चले नाँइ चुकत है। पाँव जवाब दइ गे हैं।"

"हाँ-हाँ बुढ़ापा मा तो अइस होतै है।"

"अउर का हाल-चाल हैं ठाकुर?"

"सब ठीक है। तुम आ गेव, नाहीं तो अबहिन हम तुम्हरे घरै खुद अवइयाँ रहन।" ठाकुर की बात सुनते हुए बापू चारपाई पर बैठ गए। ट्यूबवेल चल रहा था। दूर खेत से सन्तू ने फावड़े के लिए गुहार लगाई तो ठाकुर ने शंकर से दे आने को कहा। फावड़ा देकर जब शंकर लौटा तो दोनों लोग विचारमग्न थे। शंकर के आते ही माधौ बापू उठ खड़े हुए और राजा ठाकुर से बोले, "संझा लग सोंचि-समझि कै बतइबे।"

"ठीक है, हम संझा को अइबे।"

ठाकुर की बात सुनकर माधौ बापू अपने चक की तरफ चल दिए। उनके पाँव तो जमीन पर थे, लेकिन दिमाग अतीत की अँधेरी गुफाओं में भटक रहा था। तब राज था अंग्रेजों का और गाँव के जमींदार थे ठाकुर के पिता शिवराज सिंह। माधौ बापू की शादी हुई ही हुई थी। ओले बरस गए तो रबो की फसल चौपट हो गई और फिर सूखे ने खरीफ की फसल को चपट लिया तो छोटे-मोटे किसानों की रही-सही कमर भी टूट गई। माधौ बापू भी दाने-दाने को मोहताज हो गए। लगान न दे पाने की वजह से उनको खेती से बेदखल कर दिया गया। उन्होंने शिवराज सिंह से लाख मिन्नतें कीं, पर उनके कानों पर जूँ तक नहीं रेंगी। वे किसान से मजदूर हो गए। मजूरी पर शिवपुर के चम्पत ठाकुर की किसानी में जाने लगे। तभी उन्हें चम्पत ठाकुर का खोया हुआ बटुआ मिला, जिसमें चाँदी के रुपये और कुछ जरूरी कागजात थे। उस बैग को माधौ बापू ने ज्यों का त्यों उन तक पहुँचा दिया। उनकी ईमानदारी से चम्पत ठाकुर इतने खुश हुए कि कुछ भी माँग लेने को कहा। वे बहुत बड़े जमींदार थे। बापू ने अपने बेदखल खेत वापस दिलवा देने की विनती की तो चम्पत ठाकुर ने शिवराज सिंह से कहकर उनके मन की मुराद पूरी करवा दी। वे फिर किसान हो गए।

माधौ बापू ने बड़के और मँझले को पढ़ाने की बहुत कोशिश की, पर वे पढ़ नहीं सके। हारकर बापू ने पहले तो बड़के को खेती में जुटाया और फिर मँझले को भी। बापू के साथ दोनों बेटों का भी खून-पसीना पाकर खेती तो मानो सोना ही

उगलने लगी। पहले से दुगुना-तिगुना पैदा होने लगा। और तेजी का जमाना आ गया तो सेर से उतरकर गेहूँ आधा सेर तक के भाव बिक गया। बापू के पास नोटों की गड्डियाँ हो गईं। तब अम्मा ने बापू से टूटे-फूटे घर को बनवाने की फरमाइश की। थोड़ी ना-नुकुर के बाद बापू ने पुरवावाले खेत में पचास हजार ईंटें पथवाईं और कानपुर से कोयला मँगवाकर पजेवा लगवा दिया। पजेवा खुला तो ईंटें अव्वल निकल आईं। कुछ दिन बापू ने पीछे से घर की पक्की नींव डलवा दी और दीवारों पर दीवारें बनती चली गईं। तीन तरफ से पक्का घर बनकर तैयार हो गया, लेकिन बाहर के बैठक-बरामदे बनने शेष रह गए।

अब तक बड़के और मँझले के दो-दो बच्चे हो चुके थे, लेकिन शंकर की शादी नहीं हुई थी। बापू सबको समान रूप से कपड़ा-लत्ता करते, खर्चा-पानी देते। सबको खुश रखने की कोशिश करते। न लड़ाई, न झगड़ा। वे अपने भरे-पूरे परिवार में खुश थे। नन्हे बच्चों को गोद में लिए अम्मा घुमाया करतीं। ऊपर के सारे कामकाज बहुएँ सँभालतीं। सब कुछ मजे में चल रहा था। तभी मँझले की दोस्ती राजा ठाकुर से हो गई। यद्यपि उनमें जमीन-आसमान का अन्तर था और राजा ठाकुर मँझले से चौदह-पन्द्रह साल बड़े थे। फिर भी दोस्ती हो गई थी, क्योंकि दोस्ती, दोस्ती होती है, किसी से भी हो सकती है। वह दोस्ती जल्दी ही पान-बीड़ी से बढ़ते-बढ़ते जुआ और शराब तक पहुँच गई। मँझले को शराब की लत लगी तो फिर लग ही गई। तब मँझले ने बापू से कुछ अधिक खर्च की माँग की। और जब खर्चे की सीमा कुछ ज्यादा ही बढ़ गई तो बड़के ने माधौ बाप को समझाया, ''शराब के लिए मँझले को इतने पैसे मत दीजिए। इसके पीने की सीमा इसी तरह बढ़ती रही तो एक दिन यह घर बरबाद हो जाएगा। शराब जिस घर में घुसती है, उसे तबाह किए बगैर नहीं छोड़ती।'' और बड़के की बात मानकर अगली बार माधौ बापू ने मँझले को और पैसे देने से मना कर दिया।

बापू के इनकार से मँझले खौरिया गए। बापू की कोठरी में गए और उनका बक्सा उठाकर ताला तोड़ने लगे। शराब की तलब ने सीमा का अतिक्रमण कर दिया था। बड़के यह सब चुपचाप देखते रहे। बापू ने दौड़कर अपना बक्सा छीनना चाहता तो मँझले ने धक्का दे दिया और बापू उलटकर गिर पड़े। यह सब देखकर बड़के अपने आपको रोक नहीं सके। गुस्से में उबलकर खड़े हो गए और आव देखा न ताव, तड़ातड़ एक साथ कई झापड़ मँझले की कनपटी पर जड़ दिए और बक्सा छीनकर बापू को दे दिया। तउआई आँखों से मँझले ने बड़के को देखा और तेजी से घर के बाहर निकल गए।

उस दिन शाम को ही मँझले का चूल्हा अलग जल गया। बाद में बापू ने जी-जान से कोशिश की कि बिगड़ी बात किसी भी तरह बन जाए। ठाकुर दखलन्दाजी न

करते तो सम्भव था कि बापू की कोशिश सफल हो जाती, पर ठाकुर बीच में आ गए और बँटवारे की जमीन तैयार कर दी। बड़के बँटवारे के पक्ष में कतई नहीं थे, इसके लिए वे राजा ठाकुर तक से भिड़ने को तैयार थे। उन्होंने बापू को समझाया कि आप बँटवारा मत कीजिए, मँझले को घर से निकाल दीजिए। घर से निकलते ही उसका नशा हिरन हो जाएगा, लेकिन बापू तो बापू थे, बेटे को घर से कैसे निकालते! एकबारगी बापू ऐसा सोचते भी, पर मँझले के दोस्त थे राजा ठाकुर। कहने को तो ठाकुर की जमींदारी चली गई है, पर उनका रुतबा और दबदबा तो पहले जैसा ही है। गाँव के गरीब सन्तू से लेकर शिवपुर के थानेदार तक उनकी हाँ में हाँ मिलाते हैं। उनकी अपेक्षा कैसे की जा सकती थी और माधौ बापू ने बँटवारा कबूल कर लिया। बड़के ने इसे अपनी पराजय के तईं लिया और बापू से कट गए। इतना कि अब उनसे बोलते तक नहीं हैं। और वही ठाकुर आज फिर एक नई मुद्रा में बापू के सामने थे। ठाकुर का यह पैंतरा माधौ बापू को अन्दर तक छील गया। उनका मन किया कि ठाकुर की नाक पर हनककर घूँसा मार दें और सारे झंझटों से पार हो जाएँ। राजा ठाकुर ने जो सवाल उनसे किया, बापू उसका जवाब सोच नहीं पाए, संझा तक सोच-समझकर बताने का वादा किया और अपने चक की ओर बढ़ आए। अपने खेतों की मेड़ पर पहुँचकर माधौ बापू रुक गए। खेतों की ललछौंह धीरे-धीरे पिलछौंही हो रही थी। खेतों के पिलछौंहपन को उन्होंने बेबस नजरों से देखा और फिर आकाश की ओर ताकने लगे। उनका आस्तिक मन शायद भगवान को पुकार रहा था।

बीच खेत में कुछ देर खड़े रहने के बाद माधौ बापू लौट पड़े। खरामा-खरामा चलते हुए शंकर के कन्धे और अपनी लाठी के सहारे घर आकर चारपाई पर लेट गए। तभी सामने वाली दीवार से बिल्ली ने ईंट गिरा दी। गिरा क्या दी, उसके निकलने से गिर गई तो बापू को लगा कि दीवार से ईंट नहीं, उनका कोई अंग कटकर गिरा है। उसके बाद शाम तक माधौ बापू चारपाई पर पड़े रहे। शंकर की समझ में नहीं आया कि बापू आज इतने उदास क्यों हैं! आज तो दीवाली है।

बँटवारे के बाद यह पहली दीवाली है। पिछले साल जब बापू ठीक थे, तमाम गट्टे-खिलौने आए थे और आई थी गगराभर खीलें। कई सालों से दीवाली की दियालियाँ शंकर जलाता आ रहा है। उससे पहले बड़के जलाते थे और बड़के से पहले बापू। जब जूनियर की परीक्षा में शंकर फर्स्ट आया तो उस साल की दीवाली में ऐन टाइम पर बड़के को न जाने क्या सूझा कि उन्होंने शंकर को बुलाकर दियालियाँ जलाने को कह दिया। बड़के की बात सुनकर शंकर की आँखें मँझले को तलाशने लगीं। उसकी समझ में न आया कि यह पारिवारिक दायित्व बड़के उसे क्यों सौंप रहे हैं। अगर यह जरूरी ही हो तो मँझले भी तो हैं। तभी नशे में धुत्त मँझले आ गए थे, झूमते हुए, गलगलाते और अंट-शंट बकते हुए। दियालियों से हटकर

सबकी नजरें मँझले पर टिक गईं। बापू का चेहरा तमतमा उठा और अम्मा की जुबान छुरी बन गई। वे बकने लगी थीं, "नठिअऊ, मरीकटउनूँ! तुम आजौ इयो माहुर पी आएव। अइस जनतिउँ तौ पैदा होतै खन घींच मरोरि देतिउँ।"

"अच्छा-अच्छा, चुप्पै रहव।" अम्मा को डपटकर बापू ने चुप करा दिया तो मँझले को पकड़कर बड़की भाभी कोठरी में ले गईं और सुला दिया। बिना किसी खास हंगामे के सब कुछ शान्त हो गया और तब शंकर की समझ में आ गया कि वह दायित्व बड़के ने मँझले की बजाय उसे क्यों सौंपा था।

सब लोग शंकर को घेरकर बैठ गए थे। उसने परई से दियालियों में तेल डाला और भतीजे-भतीजियों ने उनमें बातियाँ भिगो दीं। घी की सात दियालियाँ अलग रखने के बाद सबसे पहले उसने दियाले को माचिस से जला दिया और फिर सारी दियालियाँ जला दी गई थीं। कंडे की आग पर कुछ गट्टे और खिलौने फोड़ने के बाद उसने गरइया से निकालकर एक चम्मच घी आग पर रख दिया और दियालियों पर दो मुट्ठी खीलें बिखेर दीं। लोटे का पानी सात बार अँजुरी में भरकर दियालियों के चारों ओर आचमन किया और फिर धरती माता के पैर छू लिए। धुआँ उठने लगा तो उसे अपने चेहरे पर बिखरने दिया, साँसों में समाने दिया। पूरा घर दीवाली की रोशनी से जगमगा उठा था। तब फिर शंकर ने भर-भर मूठा खील-खिलौने और गट्टे सबको दिए। बाद में परात से काट-काटकर मिठाई दी। सबने छक-छककर खाई। तब तक बड़के भी लौट आए थे। उन्होंने मँझले को जगाना चाहा, पर वे उठ नहीं पाए; शायद ज्यादा पी आए थे। शंकर और बड़के ने साथ बैठकर मिठाई खाई। जिन्दगी में पहली बार दियालियाँ जलाते, खील-गट्टा और मिठाई बाँटते हुए शंकर को गर्व की अनुभूति हुई और एक अपूर्व सुख का अहसास भी। ऐसा सुख, जो कभी-कभी ही नसीब होता है।

लेकिन इस बार की दीवाली, दीवाली नहीं, कुछ और लगती है। एक दीवाली वह थी, एक दीवाली यह। बखरी में बैठ माधौ बापू यह सब टुकुर-टुकुर देख रहे हैं; घर के एक कोने में बड़के और दूसरे कोने में मँझले के बाल-बच्चे पानी में सिझी दियालियाँ निकालकर पड़ोर से लिपी जगह पर रख रहे हैं। शंकर भी तीसरे कोने में पड़ोर कूटकर दियालियाँ रखने की जगह बना रहा है। जब जगह बन गई तो अम्मा ने पानी से निकालकर दियालियाँ रख दीं। तभी अचानक माधौ बापू ने बड़के और मँझले को आवाज दी। वे बापू के पास आए तो उन्होंने उनसे पूछा, "हमरे हिस्सा वाले तीन बिगहा खेत जोतिहौ?"

"हाँ-हाँ, दइ देव।" बड़के और मँझले ने एक साथ जवाब दिया, मानो वे इसके लिए पहले से ही तैयार बैठे थे। बापू ने अपनी समस्या और शर्त उनके सामने रखी तो वे बगलें झाँकने लगे। थोड़ी देर तो बापू ने उनके उत्तर का इन्तजार किया और फिर बोले, "कउनौ जवाबु नाँइ दीन्हिव कोउ?"

''हमारे पास इत्ते रुपया कहाँ धरे हैं?'' कहकर दोनों भाई चुप हो गए और थोड़ी देर बाद उठकर अपने-अपने बाल-बच्चों के पास खिसक गए तो माधौ बापू को लगा कि लड़ाई में अब वे एकदम निहत्थे हो गए हैं। लड़के ही तो बाप के हथियार होते हैं, सोचते-सोचते उनकी नजर सामने वाली अधूरी दीवार पर टिक गई। उन्हें लगा कि उनके घर में नोना लग गया है, जो एक-एक कर ईंटों को खा रहा है। इस तरह अलग-अलग रहकर नोने को घर खाते हुए बेबस और लाचार आँखों से देखा तो जा सकता है, पर किया कुछ नहीं जा सकता।

बड़के और मँझले को दियालियाँ जलाते देखकर माधौ बापू शंकर की ओर मुखातिब हुए, ''तुमहूँ जलाव शंकर!''

''नाहीं बापू, आप जला देव।''

''नाहीं बेटा!''

''नाहीं बापू, आजु तौ आपै का जलावैं का परिहै।'' शंकर की जिद पर माधौ बापू दियालियाँ जलाने को तैयार हो गए तो शंकर ने जल्दी-जल्दी सारा सामान बखरी में इकट्ठा कर दिया। डेलवा में बताशे-गट्टे और खील-खिलौने रखे। अगियारी के लिए घी और मिठाई रखी। बिरौसिया से निकलकर कंडे की आग रख दी, दियालियों में तेल डालकर बत्तियाँ भी। तब तक अम्मा लोटे में पानी ले आईं और बापू ने अपने अधसुन्न हाथ में किसी तरह से माचिस अँटाकर दूसरे हाथ से तीली घिस दी। फुर्र की आवाज करती हुई तीली जली तो बापू ने उसे एक दियाली की तरफ बढ़ाया। इसके पहले कि उसकी बाती जलने पाए, तीली बुझ गई। तब बापू ने दूसरी तीली निकाल ली। आज उनके अधसुन्न हाथ में पता नहीं कहाँ से इतनी ताकत आ गई थी कि वह हरकत कर रहा था। दूसरी तीली जलाने के लिए हाथ उठा ही था कि जूतों की चर्र-मर्र से उनके हाथ जहाँ के तहाँ रुक गए। नजरें अपने आप दरवाजे पर चली गईं। राजा ठाकुर आ गए थे। आते ही उन्होंने अपना सवाल दाग दिया, ''माधौ भाई, सब सोंचि-समझि लींन्हिव कि नाँइ?'' सुनकर भी जैसे सुना नहीं बापू ने। वे एकदम से चुप हो गए थे।

बापू ने कोई जवाब नहीं दिया तो चारपाई पर बैठते हुए ठाकुर ने कहा, ''का हो माधौ भाई, बोलतेव काहे नाँइ?''

''ठाकुर बेटा; अबहिनै तौ तुम जाव! साल भरे क्यार त्यौहार है, को जौनै, पारसाल लग जिन्दा रहिबे कि मरि जइबे, राति भरे केरि मोहलति अउर देव, सबेरे लग सब बता देबे।''

''द्याखौ माधौ भाई, अइसे टारै ते तौ कामु चली ना। तुम कहते हौ तौ हम चले जात हन, लेकिन सबेरे लग सोच-विचार करि लेहेव।'' कहकर राजा ठाकुर चल दिए। बापू उन्हें जाते हुए अपलक देखते रहे और जब दीया जलाने का खयाल आया

तो फिर से तीली घिसने की कोशिश करने लगे, लेकिन कोशिश सफल नहीं हुई। उनका वह हाथ फिर सुन्न हो गया था, इस बार शायद पूरा। तब शंकर की ओर माचिस बढ़ाते हुए उन्होंने कहा, ''लेव शंकर।''

''काहे बापू?''

''लेव बेटा, तुमहीं जलाव। हमरे बस क्यार अब कुछु नाँइ रहो। अब तौ बस कुछु तुमहीं का झ्यालें का परी।'' कहते-कहते माधौ बापू का गला रुँध गया। उनके शब्दों में निहित अर्थ को शंकर झेल नहीं पाया। उसकी चेतना पर हथौड़ा-सा पड़ा। बापू की आँखें छलक आई थीं। शंकर भी अपने आँसू रोक नहीं सका। बापू की असमर्थता, उसकी अपनी असमर्थता भी तो थी। वह घर को सँभाले, कॉलेज देखे या खेती-बाड़ी की चिन्ता करे। पढ़-लिखकर प्रोफेसर बनने के अपने सपने के आगे उसने बापू की अन्तिम इच्छा तक को ठुकरा दिया, अन्यथा अपने आगे ही वे शंकर का भी घर बसा देना चाहते हैं। अचानक जब बापू ज्यादा बीमार हो गए तो ठाकुर से कर्ज लेकर उसने कानपुर में उनका इलाज करवाया। तमाम रुपया खर्च हो जाने पर दो महीने बाद डॉक्टरों ने जवाब दे दिया कि अब इनका इलाज करवाना बेकार हैं। इन्हें घर ले जाओ। बिना मतलब खर्चा मत बढ़ाओ। जो दवा लिख दी है, पिलाते रहना, शायद कोई चमत्कार हो जाए। डॉक्टरों की बातें सुनकर शंकर सिहर उठा था, पर न जाने क्यों उसे लगता रहता है कि बापू अभी बहुत दिन तक जिन्दा रहेंगे। बापू के हाथ से माचिस लेकर शंकर ने चुपचाप दियालियाँ जलाईं और घर-आँगन में रख आया। दियालियों की रोशनी से यद्यपि पूरा घर जगमगा उठा था, पर उसे लग रहा था कि इतनी इफरात रोशनी के बावजूद सबके दिलों में कहीं बहुत घना अँधेरा है, जिसे कोई चिराग नहीं मिटा सकता। दीवाली की ये रोशनियाँ काली अँधेरी रात के अँधेरों को भले ही खत्म कर दें, पर हमारे दिलों में समाए अँधेरों को कौन दूर करेगा! कैसे दूर होंगे दिलों के ये खौफनाक अँधेरे, जिन्होंने सम्बन्धों की चमक तक को लील लिया है। इन अँधेरों में सम्बन्धों की शिनाख्त होना तो दूर, उनकी चमक तक दिखाई नहीं पड़ती, सोचते हुए शंकर ने डेलवा में दियालियाँ, बातियाँ, माचिस तथा तेल की गरैया रखी और खेतों की ओर चल दिया।

''जागौऽऽऽ...धरती माता जागौऽऽऽ...'' चारों ओर से तेज आवाजें उठ रही थीं! दूर-दूर तक जलती हुई दियालियों से दसों दिशाएँ जगमगा उठी थीं। काली अँधेरी रात में आकाश में झिलमिलाते तारों के मानिन्द झिलमिलाती धरती की ये रोशनियाँ शंकर को बहुत अच्छी लगती हैं। यह पहला मौका है, जब शंकर को खेत-खलिहान में दियालियाँ जलाने अकेले जाना पड़ रहा है। पहले बड़के के साथ जाता था।

हाथ में डेलवा लिए शंकर अपने खेतों की तरफ बढ़ा जा रहा था। कुछ लोग ऊँचे स्वर में दिवाली गा रहे हैं और कुछ तेज आवाज में धरती माता को जगा रहे थे–जागौऽऽऽ...धरती माता जागौऽऽऽ...लोग धरती माता को क्यों जगाते हैं? शंकर ने अपने आपसे प्रश्न किया और जवाब भी खुद दे दिया–धरती माता को नहीं जगाया जाता, शायद धरती के गर्भ में छिपे दानों को गुहार लगाई जाती है। अपने खेतों में पहुँचकर शंकर ने भी आवाज लगाई–जागौऽऽऽ...धरती माता जागौऽऽऽ...पूरी कोशिश के बावजूद शंकर को लगा कि उसकी आवाज पूरी की पूरी उभरी नहीं है, वह कहीं बीच में ही दबकर रह गई है।

बड़के और मँझले अपने–अपने खेतों में दियालियाँ रखकर चले गए थे। शंकर ने उनके खेतों में जलती हुई दियालियाँ देखीं और फिर उसका ध्यान बड़के के हिस्से में स्थित कुएँ पर चला गया। उस पर कोई दियाली नहीं जल रही थी। फिर उसने मँझले के हिस्से में स्थित महुए के पेड़ को निहारा। उसके नीचे एक दियाली जल रही थी। अपने खेतों में दियालियाँ रखने के बाद शंकर कुएँ की ओर बढ़ गया।

पहले ढेर सारे महुए होते थे, सबके काम आते थे और अब महुओं का उपभोग सिर्फ मँझले कर सकते हैं, क्योंकि महुआ मँझले के हिस्से में है। माधौ बापू ने कुएँ में बोरिंग करवाने की बात सोची थी। बोरिंग हो जातो तो सबके खेत सिंचते और अब बोरिंग तो दूर, बड़के पिपियाँ डलवाने तक की स्थिति में नहीं हैं। हों भी तो सिर्फ उनके खेत सिंच सकते हैं। शंकर के हिस्से आए आम के पेड़ से सब लोग आम खाते, लेकिन अब कोई किसी के हिस्से की चीज नहीं खा सकता। पहले सबका एक ही आकाश था और अब सबका अपना–अपना अलग–अलग आकाश हो गया है। उस आकाश के अलग–अलग रंग हैं। पहले घर सतरंगी इन्द्रधनुष हुआ करता था और अब टुकड़े–टुकड़े होकर बिखर गया है और बिखरे हुए रंगों से कहीं कोई इन्द्रधनुष बनता है! सोचता हुआ शंकर बड़के के कुएँ की जगत पर दियाली जलाकर बापू के चक में पहुँच गया और वहाँ पर दियालियाँ जलाकर चुपचाप लौट आया। अम्मा और बापू के साथ बैठकर थोड़ा–बहुत खाया–पिया और फिर सब लोग अपने–अपने बिछावने में चले गए। सोते समय शंकर ने बापू से पूछा, "राजा ठाकुर क्या पूछने आए थे?" उन्होंने बताया, "सवेरे ठाकुर ने हिसाब लगाकर बताया था कि हम पर उनका कर्जा कितना हो गया है। सो, कागजों पर दस्तखत करवाने के बाद बोले कि चाहे हमारे रुपये वापस कर दो, चाहे एक बीघे का बैनामा कर दो या फिर तीनों बीघे खेत छह साल तक जोतने–बोने को दे दो। हमने सोच–विचार कर बताने का वादा किया था।"

"तो तुम का सोचों हऊ?" शंकर ने पूछा।

''हम का सोंचि सकत हन, कोउ का सोंचि सकते हैं? उतने रुपया दइ नाँइ सकत हन। उतने रुपये के बदले एक बिगहा क्यार बैनामा कइसे करि देन। छह साल खातिर तीनिउँ बिगहा दइ देबे तो खइबे का?'' कहकर बापू फिर चिन्ता में डूब गए। उन्होंने सोचा था कि बड़के या मँझले रुपये देकर खेत जोत लेंगे तो कम-से-कम घर के खेत घर में रहेंगे अब वे करें भी तो क्या, उनके तो जैसे हाथ कट गए हैं। उनके ही क्यों, बड़के, मँझले और शंकर, सभी के तो हाथ-पाँव कट गए हैं, क्योंकि सब अलग-अलग हैं। सब एक साथ होते तो क्या मजाल थी कि ठाकुर ऐसी हरकत कर पाते। शंकर ने बापू को फिर कुरेदा, ''तो फिरि का करिहौं?''

''करिवे का, करिही का सकत हन, लेकिन ठाकुर का हम अइस करन न देबे, चहौ कुछु होइ जाय।'' कहते-कहते बापू की आवाज तेज हो गई, मानो ठाकुर के खिलाफ कोई चाल उन्होंने सोच ली हो। उन्होंने क्या सोचा है, यह पूछने की हिम्मत शंकर को नहीं हुई, लेकिन ठाकुर का बिछाया जाल उसे साफ-साफ दिख गया था और फिर वातावरण में नीरवता व्याप गई! इसके बाद कौन कब सोया, सोया भी या नहीं, कोई नहीं जान सका। सवेरे गजरदम कुंडी की खड़खड़ाहट से शंकर की आँख खुली, अम्मा की भी। चार न जाने कब के बज चुके थे, पर आज शायद माधौ बापू को समय का कोई खयाल ही नहीं था। भर-भर-भर्र, भर-भर-भर्र...दरवाजे पर ठाकुर का ट्रैक्टर भरभरा रहा था। अम्मा ने उठकर किवाड़ खोले तो ठाकुर अन्दर आ गए और बापू को आवाज दी, ''का हो माधौ भाई, सब सोंचि-समझि लीन्हिव कि नाँइ?''

माधौ बापू शायद अभी तक जागे नहीं थे। शंकर ने उनके मुँह से रजाई हटाई तो वे हिले तक नहीं। उसने उनका हाथ पकड़ा, वह ठंडा था, लोहे की मानिन्द। आशंका में भरकर उसने उनकी नाक के आगे हाथ किया तो सन्न रह गया। उनकी साँस बहुत धीमी थी और राजा ठाकुर को शायद देर हो रही थीं। आँगन से ही उन्होंने बापू को फिर आवाज दी, ''बतउतेव काहे नाँइ माधौ भाई, का सोंचो हऊ?''

समय के शरणार्थी

राजू शर्मा

अलार्म बजता है। सुबह पौने पाँच बजे—उनका एक अलैदा, लहराता-सा हाथ उठता है।

जैसे उस दिन छह बरस पहले उठा था, इसी समय। घड़ी पर खुली हथेली रखते ही अलार्म एक घुटी चीख की तरह दफन हो जाता है। बिलकुल जैसे इसका इन्तजार कर रहा हो, टेलीफोन की घंटी बजती है। अरुण रिसीवर गोद में लेते हैं। दिल के किसी कोने में उन्होंने एक बच्चे को गोद में उठाया है।

''गुड मार्निंग।'' एक चमकीली भोर की आवाज ने अंग्रेजी में समय की इत्तला दी।

''हैव अ गुड डे।'' उसने कहा।

रात और दिन। और उनके बीच की धुँधली रेखा। स्वप्न और चेतना के बीच एक अभेद्य निरन्तरता—यह उनका स्वभाव बन गया है। पिछले कुछ पल वे स्वप्न में एकटक अलार्म बजने का इन्तजार कर रहे थे। घर की हर चीज, जीवित और निर्जीव, सजग और पैनी, बाट जोहती।

ठीक साढ़े पाँच बजे वे तैयार थे। उन्होंने एक आसमानी रंग का सूट पहना है। जब वे पहुँचे, धीरज डाइनिंग टेबल पर नाश्ता रखने के बाद खामोश कदमों से पीछे हट रहा था।

एक मूक कोरियोग्राफी दोनों के बीच जिसे छह बरसों के अभ्यास ने साथ दिया है। हर गति और मुद्रा, जैसे नियत, स्वचालित। जैसे एक संवादहीन नाटक में वे अपने-अपने रोल अदा कर रहे हैं। फिर भी लगता है कि वे किन्हीं तिलस्मी धागों से जुड़े हैं। स्मृतियों के रहस्य के अलावा ये धागे और क्या हो सकते हैं?

आज बुधवार है। उस दिन भी बुधवार था।

नाश्ते से पहले, अरुण डायरी खोलते हैं और दूसरे हाथ से टेलीफोन अपनी ओर खींचते हैं। धीरज जैसे इस क्षण का इन्तजार कर रहा था। वह

'क्यू' की तरह घूमकर बाहर निकल जाता है। वे एक नम्बर डायल करते हैं। पहले कुछ और कहने को होते हैं मानो कोई आदमी रिसीवर के दूसरी ओर बैठा बहुत देर से इन्तजार कर रहा हो। फिर एकदम से खुद को रोक लेते हैं।

समय व्यतीत नहीं होता। न गुजरता है। वह हमेशा रहता है–अतीत, वर्तमान और भविष्य सभी रूपों में। उसी तरह जैसे डाकघर में हर शहर और गाँव के खाँचे बने रहते हैं।

स्मृति ने कहीं दरवाजा खटखटाया था। पर यह आहट सिर्फ उनके लिए थी। वे अपना परिचय देते हैं–अरुण कुमार सिंह, प्रबन्ध निदेशक, आरती इंटरप्राइजेज–सधे, नपे-तुले शब्दों में वे कानपुर में एक बजे की एक अपाइंटमेंट फिक्स कर लेते हैं।

गर्म दूध का गिलास, एक केला, एक टोस्ट–वे नाश्ता पूरा करते हैं। बिलकुल ऐसे जैसे दरवाजे की ओट से वह झाँकता रहा हो, धीरज बर्तन उठाने चला आता है। वे चुपचाप उसे देखते हैं। कुछ बताने की जरूरत नहीं है। उसके पीछे सीढ़ियाँ हैं जो ऊपर के दो बेडरूम को जाती हैं। कुछ देर पहले वह ऊपर गया था। उस बेडरूम पर लगा ताला उसने खोल दिया था और कुंडी सरका दी थी। बीच-बीच में अकस्मात दरवाजा हिल जाता है। वे जहाँ भी होते, चौंकते हैं। तलाशती आँखें अनायास ऊपर देखती हैं। पर अभी बहुत जल्दी है।

वे अपने ब्रीफकेस में जरूरी कागजात बहुत सावधानी से रखते हैं। एक अलमारी से वे कुछ फोल्डर और फाइलें चुनते हैं। वे ब्रीफकेस बन्द करते हैं और उसका वजन महसूस करते हैं।

जैसे कुछ याद कर रहे हों ऐसा करने में। कोई और वजन है जिसे वे तोल रहे हैं। पीछे या आगे कुछ है जिसका अनुसरण वे शायद कर रहे हैं।

उस पल धूप की पहली रेखा ने खिड़की से कमरे में प्रवेश किया। वे धीरज के सामने खड़े हैं। धूप उनके बीच एक लाइन खींच देती है। दोनों शायद इसका ही इन्तजार कर रहे थे। धीरज ब्रीफकेस अपने हाथ में लेता है। अरुण लॉबी में एक ओर रखे फूलदान की ओर जाते हैं। ताजा गुलाब, ठंडी ओस में भीगे। कालचक्र उनकी पंखुड़ियों में समाया है। वे एक पीला गुलाब चुनते हैं। उसे कोट के ब्रेस्ट होल बटन में लगाते हैं। छोटी उँगली में हल्की चुभन और रक्त की एक सूक्ष्म, घनी बूँद उभर आती है। एक पल वे अनिश्चित-से उसे देखते हैं। फिर दरवाजे से बाहर निकल जाते हैं।

घटनाएँ : घटित होकर भी वे खत्म नहीं होतीं। वे अपने समय के खोल में दुबक जाती हैं, ओझल हो जाती हैं। गठरियाँ बनकर वे खोल में जमा होती रहती हैं जैसे किसी दुर्लभ तहखाने में रखी पुरानी वस्तुओं की गठरियाँ। वे निष्क्रिय रहती हैं,

पर जीवित, एक वायरस की तरह वे कभी भी पुनर्जीवित हो सकती हैं। वे हमारे आसपास रहती हैं, भीतर और बाहर। उनकी दस्तक हमेशा सुनाई देती है, पुनर्जीवन के निरन्तर आग्रह जैसा। जो बार-बार लौटता है, लहरों की तरह जो स्मृतियों के समुन्दर से उछाल मारती हम तक पहुँचना चाहती हैं...

तभी तो दरवाजा अकस्मात हिलता है, तलाशती आँखें अनायास ऊपर देखती हैं।

और रक्त की वह घनी, सूक्ष्म बूँद जो उस दिन भी एक बिन्दी की तरह चमक रही थी।

वे सशंकित भी हो जाते हैं अतीत के बारे में। वे स्मृतियाँ जो उनके पास हैं, उनके भीतर, वे सपने जो बहुत-सी भूली यादों की जागती तस्वीर बनाते हैं—क्या यही अतीत है? या वे घटनाएँ जो समय के खोल में ओझल हो गई हैं—वे अतीत हैं?

वे संग्रहालय चले जाते थे। अकसर वे घंटों वहाँ बिताते थे। एक बूढ़ा गाइड उनके पीछे चलता था। उसकी पदचाप सुनाई देती थी। और उसकी आवाज जो गूँजती थी और जिसकी प्रतिध्वनियाँ काँच की दीवारों से टकराकर लौट आती थीं और बीच के खुले आँगन में गिर जाती थीं। 'प्लीज डू नॉट टच'—जगह-जगह नोटिस लगे थे। वे काँच की दीवारों पर मुँह सटाकर भीतर देखते—पुरातन मूर्तियाँ, उनके चेहरे, खँडहरों के टुकड़े, अस्त्र, औजार और आभूषण, सिक्कों के बड़े-बड़े ढेर, पोशाकें और मुकुट और हर तरह के अवशेष।

प्लीज डू नॉट टच—वह क्या है जिसे छूने की इजाजत नहीं है? उन्हें खुद पर भ्रम होता। वह क्या है जिसे वे छूना चाहते हैं?

धड़कते दिल से वे सबसे ऊपर की मंजिल पर पहुँचते। एक तंग, अँधेरे गलियारे से वे घुसते, पीछे दरवाजा निःशब्द बन्द हो जाता था। एक सम्मोहन, फुसलाती आवाज उनका स्वागत करती—यह अतीत की यात्रा है। हम आपको गुजरे वक्त में लिये जा रहे हैं। वे कई हॉल और कमरों से गुजरते जहाँ अतीत घट रहा था...रोबोटिक्स, लेजर, थ्री डी फिल्म और ऑडियो के सहयोग से सोलहवीं शताब्दी के कन्नौज में बाजार लगा है। एक घुड़सवार आकर राजा का नया फरमान पढ़ता है; अकबर का दरबार लगा है और इस दिन तानसेन ने नया राग छेड़ा है; अंडमान के काला पानी में कैदियों की कोड़ों से पिटाई की जा रही है, गांधी डांडी मार्च पर अभी-अभी निकले हैं। यात्रा में शामिल लोगों में असीम उत्साह है।

वे एक अन्धे भिखारी की तरह गुजर जाते हैं जिसका दानपात्र खाली है। उन्हें लगता है जैसे घटनाओं के घटने के लिए उन्हें मर जाना पड़ता है। वे बाहर निकलते हैं और सुन्न-से हो जाते हैं। वे कार में बैठते हैं। धीरज ने ब्रीफकेस पिछली सीट पर रख दिया है।

''ब्रीफकेस आगे दे दो धीरज।''

''जी सर!'' कार का दरवाजा दो बार खुलने और बन्द होने की तीखी आवाज आती है। कार के बोनेट पर धूल की एक परत जमा है जिसे अन्तिम पलों में धीरज अपने अंगोछे से साफ कर रहा है। वे मना का इशारा करते हैं पर वह देखता नहीं क्योंकि उसका चेहरा झुका है। इस परत पर उँगली से कुछ भी लिखा जा सकता था। लिखना भी जैसे रेत के कणों का पुनर्आयोजन है। धीरज हटता है और अब चमकते लाल बोनेट पर खरोंच की लकीरों से बच्चे की लिखाई में लिखा है–'डैडी'।

कणों का पुनर्आयोजन यह भी है पर इनका हठ ज्यादा स्थायी है।

''अच्छा, ध्यान रखना धीरज'' वे बोले। धीरज ने मूक हामी में सिर हिला दिया। एक क्षण के लिए दोनों की आँखें मिली थीं। एक कातर भाव था उन आँखों में, सहानुभूति और सांत्वना का जिसे वे साथ बाँटना चाहते थे। वह सूना दुख जो समय की दुनिया में यतीम था।

क्या उस दिन भी उनकी आँखें मिली थीं?

खुले गेट से वे बाहर निकल जाते हैं। अगस्त का एक साफ चमकीला दिन। आसमान में बादल का एक रेशा भी दिखाई नहीं देता। गहरा नीलापन जो आकाश के अनन्त विस्तार को भी पूरा न पाते हुए हर जगह उतर आया है–खिड़कियों, मकानों, दुकानों के शीशों में, चौराहे पर बने फाउंटेन के छलकते पानी में, दर्पण में, झपकती आँखों में।

यह वरदान है प्रकृति का, वे महसूस करते हैं, क्योंकि सुकून का रंग नीला होता है। इतना उजाला, नीलापन झर-झर गिर रहा है, जैसे पत्ते बेआवाज गिर रहे हैं–अगस्त का ईमानदार दिन–परन्तु फिर भी उनका दिल गहरे अँधेरे में डूबा है।

सिर्फ आलोक–चौंधियाता प्रकाश है जो समय की दूरियाँ पाटता है। जैसे वे असंख्य तारे जिन्हें वे छत पर खड़े एकटक देखते रहते हैं। अनोखे, टिमटिमाते विस्तार में वे भी ढूँढ़ते रहते हैं वह कौन सा तारा है जिसका आलोक उस दिन का है छह साल पहले...अनगिनत में से वह एक झपकता दीप जहाँ वह घटना ओझल हो गई है–जिसकी उन्हें हर पल तलाश है।

उस दिन आकाश में बादल थे, रूई के फाहे से–शीशों में वे चकत्ते से दिखाई देते थे। पिछली रात वे देर तक छत पर रहे थे और बच्चे को टेलिस्कोप से तारे दिखा रहे थे। लैंस के सामने निपट अँधेरा होता। बच्चा आँख फाड़े रखता। अचानक एक सफेद गोला लैंस के बीच प्रकट हो जाता। अरे देखो, एक और चन्दा मामा : बच्चे की आँखें भिंच जातीं, खुशी से, रोशनी से। पत्नी उनके कन्धे पर हाथ रख देती और धीरे-से सहला देती।

अरुण ने कार रेडियो ऑन कर दिया था। वे बहुत जल्दी स्टेशन पहुँच गए। रास्ते में एक भी गाड़ी ने उन्हें ओवरटेक नहीं किया।

शताब्दी का टिकट उनके पर्स में था। पार्किंग में कार छोड़कर वे पुल से उतरते हुए प्लेटफॉर्म पर आए। हमेशा की तरह, शताब्दी एक मेजबान की तरह खड़ी थी। अखबार और कुछ मैगजीन लेकर वे अपनी सीट पर बैठ गए। इंटरकॉम पर एक आवाज बार-बार यह चेतावनी दे रही थी कि जो यात्री चंडीगढ़ जाना चाहते हैं वे गलत ट्रेन में बैठे हैं क्योंकि यह शताब्दी कानपुर से होते हुए लखनऊ जा रही है।

और जो यात्री गलत समय में बैठे हैं? अतीत में या भविष्य में?

ट्रेन चल रही है। डगमगाते कदमों पर स्थिर आँखों से कंडक्टर उन्हें पहचान भरी नजर से देखता है।

''हर मंगलवार को हनुमानजी के दर्शन करता हूँ और बुधवार को आपके।'' वह हँसता है। उसके कोट पर चाय के भूरे धब्बे दिखाई दे रहे हैं।

''कैसे हैं आप?'' वे गरदन हिला देते हैं। फीकी मुस्कान, खोया-सा चेहरा।

''एक दिन मैं एक कहानी लिखूँगा कि एक सज्जन हर बुधवार को शताब्दी से चलते हैं।'' कंडक्टर उनके पास आता है और उनकी टिकट पर क्रॉस का निशान लगा देता है। वह जानता है कि वे इसी ट्रेन से शाम को लौटेंगे और वह दोबारा उनके लौटने के टिकट पर क्रॉस का निशान लगाएगा। इतना ही वे एक-दूसरे को जानते हैं। न जाने क्यों कंडक्टर को लगता है वे उसके गहरे मित्र हैं। वह उनके बारे में अपनी पत्नी को बताता है। फिर एक दिन वह सोचता है कि अगली बार उनका एक फोटो खींचेगा—अपनी याद के लिए...।'' कंडक्टर रुकता है, अपनी टाई की गाँठ ठीक करता है।

वे मुँह ऊँचा कर उसे देखते हैं और कहते हैं, ''और अगली बार जब वह कैमरे के साथ आया तो उसे वो दिखाई नहीं दिए। उसके बाद वे उसे कभी दिखाई नहीं दिए।''

कंडक्टर अचकचा जाता है। चुप-सा, वह कुछ क्षण खिड़की के बाहर देखता रहता है। ट्रेन धड़धड़ाती हुई चली जा रही है। लम्बी सीटी तो न जाने कहाँ से कहाँ का रास्ता तय करती है।

वह जोर से हँसता है और उनके कन्धे को हल्के-से छू देता है। वह एक कदम आगे बढ़ता है, फिर अनिश्चित-सा मुड़ता है।

''आज शाम लौटेंगे?''

''हाँ।'' वे कहते हैं।

''हैव अ गुड डे।'' यह कहकर वह जल्दी से आगे बढ़ जाता है।

कुछ देर के लिए उन्होंने अपनी आँखें बन्द कर लीं। एक पल के लिए उन्हें लगा वे आँखों में समाए नीले अँधेरे में डूब गए हैं। यह नीला अँधेरा उनकी आँखों में नहीं बल्कि उनके चारों ओर है और वे उसमें नीचे उतरते जा रहे हैं...

...वे एक पुल पर खड़े हैं। नीला अँधेरा। जैसे काली धुन्ध छाई है। नीचे छलकते, गरगराते झरने की आवाज सुनाई देती है। दो आकृतियाँ, काली सिलवटों की तरह छायाएँ–उनकी पत्नी और बच्चा। बच्चा पुल से झुका पानी के उफनते वेग को अचरज से देख रहा है। पत्नी ने उसकी बाँह थामी है। बीच-बीच में रुक जाती चूड़ियों की खनखनाहट और बच्चे का यत्न, जैसे वह हाथ छुड़ाकर भाग जाना चाहता है। उपस्थिति, मौजूदगी के कण जो शूल की तरह उन्हें अन्दर छीलते हैं। यह सच है वे जानते हैं...बरसों पहले वे इस पुल पर खड़े थे, अपनी पत्नी और बच्चे के साथ और तब सफेद धुन्ध के बीच वह सब एक यादगार क्षण लगा था कि दिल में बस गया एक पिक्चर फ्रेम।

अनन्त दिखता नहीं, प्रकृति ने यह रहम किया है। चेतना उसे स्वीकार नहीं करती, परम को, यह उपहार है। यह जीने की इजाजत देता है वहाँ, जहाँ घरों में दीवारें होती हैं। किन्तु अनन्त की मौजूदगी दर्ज रहती है। उसकी दस्तक निरन्तर है–हलके खड़कते दरवाजे की तरह–जिसे नाप सकते हैं, जिसके सबूत हैं...चेतना तो प्यारा-सा वजन है दुख का, चाहत, मोह और प्रेम और जिसका दिक्काल के चतुर्आयाम से कोई वास्ता नहीं।

अनुपस्थिति...न होना..काली सिलवटों जैसी दो आकृतियाँ–यह स्पष्ट दस्तक है कि वे मौजूद हैं। उनकी दपदपाती आशा को इसी सम्भावना ने जन्म दिया है। जुगनुओं के लुप-लुप खेल की तरह।

इस नीले अँधेरे में डूबकर, उस पुल पर खड़े, चूड़ियों की खनखनाहट और बच्चे के यत्न को सुनते हुए, स्मृतियों के उस पिक्चर फ्रेम को सीने में ओढ़े वे अनिश्चितता के सिद्धान्त के परिणाम भोग रहे हैं–

कि हर कण का समय और वेग, उसकी मौजूदगी अनिश्चित है।

कि घटने के बाद भी घटना का यथार्थ अनिश्चित है।

कि घटित होने के बाद वह दिन समय की एक सिलवट में ओझल हो गया है।

कि अनिश्चितता ने एक फुहार की तरह सम्भावना के बीज रोपे हैं।

कि दिक्काल में वे मौजूद हैं, जी रहे हैं।

हर क्षण वह खोज रहे हैं। न जाने वह कौन-सा रास्ता है जो उन्हें लेना है। इसलिए वे दोबारा-दोबारा उसी रास्ते पर चलते हैं। कि काल–स्थान के एक बिन्दु से अगर वे चलते जाएँ, चलते रहें, न रुकें, तो मुमकिन है कि वहाँ पहुँचेंगे जहाँ से प्रारम्भ था। कि शायद जब आदमी मरता है तो उसकी आत्मा शरीर छोड़ देती है। वह आत्मा किसी दूसरे समय के खोल में चली जाती है। पर अन्तरात्मा का वजन, चेतना की गहराई उसे वहीं रोक लेती है। चेतना वहीं डूब जाती है। उसका दुख, चाहत, मोह और प्रेम वहीं दम तोड़ता है और प्रकृति उसका कहीं इन्दराज नहीं

करती। कि समय की सुरंग में इसके कोई पदचिन्ह नहीं हैं। कोई पदचाप नहीं। सिर्फ सन्नाटा। कि वे समय के शरणार्थी हैं। यदि इनसान समय का वारिस है तो वे यतीम हो गए हैं।

ट्रेन चलती जा रही है। और वह युवती, संग्रहालय का नोटिस, इंटरकॉम की आवाज और ट्रेन कंडक्टर उनसे बस यह कह रहे हैं।

आप कहाँ जा रहे हैं? क्यों जा रहे हैं?

प्लीज डू नॉट टच।

हैव अ गुड डे!

उनकी साँस धौंकनी की तरह चल रही है। एक झटके से ट्रेन रुकती है। स्टेशन आ गया है।

बाएँ हाथ में ब्रीफकेस लिये वे प्लेटफॉर्म पर उतरते हैं। एक क्षण के लिए वे अवाक् रह गए। उन्हें लगा, वे गलत स्टेशन पर उतर गए हैं। साफ और चौड़ा प्लेटफॉर्म, धुला और नहाया। फिनाइल की विसंक्रामक गन्ध। फिर वे समझे कि आगे निकले बुक स्टॉल और रेस्तराँ को पीछे धकेल दिया है। कॉफी पीते और किताबें-मैगजीन पलटते लोग और अपने सामान के इर्द-गिर्द घूमते ट्रेन का इन्तजार करते समूह के बीच एक फासला बन गया है।

वे बाहर आकर आधे दिन के लिए टैक्सी करते हैं। वे आगे की सीट पर बैठते हैं और ब्रीफकेस पिछली सीट पर रख देते हैं। चालक को अटपटा-सा लगता है। अचानक उसे याद आता है कि वे उसकी टैक्सी में पहले कई दफा बैठ चुके हैं। उत्सुक मन से वह उन्हें बताने को होता है। पर उनका चेहरा पत्थर की तरह सख्त है। या पतले काँच की तरह नाजुक। पता नहीं चलता। वह चुप रह जाता है। संयोग एक आविष्कार की तरह लगता है हमेशा...देखो, उस दिन भी आप मेरी टैक्सी में बैठे थे, और आज भी आपने इसे चुना।

...समय के एक खेल की तरह है—ढूँढ़ने और पाने का।

जब उनका बच्चा छोटा था वह...'ता' का खेल घंटों उसके साथ खेलते थे। वे तकिए के पीछे अपना चेहरा छिपा लेते। फिर धीरे-धीरे उसे नीचे करते। बच्चा बहुत व्यग्रता से इन्तजार करता, एकटक हँसती आँखें—जैसे ही नजर मिलती हँसी का बाँध टूट जाता। बच्चा फिर तकिया उनके हाथ में दे देता। दोबारा, वही चीज वह दोबारा-दोबारा चाहता।

दोहराना—चेतना की यही प्रवृत्ति है। तभी पूज्य की परिक्रमा की जाती है। वृत्त परम आकार है। कभी-कभी ऐसा पल आता है जब हम ठिठक जाते हैं। अरे, लगता है, यही तो, हू-ब-हू उस दिन भी था...पर यह सिर्फ एक आहट की तरह होता है, लम्हे का भी छोटा-सा अंश। अन्यथा उसे सहना नामुमकिन होता।

कानपुर। सड़कों में तमाम गड्ढे। कूड़े के बेहिसाब ढेर। ट्रेफिक आइलैंड, जहाँ दर्जनों टूटी कारें न जाने कब से खड़ी हैं। बीच सड़क में गड़े न जाने किस-किस प्रोजेक्ट के उद्घाटन पत्थर। बन्द फैक्ट्रियाँ जिनके गेट पर मोटे ताले बरसों से लटके हैं। एक जमाने में इनमें काम करने वाले मजदूरों के दो-तीन झुंड जो जैसे दर्शक की तरह फैक्टरी का हालचाल जानने आए हैं। मजदूरों के सूखे चेहरे, फैक्टरी के बन्द द्वार और शहर, जैसे सब एक-दूसरे के मरने का इन्तजार कर रहे हैं। ये सब साथ जाएँगे जहाँ भी जाएँगे।

और जो नहीं दिखते? चौड़े पत्तों के पेड़ असंख्य फूल, क्रोटोन, अनोखे रंगों के पत्ते और हरियाली जो शहर में अपने आप, बिना जतन के फलती है–यह जैसे देन है प्रकृति की, एक उपहार और प्रायश्चित भी। सम्पूर्ण विनाश से बचने का जैसे यही एक संकेत है चमत्कार जैसे।

बैंक की दुमंजिला इमारत एक पतली गली में है। वहाँ पहुँचने में एक घंटे से ज्यादा लग गया। यह दुनिया का सबसे भ्रमित शहर है, एक बार उन्होंने शहर से लौटने पर कहा था। वे इस कथन के बारे में सोचते हैं। इस बार उन्हें लगता है कि भ्रम भीतर की श्रेणी है। वह मन के भीतर होता है, शहर की खलबली में नहीं।

वे बैंक मैनेजर के केबिन में बैठे हैं। पारभासी प्रकार के काँच का केबिन। दूर से, पास से, हर कोण से अन्दर का दृश्य एक प्रस्फुटक-सा दिखाई देता है। वायवीयता...कोण बदलने से आकृतियाँ खिसक-सी जाती हैं, कभी पास, कभी दूर, कभी आत्मीय, कभी कठोर। फिर एक अजीब बात, जैसे भीतर से, कहीं से एक रोशनी फूट रही है–तरंग के बहाव जैसी, बहुत-से चमकीले रेशे मानो झर-झर गिर रहे हैं।

अजीब है पर एकदम सामान्य भी, निपट वास्तविक असंदिग्ध।

वे दोनों बात कर रहे हैं। केबिन के बाहर एक नन्हा-सा लाल बल्ब जल रहा है जो बैठक की सूचना दे रहा है।

मुश्किल है इसका बयान क्योंकि यह एक फिल्म की तरह घटित हो रहा है। एक श्वेत श्याम फिल्म जिसमें कभी-कभी रंग के छींटे भी दिखाई दे जाते हैं। या फिर कहीं एक कैमरा छिपा है, उसके लैंस की संवेदित आँख इस सीन को फिल्मा रही है। यह फिल्म हो सकती है या फिल्माया जा रहा शॉट या रीटेक–घटती हुई घटना, घटना का निरूपण या चित्रण का रीटेक।

एक सूक्ष्म आँख ही यह जान सकती है कि बैंक में व्यावसायिक कार्य जैसे फ्रीज हो गया है। न जाने कैसे, पर इस समय बैंक में एक भी ग्राहक नहीं है। वे सब एक-एक कर के बाहर चले गए हैं। व्यवसाय का पूरा केन्द्र उस पारभासी काँच के पीछे सिमट गया है। बैंक का कर्मचारी, जहाँ कहीं भी है, जो कुछ भी कर रहा है,

वह जैसे एक अभिनय है, एक संगत उसके लिए, जो केबिन के भीतर घट रहा है या फिल्म में हो रहा है।

एक जादुई निस्तब्धता छाई है इस इमारत में। दबी आवाजें, एक टपकता सा मौन, मानो छत से लटकी एक अनहोनी बूँद बड़ी हो रही है और सब उसके टपकने का इन्तजार कर रहे हैं।

एक निसंग व्यावसायिक लहजे और भाषा में वे अपनी बात कह रहे हैं। तर्क उतने ही साफ और सहेजे, जैसे उनकी पोशाक, गरिमामय अन्दाज और उतने ही निर्मल जैसे वह पीला गुलाब। बड़े ध्यान और आदर से मैनेजर उनके तर्क सुन रहा है। वे समर्थन में कुछ दस्तावेज और पत्र दे देते हैं। सबसे ऊपर एक पूरक पत्र है जिसके बाईं ओर नीले रंग में उनका नाम छपा है। चपरासी खामोश कदमों और थरथराते हाथों से चाय की दो प्याली रखता है। कट् कट् कट्–प्यालियों की आवाज।

''सर, चीनी?''

''अरे नहीं भई, आप चीनी नहीं लेते।'' मैनेजर कहता है और प्याली उनके सामने सरका देता है। एक काँपती याद जैसे चेहरे से गुजर जाती है। किसी बड़े काले पक्षी की छाया की तरह।

जैसे पूर्व नियत है, वे खड़े हो गए हैं।

''हमेशा की तरह आपका डॉक्यूमेंटेशन परफेक्ट है। लोन के आवेदन पर हम जल्दी निर्णय लेंगे।'' मैनेजर कहता है। वे हामी में सिर हिलाते हैं, मिलाने के लिए हाथ बढ़ाते हैं। दोनों ओर कृतज्ञता का भाव, लेकिन बिलकुल अलग–अलग।

''आप नए मैनेजर हैं?'' वे पूछते हैं।

''मैं नया हूँ, पर आप हमारे बहुत पुराने और बहुमूल्य क्लाइंट हैं।''

पुराने या प्राचीन...?

याद किए सम्वादों की तरह, अभिनय के नियमों का सच्चा पालन।

मैनेजर उन्हें टैक्सी तक छोड़ने आता है। जब वे गुजरते हैं, तो एक रास्ता–सा उनके लिए बन जाता है। अदृश्य कैमरा एक ट्रॉली पर पीछे की ओर चला गया है और इमारत के भीतर से बाहर का दृश्य दिखाई देने लगा है। बैंक के सभी कर्मचारी खड़े हैं, सिर झुकाए। उनकी उपस्थिति गुजर जाती है। कैमरे के फ्रेम में अब वे नहीं हैं।

शायद यह फिल्म खत्म हो गई है। पसीना पोंछते हुए मैनेजर अन्दर आता है। वह असाधारण तनाव, प्रस्फुटक–सा दृश्य, वायवीयता...बदलते कोण, खिसकती–सी आकृतियाँ छत से लटकती बूँद, सब फट पड़ते हैं। बैंक के ग्राहक भीतर आने लगते हैं।

उस लम्बे निरन्तर शॉट की स्क्रिप्ट में लिखा था कि श्री अरुण कुमार सिंह की फैक्टरी एक अनहोने, खौफनाक हादसे में छह साल पहले जल गई थी। राख का ढेर बन गई थी।

बैंक के मैनेजर और सभी कर्मचारी और ज्यादातर ग्राहक यह जानते हैं कि उस दिन बुधवार था। सिंह साहब उस दिन शताब्दी से आए थे। बैंक में उनका डिस्कशन था, एक विस्तार की योजना को लेकर। वे शाम को शताब्दी से लौट गए थे। बाद में यह भी पता चला कि शायद वह हादसा भी नहीं था। बल्कि उसके पीछे किसी माफिया ग्रुप का हाथ था। उसी बुधवार की रात उनकी पत्नी और बच्चा गायब हो गए थे। शायद उसी माफिया ग्रुप ने उन्हें अगुवा किया हो, पता नहीं। उसके बाद उनका कहीं पता नहीं चला...।

यह अब हर बुधवार का अनुष्ठान बन गया है, दोपहर एक से डेढ़ बजे के बीच। जब यह बैंक एक व्यावसायिक झूठ को सच बनाने का यत्न करता है। हर नया बैंक मैनेजर इस अनुष्ठान का उसी तरह पालन करता है जैसे बाकी सारे काम।

शाम को शताब्दी से लौटते हुए वे बहुत थक गए हैं। वे निश्चल सीट पर लेट गए हैं। आँखें मूँदे। एक सफेद रूमाल से आँखें ढक ली हैं। डिब्बे के काले शीशों में, प्रतिबिम्ब चमक रहे हैं। ऊँघते–सुस्ताते, लौटते यात्रियों से बेखबर बाहर सफेद चाँदनी में सनसनाते पेड़ उलटी दिशा में दौड़ रहे हैं। भौचक्क प्रकृति के सीने को चीरती हुई ट्रेन चीत्कार करती भागी जा रही है।

...वही नीला अँधेरा जिसके भीतर वे थके पर दृढ़ कदमों से उतर रहे हैं।

...वे समतल रेत पर चल रहे हैं। रेगिस्तान या फिर समुद्र का किनारा। किसी गहरी खाई से संगीत का स्वर फूटा है। खाई इतनी गहरी है कि उन तक स्वर पहुँचने में समय भेद है। बोध पहले हो जाता है। एक सिम्फनी है जो उन तक पहुँचेगी। उधर पत्नी की खनकती हँसी, घटना क्षितिज पर थिरकती एक धड़कन की तरह।

गहरी चाहत, मृत्युपर्यंत।

''संगीत के स्वर में तुम्हारा दुख पहचान लेती हूँ।'' यह कहती है और पास सरक आती है।

''दुख?''

''उत्कंठा भी दुख का एक शेड होता है।'' वह और पास सरक आती है।

सिम्फनी का स्वर अचानक उठता है और आकाश को बींध देता है। किसी खोई स्मृति की एक तरंग उनके भीतर थिरकने लगती है।

''अच्छा!'' वे कहते हैं। वह एक हाथ अपनी ठोड़ी पर रखती है।

''जब आप पुराने गाने सुनते हैं तो रूमानी दुख होता है।''

''और?'' वे उसकी साँस की गन्ध महसूस करते हैं।

''और सिम्फनी के साथ दुख तटस्थ होता है।''

''तटस्थ?''

''हाँ, अन्तरिक्ष का दुख, जो कण-कण में समाया है।'' वह और पास सरक आती है। इतनी पास कि विलीन हो जाती है।

चाहत भी तो दुख है। और मोह भी, उसने कहा था। अच्छा, क्या हमारे साथ हमारे दुख भी हमेशा के लिए मर जाते हैं? उसने पूछा था। विलीन आवाज।

सिम्फनी के स्वर अपनी थीम पर विचरण करते हैं–विभेद और विचलन। जैसे रंग के शेड बदलते हैं, डिजॉल्व होते हैं। वे जैसे गोल सतह पर थिरक रहे हैं और भीतर 'काला छेद' है। हाँ, इसी काले छेद में हमारे साथ हमारे दुख हमेशा के लिए मर जाते हैं।

यह दुनिया इतनी मोहक, इतनी बेमानी है कि मेरे दुख को ढूँढ़ने के लिए दुनिया भर के वैज्ञानिक ब्लैक होल की खोज कर रहे हैं...

ट्रेन एक सुरंग से गुजरती हुई दिल्ली पहुँच रही है। वे समय की सुरंग में शरणार्थी बने खड़े हैं।

वे पार्किंग से कार निकालते हैं और घर की ओर निकल जाते हैं। घर के सामने, कुछ दूरी पर, वे कार रोक देते हैं और हैड लाइट्स बुझा देते हैं। एक झीने आलोक में घर दपदप कर रहा है। एक आवेग फोड़ा बनकर उनके हृदय में उग आया है। अनिश्चितता की गहरी टीस। और उसमें बसी एक सम्भावना...कि वे घर में दाखिल होंगे और बहुत ही साधारण तरीके से उनकी पत्नी उनसे कहेगी–आज ट्रेन टाइम पर पहुँच गई। और बच्चा उसके आँचल के पीछे दुबका होगा, अपने खेल के इन्तजार में।

वे जानते हैं उस घटना के असंख्य खाँचे हैं। सम्भावनाओं के खाँचे जो असंख्य असलियत बन समय की सिलवटों में ओझल हैं। उनमें उस एक खाँचे को पाने के लिए उनका जीवन बहुत कम है। यही एकमात्र कारण है कि वे जीवन के प्रति अपना मोह खो चुके हैं।

कपड़े बदलकर वे बत्ती बुझा देते हैं। फिर वही नीला अँधेरा जिसमें वे उतर रहे हैं। वे जानते हैं उस अँधेरे में कहीं उनकी पत्नी और वह उनके पास सरकती आ रही है। और उनका बच्चा अपना हाथ हिला रहा है। समय की वह सिलवट बहुत निकट है। उसमें प्रवेश करने के लिए उन्हें मरना होगा।

एक था बुझवन...

नीलाक्षी सिन्हा

एक खबर आई थी विज्ञान के नए आयाम की। लन्दन के यूनिवर्सिटी कॉलेज के कार्ल पीटर गीस नामक ब्रिटिश वैज्ञानिक ने अपने कुछ सहयोगियों के साथ मनुष्य के लक्षणों से सम्बन्धित एक गूढ़ रहस्य के पेंच को खोलने का रास्ता ढूँढ़ लिया था। यह रहस्य दरअसल बुढ़ापे में खोती जाती स्मरण शक्ति और सीखने की क्षमता भर थी, और कुछ नहीं। वैज्ञानिकों का मानना था कि दिमाग का हिप्पोकैम्पस नामक भाग इस गड़बड़ी का मुख्य केन्द्र था और बुढ़ापे में यहीं की तंत्रिका कोशिकाओं के बीच सम्बन्धों में आई शिथिलता के कारण स्मरण क्षमता चुकने लगती थी।

जब असली चोर को वैज्ञानिकों ने ट्रेस कर लिया, तब इस समस्या की माकूल काट खोजने के लिए गीस महोदय ने आनुवंशिक कीमियागिरी से ऐसे चूहे का निर्माण किया, जो अपने शरीर के भीतर एक विशेष प्रकार का प्रोटीन नहीं बना सकता था, जिसके बगैर हिप्पोकैम्पस नामक हिस्से के न्यूट्रॉन बुढ़ापे में भी पूर्ववत सक्रिय रहते और स्मरण एवं सीख के मामले में, उस चूहे में बुढ़ापे और जवानी का कोई भेद नहीं रहा। चूहे पर मिली सफलता के मद्देनजर गीस महोदय का दल ऐसी दवा ईजाद करने में जुट चुका था, जो जेनेटिक म्यूटेशन के प्रभावी जैसा कार्य करे और बूढ़े इनसानों की स्मरण और सीखने की युवावस्था वाली क्षमता उन्हें वापस लौटा दे। यहाँ एक बात ध्यान रखने लायक थी कि ये स्मृति पिल्स बूढ़े इनसानों के द्वारा पहले से भूल चुकी बातों को वापस स्मरण कराने की क्षमता नहीं रखते थे। लेकिन इनका प्रयोग करने के बाद का घटा, इनसान कुछ भी नहीं भूल पाता, बुढ़ापे में। एक तरह से देखें तो यह आविष्कार भविष्य के बूढ़ों के लिए ज्यादा कारगर और फलदायी होता।

तरक्की की बात थी। एक इनसान दिमाग, दूसरे इनसानी दिमाग पर नियंत्रण साधने की साधना में लीन था। करीब था इस उपलब्धि के। लेकिन कभी-कभी प्रकृति इनसान की सारी साधना-वाधना को ढिंगच दे देती है। बात उसी ढिंगचबाजी की।

एक था बुझवन...गाँव का बूढ़ा बुझवन। बुझवन की खासियत ये कि इसका दिमाग भी गीस महोदय के उस चूहे की तरह था, जिसके भेजे के हिप्पोकैम्पस नामक हिस्से के न्यूट्रॉन बुढ़ापे में भी सक्रिय थे। हालाँकि इसमें आनुवंशिक कीमियागिरी या मेमोरी पिल्स जैसी किसी चीज का कोई योग न था, लेकिन फल कमोबेश तो क्या, हू-ब-हू वही था।

बुझवन, गाँव की रोज कुआँ खोदने और पानी पीने वाली तथा कुआँ न खोद पाने की स्थिति में पानी की परछाईं से भूख-प्यास सब मिटाने वाली आबादी से सम्बन्ध रखता था–बिलो पॉवर्टी लाइनवासी। आवाज फटने मूँछ निकलने की उमर से लेकर जवानी, अधेड़ी और बुढ़ापे की कच्ची उमर तक वह नाम का अमीर राजमिस्त्री था। कहते हैं कि गाँव के सभी आजाद पक्के घर, मतलब आजादी के बाद बने पक्के घरों की नींव बुझवन ने ही डाली थी। हाथ की सुघड़ई और फुर्ती उसे पल्लवकालीन कारीगरों का आधुनिक संस्करण सिद्ध करने के लिए पर्याप्त थी। फिर जैसे-जैसे साझे परिवार का रिवाज खिसकता गया, उन पक्के घरों को टुकड़ों में बाँटने की जरूरत भी महसूस की गई। इस कला में भी बुझवन के हाथ शुभ मान लिए गए थे। यानी घरों की नींव डालने के काम की तरह ही, बँटवारे के बाद दावा खनने के लिए पहली कुदाल जब बुझवन की लगती तो बाद में सारे झगड़े-फसाद शान्त हो जाते और सब कुछ शुभ रहता, ऐसा गाँव के लोगों का मानना था। दूसरा कारण ये कि अपने बनाए घरों के टुकड़े करने का काम बुझवन बड़ी निस्संगता से करता। मामला प्रोफेशनलिज्म का। तीसरा और सबसे अहम कारण था गीस महोदय के चूहे वाला दिमाग। चूँकि एक बार बुझवन की मेमोरी में जो बातें फीड की गई थीं, उन्हें वह कभी भूला ही न था, इसलिए गाँव के ऐसे लकड़-झगड़ों का सबसे प्रामाणिक पंच बुझवन ही था। एक बात महत्त्व की धी कि इस उत्तर-आधुनिक समय में गाँव वालों ने महसूस किया था कि आपसी झगड़ों को निबटाने के लिए उनकी पिछली तीन पीढ़ियों की जानकारी पर्याप्त थी। अतः उन्होंने अतीत के उसी आवश्यक कालखंड को अपनी जड़ मानने पर सहमति कर ली थी। सो, उनका इतिहास शुरू ही पिछले पचास-बावन सालों से होता था। भारतीय इतिहास की तर्ज पर ही इन सालों को तीन खुंडियों में बाँटकर क्रमशः प्राचीन सभ्यता का इतिहास, मध्यकालीन समाज का इतिहास और आधुनिक समाज का इतिहास नाम दे दिया जा चुका था।

बुझवन की स्मृति में गाँव के सात सवा सात दशक का इतिहास कैद था। यानी इन तीन कालखंडों के इतिहास के साथ-साथ उसके पहले के प्रागैतिहासिक युग, जब गाँव में कोई लिखना--पढ़ना नहीं जानता था, का इतिहास भी। कोई कहीं से उलटकर सवाल करता, वह टुन्न-से जवाब देता। जन्म-मरण जैसी स्थूल घटनाओं की सूक्ष्मतम जानकारी मसलन–कौन-कौन से बच्चे पेट में उलटे पाए गए थे, किस स्त्री के जिन्दा-मुर्दा बच्चों का अनुपात क्या था आदि-आदि से लेकर किस मरनीहार ने कब गंगाजल की इच्छा व्यक्त की...आखिरी साँसों में किसके, किसका नाम फँसा था...सबसे दिलचस्प ये कि किसने अन्तिम सीन की कितनी बार रिहर्सल की यानी अब-तब वाली सिचुएशन कितनी दफा क्रिएट की थी...तक, गाँव के इस सबसे प्रामाणिक दस्तावेज में कैद थी। गाँव के लोग सारे बमुश्किल साढ़े चार पौने पाँच फीट के इस इनसान के दिमाग पर इस कदर बेपरवाह आश्रित थे कि उन्होंने आकाशवाणी के दिल्ली केन्द्र से प्रात: आठ बजे हिन्दी समाचारों के पहले प्रसारित, अपने परिवार में हुए जन्म और मृत्यु का पंजीकरण करवाकर उनका प्रमाणपत्र लेने की कानूनन जरूरत वाले विज्ञापन पर विचार करने की आवश्यकता कभी महसूस ही नहीं की। जिस दिन बुझवन खामोश हो जाता, उस दिन उनके अतीत की प्रमाणिकता भी न बचती। हालाँकि भविष्य की इस सम्भावना पर किसी ने तभी तक गौर नहीं किया था।

कितनी विचित्र बात थी कि लोगों के बारे में इतनी पक्की व्यक्तिगत जानकारियाँ रखने वाला बुझवन, अपने जन्म के वास्तविक समय और स्थितियों से अनजान था। इसलिए लोग उसकी उम्र पचासी से नब्बे के बीच सहूलियत से कुछ भी आँक लेते थे। जब बुझवन महीन बुढ़ापे की ओर बढ़ने लगा, तब अन्य शारीरिक क्षमताएँ और आकृतियाँ उसका साथ छोड़ने लगीं। आँखों से लुकझुक दिखता। पास की, दूर की, सब चीजों के आगे धुन्ध पुत गई। चमड़ी, बिना प्रेस किए कपड़ों की तरह तुड़ी-मुड़ी होने लगी। तनकर चलने की सारी कोशिशों के बावजूद, बुझवन साँप के फन की तरह डोलता दिखता था। चावल वाले दाँत जैसे-जैसे उगे थे, उसी क्रम में डोल-डालकर टूट चुके थे। काया धुआँ छोटी-सी थी, जिसे देख लोग अचम्भा खाते कि छोटे शरीर में इतना बड़ा दिमाग समाया कैसे है? बहरेपन की ओर बढ़ते दूसरे लोगों की तरह वह भी यह महसूसने लगा था कि सामने वाला जोर-जोर से बोले तो ही कान सुनते हैं, थोड़ा-बहुत। इसलिए समभाव से दूसरों की सुविधा का खयाल करते हुए वह भी भरसक चिल्ला-चिल्लाकर जवाब देता। सुनने के लिए वह अपनी पलकों और होंठों का इस्तेमाल करना सीख चुका था। जब उसके सामने कोई बोल रहा होता, तो वह पलकें उसी लय में झपकाता और दोनों होंठों को खोले रखता। उसके हाथ, अब ईंट उठाते थरथराते थे। पहले की मेहँदी के फूल-सी भार

वाली कुदाल अब फल लदे पेड़-सी लगती थी। दो-तीन वाक्य पूरे बोल लेने के बाद जुबान लटपटा-सी जाती और कभी-कभी एक जरा-सी बीड़ी को निबटाते-निबटाते, बुझवन की खाँसी छाती के अन्दर का पूरा नक्शा मुँह से बाहर पलट देने का उद्यम करने लगती। सारे पुरजे धार खो चुके थे, बस अंतड़ियाँ अपनी खुराक नियमित माँगती थीं। दाँतों की अनुपस्थिति में चबाने-निगलने का काम मसूड़ों की सहायता से जीभ के नेतृत्व में सम्पन्न होता था, इसलिए वह अपना अतिरिक्त मेहनताना माँगती थी—चटर-पटर ज्योनार। मकई मडुए का सतुआ देखकर वह रूस जाती। भात के साथ माँगती चटख नोनीं का साग...केले की तरकारी का झोर...आलू की दाल। बाप रे...बहुरिया बड़ी मुँहजोर थी। मकई का सत्तू सानकर बुझवन के सामने पटक देती। जब बुझवन ईनमीन करता तो चमककर कहती, "ऐ बढ़ऊ...तुम्हारे जोतिस सासत्तर (बहुरिया इतिहास की कथाओं को 'जोतिस सासत्तर' कहती थी पगली! अतीत को भविष्य बूझ बैठी थी) के कमाई पर ही घर का खरचा चल रहा है काऽऽ...दू ठो रुपइया कमाकर धरउ हाथ पर तब सोभेगा जीभ का जोर। ई सतुआ का मँगनी..." बीच रास्ते में ही बहुरिया पर झपट पड़तो बुझवन की अधेड़ बीवी। दोनों लड़ते-लड़ते एक-दूसरे की पिछली अगली पीढ़ी की औरतों को उघाड़कर रख देतीं। तब जाकर कहीं वे शान्त पड़ती दीखतीं। अधेड़ बीवी जब लौटकर आती तो देखती, उसका बूढ़ा पति सत्तू के ढेले बना-बनाकर मुँह में डाल रहा होता और उसके मसूड़े जीभ ढेले से भिड़ रहे होते। वह एक कोने में बैठ रहती। बुझवन की दुलारी बीवी अतीत में अपने पति से मिले लाड़ को सूद सहित गरम-गरम आँसुओं में ढुलकाती जाती। बीच-बीच में जब उसकी आह निकलती, तब बुझवन उसकी ओर देखे बिना खाने का क्रम पूर्ववत बनाए रखता। उस वक्त मुँह में डाले जाते ढेले पर एक खारी बूढ़ी बूँद, चू जाती। ढेले पर लुढ़की ये बूँद जब मुँह के अन्दर जाती, तो जीभ और मसूड़े ठमककर उसका आना एकटक देखते और ऐसे देखते-देखते उन्हें जाने क्या हो जाता...वे दोनों उस बूँद को साटकर हिलक-हिलककर रो पड़ते।

बुझवन की बीवी नम्बर वन सात बेजान बच्चे जनकर सुहागिनी मरी थी। बुझवन तब अधेड़ था। नाते टोले के जोर देने पर भी बुझवन ने दुबारा 'मउरी' नहीं पहनी। लेकिन जब उमर ढलने लगी और बुढ़ापा आता दीखा, तब बड़े-बूढ़ों की नसीहतें उसे समझ आने लगीं। बिना सहारा बुढ़ापा पहाड़। नतीजतन, दुबारा शादी हुई। दूसरी बीवी खींच-खाँचकर बुझवन की आधी उमर की रही होगी और बुझवन खींच-खाँचकर उसके कन्धे तक लम्बा रहा होगा। पर औरत थी वफादार। एक सही-सलामत वारिस उसने बुझवन को दिया। अपने दुलार और जमापूँजी की गठरिया बुझवन ने उसके आगे खोल दी। यह औरत सब कुछ जोड़-जाड़कर ढंग से गृहस्थी चलाती रही। बेटा भी शरीर से हट्टा-कट्टा था। बाप वाली सुघड़ई हाथों

में थी नहीं, मन भी नहीं लगा उसका इस धन्धे में। इसे छोड़कर वह रिक्शा खींचने लगा। बुझवन सोच रहा था कि उसके शरीर के थक चुकने पर, बेटा रिक्शे के साथ घर का बोझा भी खींच लेगा। हो भी ऐसा ही रहा था। पर बहुरिया जो आई, वो नक्श-नैन के साथ-साथ जुबान की भी कटार थी। आते-आते उसने बुझवन, उसकी बीवी और उसके बेटे–तीनों को अपने जबड़े में खींच लिया। तीनों वहीं पड़े कसमस-कसमस करते रहते।

इस उमर में बुझवन का हुनरिया धन्धा तो ठप्प पड़ चुका था। नए चलन के छोकरे मूँछें उड़ा-उड़ाकर शारीरिक कमजोरी के कारण बुझवन के आउटडेटेड होने का मसला उठा उसे खारिज कर देते। जिन घरों में इन छोकरों के बाप का राज चलता था, वहाँ बुझवन की थोड़ी पूछ थी। काम चालू होता तो बुझवन को बतौर सुपरवाइजर वहाँ बुलाया जाता। बुझवन बाबा कोने में बैठकर खैनी मलता, बस कमउम्र कारीगरों को निर्देश देता जाता। थोड़ी देर तक तो निर्देश पाने वाले इसका आनन्द उठाते। फिर धीरे-धीरे उसकी बातें अनसुनी की जातीं। जब उसको लगने लगता कि उसका बताया सब कुछ धकियाया जा रहा है, तब बुझवन करनी लिए डगमगाता वहाँ पहुँचता और ताबड़तोड़ उस पर सीमेंट और बालू का एक चार के अनुपात में मिलाया मसाला उठाकर ईंटों पर थोपने लगता। हतप्रभ मिस्त्री उसे झिड़क देते। पर वह मानता नहीं। इस झिड़कन और न मानने की परिणति अन्त में यह होती कि बुझवन सिर लटकाए करनी झुलाता वापस अपनी जगह पर आकर बैठ रहता और सारे राज रेजा अपना काम छोड़कर उस पर भर मुँह टूट पड़े होते। फिर बुझवन चुप। दूसरे भी चुप। बस करनी और मसाले का लयात्मक लोकगीत। तब कोई मिस्त्री उसे टोकने की गरज से खैनी, बीड़ी या ऐसी ही ऊर्जावर्द्धक कोई चीज माँगता। बुझवन फिर भी चुप। फिर कोई छेड़ता...कोई उखेड़ता...माहौल को भरसक हलका किया जाता। बुझवन तब बड़बड़ाना शुरू करता और उन सबों को एक लाइन से कोसता जाता। फिर उसकी नसीहतें वापस शुरू हो जातीं। पिछली सारी प्रक्रिया क्रम से दुहराई जाती। रमन चमन। चक्का चलता जाता। इस चक्के को चलाने की एवज में बुझवन मालिक से मिले एक दसटकिए को बाएँ हाथ में और एक पचटकिए को दाहिने हाथ में दबा, मन ही मन उन्हें असीसता रुखसत लेता। बाएँ हाथ वाली कमाई बहुरिया को सौंपनी होती। दाएँ हाथ वाली का मालिक बुझवन होता। उससे वह अपने लिए मुट्ठा भर बीड़ी और अपनी दुलारी जनानी के लिए दो रुपये की पाँच बिकने वाली कचरी-पकौड़ी खरीदता। सौगात को धोती के खूँटे में बाँध उसे लुकाता-छिपाता गीस महोदय का चूहा रास्ते भर फुदकता जाता।

एक दिन जब उसी मकई के सत्तू और लोर वाले दिन की तरह ही कड़की छाई हुई थी और बुझवन को पिछले कुछ दिनों से न तो सुपरविजन का ठेका मिला, न

कोई बाँट-बखरा ही उसके हाथ लगा था, तभी उसके पास धड़फड़ाती दो खबरें आईं। एक-दूसरे से सम्बद्ध। विपरीत प्रकृति वाली। एक पीड़ादायी, दूसरी सुखदायी। पहली खबर ये कि ठाकुर मालिक परलोक के रास्ते बढ़ रहे थे। दूसरी ये कि बेटवन चाहते थे कि उनके सिधारने से पहले ही फरियौटा हो के रहे। बुझवन सुगबुगाया दूसरी खबर से कि कुछ माल मुद्रा का बन्दोबस्त होगा। पहली कुदाल लगाएगा जमीन पर तो बकसीस तो मिलती ही मिलती। लेकिन कलेजा बैठा जरा-सा। पहली वाली खबर कचोट उठा गई। हाय रे...क्या उमर ठहरी...बासठ।

ठाकुर साहब के पास नाम के सिवा जमींदारी का कोई लक्षण अब शेष न था। उनके बाप-दादा नया पक्का मकान, फुलवारी, पिछवाड़ा और घर से परे हटकर एक भरा-पूरा बगीचा छोड़ गए थे। लेकिन उनका तीन चौथाई बगीचा सरकारी जेल के निर्माण के नाम पर सरकार के हत्थे चढ़ गया था। बाकी बची जमीन छह बेटियों को निबटाने में जाती रही। बेटे थे दो। वे जैसे-जैसे जवान होते गए, ठाकुर साहब का प्रभामंडल मलिन होता गया। दस साल बीते, जब से साँड़ ने उन्हें किसी मेले में उठाकर पटक दिया था, तब से उनका पूरा बायाँ हिस्सा बेकार हो चुका था। जिस प्रकार ''क्षमा शोभती उस भुजंग को जिसके पास गरल हो'', उसी प्रकार क्रोध भी शोभता उस ही भुजंग को जिसके पास गरल हो। यानी शरीर से लाचार होते ही क्षमा और क्रोध, दोनों उनके लिए अशोभनीय वस्तु बन गए थे। अचानक अप्रत्याशित रूप से वे घर की सबसे गैरजरूरी और फालतू चीज साबित कर दिए गए थे, घर के पिछवाड़े के महुए के पेड़ की तरह...। समकालीन जग की रीति के मुताबिक ही बेटे त्रिलोकीनाथ और बेटे चन्देरीनाथ की आपस में नहीं बनी। दिन-रात बहुएँ घर में किचकर्र मचाए रहतीं। ठकुराइन दिन-रात बहुओं को गृहस्थी में कुटती रहतीं। लेकिन खाने के समय बहुएँ उनकी थाली में रोटी-तरकारी की बगल में कलछुल भर कुबोल धर जातीं। बस, भूख ही मिट जाती। एक दिन बात बढ़ाते-बढ़ाते जब बहुओं ने आपस में थप्पड़म-चटाका खेल लिया, तो फिर एक ही उपाय बचा शान्ति का–बँटवारा।

ठाकुर साहब अपने भूतकाल के प्रति बेइन्तहा मोहजाल में स्वेच्छा से फँस चुके थे और उसमें छटपटा भी रहे थे। साथ ही, पुरखों की अमानत के अपने जीते जी अलग-अलग सिर, धड़ और पैर वाले दो स्वतंत्र अस्तित्वों में बँट जाने की कल्पना से ही वे थर्रा गए। इसलिए उन्होंने अन्न-जल त्याग दिया। इससे ज्यादा अपनी तरफ से इस अनिष्ट में बाधा डालने की कोई और कोशिश वे कर भी क्या सकते थे। उनकी इस हालत के मद्देनजर कुछ बुजुर्गों ने बँटवारे के मुकर्रर दिन से एक शाम पहले बेटा त्रिलोकीनाथ और बेटा चन्देरीनाथ को बुलाकर कहा था कि वे कुछ दिन सब्र कर लें। जब ठाकुर साहब के देह त्याग का कार्यक्रम निबट जाए, तब बँटवारा

करवाएँ। वैसे तो उस समय बँटवारे का अर्थ होता–ठाकुर साहब की हत्या कर देना। क्योंकि उन्हें पक्का विश्वास था कि बँटवारे के बाद तो ठाकुर साहब बच ही नहीं सकते। नाथद्वय सारे मामलों में प्रचंड विरोधाभास के रहते हुए भी इस बात पर एकमत थे कि बँटवारा तो नियत समय पर ही होगा। ठाकुर साहब की नौटंकी ठहरी सब। उन्हें कुछ होने-जाने का नहीं। हो भी गया तो इस कष्टकर जिन्दगी से बेहतर ठहरी मौत। किरिया-करम के पैसों में दोनों भाई आधा-आधा देंगे। कोई कमी भी नहीं रहने देंगे...इति।

गीस महोदय के चूहे को भी उभय पक्ष ने पंच मुकर्रर किया। उन्हें कुदाल लेकर आने का न्यौता भी पड़ चुका। दोनों पक्ष से इक्यावन-इक्यावन रुपये और एक-एक जोड़ी धोती देने का प्रस्ताव था। बुझवन सोच रहा था कि बाकी की जिन्दगी काटने के लिए दो धोतियाँ काफी होंगी। पैसे भी पूरे थे लेकिन...। इस लेकिन वाले संशय के पीछे तगड़ा तर्क था। सन् पैंतालीस की अगलग्गी के बाद गाँव के फूस और खपड़े के सारे मकान जल गए थे। उसके बाद ही ठाकुर साहब के बाबूजी ने पक्का मकान बनवाया था। बुझवन को बतौर हेडमिस्त्री, मकान बनाने के लिए मिलने वाला ये पहला ठेका था। पक्का मकान, सामने चबूतरा, उससे सटा शिव मन्दिर। भर गाँव में बुझवन के स्थापत्य की पहली निशानी वही सब कुछ थी। उसके बाद ठाकुर साहब के शासनकाल में भी तमाम टूट-फूट और नए निर्माण आदि का ठेका पुश्तैनी राजमिस्त्री बुझवन को ही मिला। तब क्या रोबदाब हुआ करता था। ठाकुर साहब की जिन्दगी में बुझवन की जरूरत पर कोई आँच नहीं आई। बेशक बुझवन की भूमिका जरूर बदल गई थी। अब वह हाथ का धनी मिस्त्री बुझवन नहीं, अतीत की नर्मजान कथातन्तुओं को अपने मस्तिष्क की सूक्ष्म नलिकाओं में सहजेकर रखने वाला, जुबान का धनी कथावाचक बुझवन था। ठाकुर साहब दिन-दिन भर खाट पर पड़े रहते और साँझ-सवेरे बुझवन की गुहार मचती। बुझवन आता। ठाकुर मालिक उससे कब्र में दफन कोई किस्सा निकलवाते। बुझवन मुँह चटपटाकर बयान करता जाता, ठाकुर मालिक आँखें बन्द कर लेटे-लेटे सुनते जाते। सुनते नहीं, दरअसल आँखों के पीछे कल्पना में, सुना जाता हुआ सब कुछ दृश्य रूप में उनके सामने घटित होता जाता। बुझवन अपनी स्मृति से और ठाकुर मालिक अपनी कल्पनाशीलता से अतीत के खँडहर पर जादुई अट्टालिका की मीनार-दर-मीनार चढ़ाते जाते। ये भी अजब था कि बुझवन के हाथों के कौशल के पहले निर्माण और स्मरण शक्ति की जादुई अट्टालिका, दोनों का सम्बन्ध ठाकुर मालिक से था। हालाँकि दूसरे मरनीहार बूढ़ों को भी बुझवन की जरूरत पड़ती। मरने वाला, जवानी के छल-बल वाले प्रसंगों को भर आँख उलट-पुलट कर देखना चाहता। बुझवन की नजरें कमजोर थीं, लेकिन वह नजरों से अमूमन ओझल होने वाले

पहलुओं को सामने वाले की नजर के आगे लाकर धर देता। पहचानो इसे...तुम्हारा ही भूत ठहरा। अतीत की 'भूलभुलैया' में मरने वाले की पीड़ा खो जाती। ऐसे में पढ़े-लिखे नौजवान मुस्कराकर कहते, ''खादी ग्रामोद्योग के बाद अब बुझवन बूढ़े के इस उद्योग की बारी है। सरकार इसे भी 'विरासत उद्योग' का दर्जा देगी ताकि बूढ़ों की मौत को आसान बनाने का यह धन्धा बचा रह सके।'' बुझवन की आँखें सोचते-सोचते भर आईं। आँसू पोंछने के लिए उसने सिर घुमाया तो देखा उसकी अधेड़ बीवी पास ही जमीन पर सोई थी। उसकी घिसी हुई नीली सूती साड़ी कमर के पास बित्ता भर फटी थी। दो धोतियों का बुझवन क्या करेगा? एक उसकी हुई...एक इस नीली साड़ी वाली की। बुझवन ने एक आँसू क्या पोंछे, कतार लग गई...दो...तीन...चार...पाँच। हद है!

गीस महोदय का चूहा अपने साढ़े चार पौने पाँच फीट के कृशकाय शरीर और कन्धे पर धरी कुदाल का बोझ उठाए, ठाकुर साहब के द्वारे जा रहा था। उसके संगणक रूपी दिमाग में कोई वायरस सेंध लगा रहा था। उथल-पुथल की इसी भयावह स्थिति में वह बिना रास्ते में रुके, सुस्ताए या हाँफे, ठाकुर साहब के पक्के मकान तक पहुँच गया। ठाकुर साहब की खाट ओसारे से उठाकर चबूतरे पर बिछा दी गई थी। तीनों पट्टी के बारहेक पंच होंगे, जो अपने-अपने प्रतिष्ठानुकूल आसन पर विराजमान थे। असीम बाबू भी फीता टेप लेकर हाजिर थे। दरअसल, ठाकुर साहब की खाट का ओसारे से चबूतरे पर स्थानान्तरण इसलिए हुआ था, क्योंकि बँटवारे के बाद ओसारे की नाप-जोख करके उसे दो भागों में बाँटना था। बुझवन के लिए बोरे का आसन बिछा दिया गया। बुझवन का आसन इसलिए अलग हटाकर नहीं लगाया गया था, क्योंकि उसे पंचों का मुखिया नियुक्त किया गया था बल्कि, इसलिए अलग किया गया था, क्योंकि राजपूताना के बारह पंचों के आगे वही एक अकेला कुजात पंच था। ठाकुर साहब की दोनों बहुएँ ओसारे पर खुलने वाले दो दरवाजों पर तैनात थीं। ठकुराइन इतनी उम्र में क्या परदा करतीं? सो, ओसारे की सीढ़ी पर अकेली बैठी थीं।

अन्न-जल त्याग देने से ठाकुर साहब का चेहरा सूखकर चोकट गया था। उनकी आँखें रुक्खियों की तरह इधर से उधर, उधर से इधर नाचती थीं। उनकी गरदन और दायाँ तलवा समताल में हिल रहे थे। होंठ ऐसे दाबकर बन्द कर रखा था उन्होंने, मानो उनकी आत्मा बोरिया-बिस्तर समेटकर मुँह में आ बैठी हो और जरा-सा होंठ खुलते ही एक बार जो निकलेगी वह, फिर उनकी न रहेगी। बुझवन था कि किसी प्रत्यक्ष एवं स्थूल कसूर की अनुपस्थिति में भी अपने को अपराधी माने सिकुड़ा-सिमटा बैठा था। पलकें जाने क्यों इतनी थरथरा रही थीं कि उठकर एक नजर ठाकुर मालिक को देख भी न पाती थीं।

पंचायती के पहले पंचों ने घूमकर घर के भूगोल का सूक्ष्म मुआयना किया। बँटवारा तो बिलकुल सीधा था। दोनों भाइयों को आधा-आधा हिस्सा मिलता। घर के दाहिने और बाएँ हिस्से में दो-दो कमरे थे, जो दोनों को मिल जाते। आँगन ओसारा, फुलवारी, पिछवाड़ा—सब आधा-आधा बँटता। एक को स्नानघर और चापाकल, दूसरे को शौचालय। ठाकुर साहब और ठकुराइन का जिम्मा दोनों एक-एक महीना, बारी-बारी उठाते। एक माँ का किरिया-करम करता, दूसरा बाप का या दोनों मिलकर सम्मिलित रूप से इसे करते। ये सब बातें तो एकदम सीधी-सादी और न्यायोचित थीं। पर इन सबके बीच में एक ही पेंच था, जो फसाद की मुख्य जड़ था। ठीक घर के बीचोबीच एक छोटी सी कोठरी थी, जिसकी खिड़की पिछवाड़े खुलती थी। दोनों बहुएँ इसे 'किचेन रूप में' प्राप्त करने हेतु दृढ़प्रतिज्ञ थीं। पंचों ने कई विकल्प रखे। मसलन—कोठरी की जिद छोड़ने वाले को उतनी जमीन फुलवारी या पिछवाड़े में बढ़ा दी जाए और उसे दूसरे भाई की तरफ से कोठरी बनवाने का आधा खर्च जोड़कर मिले या उसे दरवाजे या आँगन का ही अधिक हिस्सा मिले। लेकिन दोनों पक्ष अडिग। तब तो इसका एक ही निदान ठहरा। कोठरी के बीच में ही दीवार उठाकर उसे दो टुकड़ों में बाँट दिया जाए। उभय पक्ष में शान्ति छाई ही थी कि ओसारे की सीढ़ियों से मर्मान्तक विलाप फूटा—"ईया के कोठरिया न बाँटऽऽ हो बुझवन...मालिक के परान न बचीऽऽ...।" ठकुराइन दौड़कर अपने मालिक को दोनों डैनों से छाँव कर बिखलने लगीं। ठाकुर साहब की आँखों में आँसू की गुँजाइश थी नहीं। वहाँ दरारें थीं...भीषण सुखार की परछाइयाँ...।

बुझवन, जिसका इस भावनात्मक बवंडर की घड़ी में ठकुराइन ने आह्वान किया था, जड़ बैठा था। पिछले कुछ सालों से वह ठाकुर मालिक को उनके बचपन के, कैशोर्य के, जवानी के...अतीत के जो किस्से सुनाता रहा था, उसे ठकुराइन भी सुनती रहती थीं। प्रत्यक्ष रूप से नहीं, अपने आप को किसी दूसरे काम में लगाए रखने का स्वाँग करती हुई। उनके कान वहीं रहते और वे जान गई थीं कि इन किस्सों ने ठाकुर साहब का अपने पूरे अतीत से खासकर अपनी मरी ईया के साथ नए सिरे से रिश्ता जोड़ा था। हाहाकार करती ठकुराइन का बवंडर बुझवन तक आते-आते दावानल में बदल गया। बुझवन के तंत्रिका तंत्र की नसें उस आग में सूखी लकड़ियों की मानिन्द चिटकी जाती थीं...सन पैंतालीस की अगलग्गी के पहले वो घर खपरैल था। तब उसी जगह, जहाँ आज कोठरी थी, ठाकुर साहब की ईया का छोटा-सा कमरा हुआ करता था। उसी कमरे के कोने में ईया की सन्दूक धरी थी, जिसमें अन्य तमाम जड़ाऊ-धड़ाऊ चीजों के साथ एक छोटी गठरी भी रखी थी। उसमें ईया की जान बसती थी, क्योंकि उसमें उनके सुहाग का जोड़ा तो धरा ही था, ठाकुर साहब के बाबूजी का दिया पहला उपहार सोने की हँसुली भी बँधी थी।

ईया तब जवान-जहान दकदक गोरी थी। जब सतुवाटोली के रामबेचन की भुसौल से, जेठ की उस दुपहरिया शुरू हुई अगलग्गी की लपटें ठाकुर साहब के घर तक पहुँचीं, तो जनाना-मरदाना—सब बाहर निकल चुके थे। लपटें दो-तीन घर दूर रही होंगी कि जाने ईया को क्या सूझी! वह क्षण में सबके देखते-देखते ही घर में घुस गई। बाबूजी चिल्लाते पीछे-पीछे घुसे। ईया ने अपने बिछौने के सिरहाने से कुंजी निकाली। सन्दूक खोला। लपटें घर का ठाठ छू चुकी थीं। बाहर से लोग चिल्लाते जाते थे। ईया हबड़-हबड़ सन्दूक में सामान उलट रही थी। बाबूजी उसे कमरे से पकड़कर खींच रहे थे। बाहर का शोर जब परवान चढ़ने लगा तो छुईमुई ईया ने तगड़े बाबूजी को परे धकेल दिया—भाग जाओ...भाग जाओ...भाग जाओ...तब तक दूसरे लोग घर में घुसकर बाबूजी को बाहर खींच लाए। ईया को पोटली मिली। उसे दबाकर वह मुड़ी। वह भाग सकती थी कि सन्दूक का ढक्कन गिरा...। ईया की साड़ी...। पीछे जब सब कुछ ठंडा पड़ चुका था और राख का ढेर हटाया गया था, तब ईया की हँसुली चमकती दिखी थी...।

ठाकुर साहब के बाबूजी ने जब नया घर बनवाया तो ईया की कोठरी फिर उसी जगह बनी, उतनी ही छोटी। बुझावन ने बनाया उसे। बुझावन ने सँजोया उसे। बुझावन ने सुनाया उसे...ठाकुर मालिक को; ठकुराइन को।

त्रिलोकीनाथ ने दबोचकर ठकुराइन को खटिये से उठा लिया। वह डैनों से पकड़ी गई मैनी की तरह तड़फड़ा रही थीं। पंचों को इमोशनली ब्लैकमेल करने की अभियुक्ता ठकुराइन पर दोनों बहुएँ लोक-लाज त्यागकर टूट पड़ीं। पंचों ने बीच-बचाव किया, पर तब तक ठकुराइन की पर्याप्त फजीहत हो चुकी थी। चन्देरीनाथ उन्हें घसीटकर घर के भीतर ठेलने का उद्योग करने लगा पर उसे तत्काल पंचों द्वारा रोक दिया गया। बेटा त्रिलोकीनाथ और बेटा चन्देरीनाथ उस कोठरी का एक-एक तंगदिल टुकड़ा लेने को तैयार थे, पर पूरी कोठरी दूसरे को देकर उसके बदले उतनी जमीन और पैसे लेने को हरगिज नहीं। फिर फैसला वही रहा। अमीन बाबू ने चटपट काम शुरू किया। चौकोर घर था, दिक्कत नहीं हुई कुछ। फटाफट नाप-जोखकर निशान लगा दिए गए। चन्देरीनाथ ने निश्चिन्त होकर अँगड़ाई लेते हुए एक पंच को जानकारी दी कि 'इनसान' ईंट वाले को वह बयाना दे आया था। घंटे-दो-घंटे में पाँच हजार ईंटें गिर जाएँगी दरवाजे पर।

मौखिक बँटवारा सम्पन्न। अब कार्रवाई। चलिए भई, बुझावन बाबा, दावा खनिए। शुरुआत ओसारे से हो। कुदाल लगाइए।

बुझावन के मस्तिष्क ने अपने आप पर काबू रखते हुए पलकों को उठने का आदेश दिया। नजरें उठीं, गरदन घूमी...ठाकुर मालिक की पुतलियाँ ओसारे के बीचोबीच खींची रेखा पर जड़ हो चुकी थीं। न गरदन डुलती थी अब न तलुवा।

होंठों का दबाव भी शिथिल पड़ चुका था। पंच अपनी जगहों पर बैठ गए थे, क्योंकि उन्होंने लक्ष्य कर लिया था कि किसी भी क्षण वे होंठ खुल सकते थे और ठाकुर साहब की आत्मा उनके बीच से निकलकर सबके देखते-देखते फुर्र होने वाली थी। किसी भी क्षण...बुझवन के उठते ही शायद...कुदाल उठाते ही शायद...कुदाल मारते...। बुझवन ने कुदाल के विचार को मन ही मन परे हटाया। न। ठाकुर मालिक...। उससे हो पाएगा?

न? तो फिर...? उसके एक बार इनकार कर जाने पर फिर कौन बुलाएगा उसे फरियौती में? कहाँ से मिलेगी शगुन की नकदी...जोड़ी-जोड़ी भर धोती? नीली सूती साड़ी फटती जाएगी...फटती जाएगी...क्या खाएगा वो...बहुरिया की ओरहन...। बुझवन ने झट-से कुदाल पर हाथ धर दिया। वह कुदाल न चलाएगा, तो बँटवारा नहीं होगा क्या? उसी वक्त चन्देरी मालिक उसकी कुदाल झपटककर चला देंगे। इतना जोश था कि पूरा दावा भी अकेले खन बैठें। बुझवन को बुलाया इसलिए थोड़े कि एक वही बैठा था इस कला का जानकार या उसके हाथ ठहरे शुभ! शुभ-वुभ क्या अब? जब मन राजी तो सब शुभ-शुभ ही ठहरा।

उसे तो बुलाकर मालिकों ने मान रखा है उसका, बस। एक बुझवन की कुदाल नहीं उठती तो बदले में कई-कई कुदालें उठ सकती थीं, ये तय थी और ये भी तय था कि इनमें से एक कुदाल गिरती बुझवन के पेट पर। न...न बुझवन खड़ा हो गया। कुदाल उठाई। कन्धे पर धरा।

गीस महोदय का अर्धवृत्ताकार चूहा अब ओसारे के बीचोबीच खड़ा था। उसने गरदन घुमाकर ठाकुर मालिक को देखा। न! मालिक उसे कहाँ देख रहे थे...वे ओसारे का निशान देखते थे। ठकुराइन सिसकती उनके पैरों पर सिर धरे गिरी थीं। बुझवन ने पंचों को देखा। सब साँसें रोके कभी ठाकुर साहब को, कभी उसे देखते थे। बुझवन ने कुदाल उठाई। ठाकुर साहब की ओर नजरें घुमाकर लोगों ने देखा, वे बच गए थे। होंठ वैसे ही थे। जस के तस। नस एक हाथ की, फड़क रही थी। आत्मा भीतर ही थी। शुक्र था। अरे...। लोगों ने पलटकर देखा, ये उठी कुदाल गिरी नहीं अभी तक! कुदाल ऊपर हवा में उठी हुई थी...गीस महोदय का चूहा भरभराकर नीचे गिर रहा था, उसी निशान पर, ओसारे के बीचोबीच।

बुझवन की आत्मा बदहवास भागी जा रही थी, गीस महोदय के दरबार में यह अर्ज करने कि भारत के भावी बूढ़े अपना पिछला भूलकर ही सुखी रहेंगे। उन्हें गीस महोदय के स्मृति पिल्स की कोई दरकार नहीं।

❑❑❑